Rückabwicklung nach ungerechtfertigter Inanspruchnahme von Sicherungsmitteln

Europäische Hochschulschriften
Publications Universitaires Européennes
European University Studies

Reihe II
Rechtswissenschaft

Série II Series II
Droit
Law

Bd./Vol. 3923

PETER LANG
Frankfurt am Main · Berlin · Bern · Bruxelles · New York · Oxford · Wien

Christine Zundl

Rückabwicklung nach ungerechtfertigter Inanspruchnahme von Sicherungsmitteln

PETER LANG
Europäischer Verlag der Wissenschaften

Bibliografische Information Der Deutschen Bibliothek
Die Deutsche Bibliothek verzeichnet diese Publikation in der
Deutschen Nationalbibliografie; detaillierte bibliografische
Daten sind im Internet über <http://dnb.ddb.de> abrufbar.

Zugl.: Augsburg, Univ., Diss., 2003

Gedruckt auf alterungsbeständigem,
säurefreiem Papier.

D 384
ISSN 0531-7312
ISBN 3-631-52442-0

© Peter Lang GmbH
Europäischer Verlag der Wissenschaften
Frankfurt am Main 2004
Alle Rechte vorbehalten.

Printed in Germany 1 2 3 4 5 7

www.peterlang.de

Danksagung

Die vorliegende Arbeit wurde im Wintersemester 2003 / 2004 von der Universität Augsburg als Promotion angenommen. Das Manuskript wurde im März 2003 abgeschlossen und berücksichtigt die bis dahin erschiene Literatur.

Mein besonderer Dank gilt meinem Doktorvater, Herrn Professor Dr. Jörg Neuner, der mir die Möglichkeit zur Promotion gewährte und mit jederzeitiger und unproblematischer Hilfestellung die Erstellung der Arbeit förderte. Insbesondere danke ich ihm für seine Offenheit und vorbehaltlose Unterstützung in jeder Phase der Promotion.

Ebenfalls bedanke ich mich bei Herrn Professor Dr. Nils Jansen für die zügige Erstellung des Zweitgutachtens und bei Herrn Professor Dr. Volker Behr, Herrn Professor Dr. Gerd Motzke und Herrn Professor Dr. Ludwig Renck für die kurzfristige Durchführung des Rigorosums. Mein weiterer Dank gebührt Herrn Professor Dr. Gerhard Hassold von der Ludwig-Maximilian-Universität München für seine Hilfsbereitschaft und seinen wertvollen Ratschlag, der mich in meinem Entschluss bestärkt hat, diese Arbeit zu erstellen.

Im weiteren bin ich meinen Geschwistern, Studienkollegen und Freunden für ihr stetes Interesse und ihre Anteilnahme an der Entwicklung dieser Arbeit sehr dankbar.

Mein uneingeschränkter Dank gebührt meinen Eltern, ohne deren vorbehaltlose und uneingeschränkte Unterstützung die Anfertigung der vorliegenden Arbeit nicht möglich gewesen wäre. Ihnen widme ich diese Arbeit.

INHALTSVERZEICHNIS

9

11

13

14

Einleitung

In seinem Urteil vom 10. 11. 1998 entschied der Bundesgerichtshof[1], dass ein Garant auf erstes Anfordern anders als bei der Bürgschaft auf erstes Anfordern nach Zahlung der Garantiesumme diese nicht vom Begünstigten herausverlangen kann, indem er Störungen der gesicherten Forderung geltend macht. Dabei stützt der BGH seine unterschiedlichen Entscheidungen für die Bürgschaft auf erstes Anfordern und die Garantie auf erstes Anfordern in erster Linie auf die Nichtakzessorietät der Garantie auf erstes Anfordern, die die Geltendmachung von Einwendungen aus dem Kausalverhältnis der gesicherten Forderung gegen die Garantie auf erstes Anfordern ausschließen soll. Die Zahlung des Garanten auf erstes Anfordern erfolge mit Rechtsgrund und sei daher nicht rückforderbar. Für die Bürgschaft auf erstes Anfordern stelle sich die Rechtslage abweichend dar, indem zumindest für die Rückforderung die wesenstypische Akzessorietät wiederhergestellt werden müsse, und daher der Bürge auf erstes Anfordern seine Zahlung zurückfordern könne, wenn der gesicherten Forderung Einwendungen entgegen standen.

Die Bejahung eines Rückforderungsanspruchs des Drittsicherers erfolgt bei den Sicherungsmitteln auf erstes Anfordern nach deren Einteilung in akzessorische und nichtakzessorische Sicherungsmittel. Dabei stellen die Garantie auf erstes Anfordern und die Bürgschaft auf erstes Anfordern lediglich Sonderformen der einfachen Garantie und der einfachen Bürgschaft dar, die wiederum den allgemeinen Kategorien der nichtakzessorischen und akzessorischen Sicherungsmitteln angehören. Stützt der Bundesgerichtshof seine Ablehnung eines Rückforderungsanspruchs des Garanten auf erstes Anfordern auf den Umstand, dass es sich dabei um ein nichtakzessorisches Sicherungsmittel handelt, so drängt sich die Frage auf, ob die Nichtakzessorietät stets zur Verneinung eines Rückforderungsanspruchs eines Drittsicherers führt, wenn dieser trotz Störungen der gesicherten Forderung aus der Sicherheit in Anspruch genommen und der Begünstigte befriedigt wurde. Sollte die Nichtakzessorietät von Sicherungsmitteln nicht allein schon zur Verneinung eines Rückforderungsanspruchs des Drittsicherers führen, kann auf diese eine Sonderbehandlung des Garanten auf erstes Anfordern nicht gestützt werden.

Der Sonderfall der Sicherungsmittel auf erstes Anfordern kann hinsichtlich möglicher Abweichungen erst dann beurteilt werden, wenn zunächst die Rückforderungsproblematik für die einfachen akzessorischen und nichtakzessorischen Sicherungsmittel dargestellt wird.

Gegenstand der folgenden Arbeit soll daher die Problematik eines Rückforderungsanspruchs des Drittsicherers gegen den Begünstigten sein, der trotz Störungen der gesicherten Forderung aus der Sicherheit in Anspruch genommen wird und den Gläubiger befriedigt. Dabei sollen aber nur solche Fallkonstellati-

---

[1] BGHZ 140, 49 ff.

onen untersucht werden, bei denen Sicherer und persönlicher Schuldner nicht identisch sind, da nur so eine Vergleichbarkeit mit der Garantie und der Bürgschaft, die zwingend Dreipersonenverhältnisse sind, hergestellt werden kann. Da Dreipersonenverhältnisse stets eine große Komplexität aufweisen, soll in dem ersten Kapitel von einer berechtigten Inanspruchnahme der Sicherheit ausgegangen werden. Das Hauptaugenmerk ist dabei auf die Rechtsbeziehungen zwischen den Beteiligten und die zwischen ihnen abgeschlossenen Rechtsgeschäfte gerichtet. Hinsichtlich der Rückforderungsproblematik, die niemals schematisch gelöst werden darf[2], soll die Bedeutung der Zuwendungen, Leistungen und verfolgten Zwecke und deren Erheblichkeit untersucht werden. Die Besonderheiten der Dreipersonenverhältnisse aus den Sicherungsmitteln werden dabei erst anschaulich durch einen Vergleich zu anderen typischen Dreipersonenverhältnissen, wie der Anweisung, der angenommenen Anweisung oder aber auch der Einschaltung einer Geheißperson beim Eigentumserwerb. In dem ersten Kapitel werden zunächst die verschiedenen Rechtsbeziehungen zwischen den Beteiligten von Sicherungsmitteln dargestellt, um anschließend im zweiten Kapitel sich mit dem Aspekt des Rückforderungsanspruchs des Drittsicherers bei ungerechtfertigter Inanspruchnahme aus der Sicherheit auseinander zu setzen. Um der Unterteilung des Bundesgerichtshofes im oben genannten Urteil zu folgen, wird auch hier im Aufbau zwischen akzessorischen und nichtakzessorischen Sicherungsmitteln unterschieden.

Im letzten Kapitel soll auf die Sonderform der Sicherungsmittel auf erstes Anfordern eingegangen werden.

---

[2] BGHZ 111, 382.

1.Kapitel: **Rechtliche Grundlagen bei dreipersonalen Sicherungsgeschäften**

A. Ausgangspunkt

Verpflichten sich zwei Personen in einem Rechtsgeschäft zu einer Leistung und bezwecken dabei gleichzeitig, eine Gegenleistung zu erlangen, haben sie ein starkes Interesse daran, ihre eigene Leistung nur dann zu erbringen, wenn sie auch in den Genuss der Gegenleistung gelangen. Jede Partei ist bestrebt, die eigene Leistung so lange hinaus zu zögern, bis sie sicher sein kann, dass sie nicht mit der Forderung auf die Gegenleistung ausfällt, obwohl sie schon ihre eigene Leistung erbracht hat. Zu diesem Zweck gewährt das Gesetz in § 320 I BGB jeder Partei eines gegenseitigen Vertrags bis zum Bewirken der Gegenleistung ein Leistungsverweigerungsrecht, so dass die Leistungen nur Zug um Zug zu erbringen sind. Davon besteht eine Ausnahme, soweit eine Partei aufgrund Gesetzes oder einer Vereinbarung zur Vorleistung verpflichtet ist. In diesem Fall ist der Gläubiger, der seine eigene Leistung bereits erbracht hat, nicht durch ein Leistungsverweigerungsrecht gegen einen Ausfall geschützt. Die gleiche Ungewissheit besteht für den Gläubiger dann, wenn ihm zwar kein Anspruch auf eine Gegenleistung zusteht, er aber einen Rückerstattungsanspruch hinsichtlich seiner eigenen Leistung hat. Ein gesteigerter Grad an Unsicherheit besteht dann, wenn, wie beim Darlehen, der Leistungsgegenstand zum Verbrauch dient und nur in selber Art zurück zu erstatten ist, da dann ein Zugriff auf den ursprünglich geleisteten Gegenstand gerade nicht mehr möglich ist. Aus dieser Unsicherheit resultiert ein Sicherungsbedürfnis des Gläubigers, das diesen veranlassen wird, auf die Bestellung einer Sicherheit zu bestehen. Fällt er dann zu einem späteren Zeitpunkt mit seiner Forderung gegen den persönlichen Schuldner aus, obwohl dieser zur Leistung verpflichtet war, kann er auf die Sicherheit zurückgreifen und sich auf diesem zweiten Weg Befriedigung verschaffen.

B. Arten von Sicherungsmitteln

Das Gesetz sieht für den Tatbestand der Sicherungsmittel keine allgemeine Regelung vor. Vielmehr sind Vorschriften über Sicherungsmittel auf verschiedene Teile des Gesetzes verteilt, während eine Vielzahl von Sicherungsmitteln, die in der Rechtspraxis vorkommen, gar nicht im Gesetz geregelt sind. Die Sicherungsmittel können dabei in verschiedene Kategorien eingeteilt werden.

Die Sicherungsmittel können unterschieden werden nach dem von ihnen erfassten Haftungsgegenstand. Bürge und Garant haften mit ihrem gesamten Vermögen (Personalsicherheiten), während bei den Realsicherheiten der Sicherer lediglich mit einem bestimmten Gegenstand haftet und der Gläubiger nur aus diesem Befriedigung erlangen kann[3]. Die Realsicherheiten können weiter hinsichtlich des Berechtigungsumfangs an dem haftenden Vermögensgegenstand unterschieden werden. Möglich ist eine Vollrechtsübertragung, wie bei der Sicherungsübereignung und Sicherungsabtretung, oder die Einräumung beschränkt dinglicher Recht, wie die Pfandrechte an Grundstücken (Grundpfandrechte), an beweglichen Sachen oder an sonstigen Rechten[4].

Daneben unterteilt das Gesetz anhand des Abhängigkeitsgrades von der gesicherten Forderung die Sicherungsmittel in solche akzessorischer und nichtakzessorischer Art[5]. Die akzessorischen Sicherungsmittel setzen hinsichtlich ihrer Entstehung und ihres Bestandes die Existenz einer bestimmten zu sichernden Forderung voraus. Sie stellen sich als bloßes Anhängsel dieser Forderung dar, ohne die sie nicht existieren können. Darunter fallen die Bürgschaft §§ 765 ff BGB, die Hypothek §§ 1113 ff BGB und das Pfandrecht an beweglichen Sachen und an Rechten §§ 1204 ff, 1273 ff BGB. Die nichtakzessorischen Sicherungsmittel bestehen dagegen unabhängig von der gesicherten Forderung. Darunter fallen die Garantie, die Sicherungsgrundschuld §§ 1191 ff BGB, die Sicherungsübereignung § 930 BGB und die Sicherungsabtretung § 398 BGB[6].

C. Drittsicherungsfälle

Gegenstand der folgenden Arbeit sollen allein Drittsicherungsfälle sein, d. h. nur solche Fälle, in denen der Schuldner der persönlichen Forderung und der Sicherer nicht identisch sind. Da bei den Personalsicherheiten der Schuldner und der Bürge bzw. der Garant mit dem ganzen Vermögen haften, ist eine Identität der beiden zwingend ausgeschlossen, da dem Sicherungsbedürfnis des Gläubigers nur dann entsprochen wird, wenn neben die Haftungsmasse des Schuldners die weitere Haftungsmasse eines Dritten tritt. Bei den Realsicherheiten kann der Gläubiger dagegen nur auf einen bestimmten Vermögensgegenstand zugreifen. Allerdings erhält er eine bevorzugte Stellung bei der Verwertung gegenüber ungesicherten Gläubigern[7], so dass der Haftungsgegenstand dieser Sicherungsmittel auch dem Vermögen des persönlichen Schuldners angehören kann.

---

[3] Zur Unterscheidung Reeb Recht der Kreditfinanzierung S. 51 f; Bülow Recht der Kreditsicherheiten Rn. 10 ff; v. Tuhr AT II/2 § 76 I.

[4] Bülow Recht der Kreditsicherheiten Rn. 15 f.

[5] Zur Unterscheidung und zum folgenden Bülow Recht der Kreditsicherheiten Rn. 22 ff.

[6] Daneben ist auch eine isolierte Grundschuld möglich, die keine Forderung sichert. Diese soll hier aber unbetrachtet bleiben, da sie gerade nicht zur Sicherung einer Forderung dient.

[7] Bei den Grundpfandrechten besteht diese Vorzugsstellung in einem Anspruch auf abgesonderte Befriedigung in der Insolvenz, § 49 InsO und in der Rangordnung für die Zwangsvollstreckung § 10 I Nr. 4, 5 ZVG; für Pfandrechte besteht ein Absonderungsrecht § 50 InsO, § 805 ZPO; bei der Sicherungsübereignung steht dem Eigentümer ein Absonderungsrecht in

Um eine Vergleichbarkeit der Realsicherheiten mit den zwingend dreipersonalen Personalsicherheiten zu erreichen, interessieren hier allein Fälle, in denen auch bei ersteren persönlicher Schuldner und Sicherer nicht identisch sind,
sei es, dass der Schuldner entweder nicht in der Lage[8] oder nicht bereit ist, selbst
eine Sicherheit zu bestellen oder aus anderen Gründen einen unabhängigen Dritten zur Sicherheitenbestellung zugunsten seines Gläubigers veranlasst. Der persönliche Schuldner verpflichtet sich dann lediglich gegenüber dem Gläubiger,
diesem eine Sicherheit durch einen Dritten zu verschaffen[9].

D. Rechtsverhältnisse des Sicherungsgeschäfts

Das BGB enthält mit dem Anspruch aus ungerechtfertigter Bereicherung,
§§ 812 ff BGB einen Grundtatbestand für die Rückforderung von rechtsgrundlos
erbrachten Leistungen, auf den immer dann zurückgegriffen wird, wenn eine
spezialgesetzliche oder rechtsgeschäftliche Anspruchsgrundlage fehlt. Zentrale
Bedeutung für den Rückforderungsanspruch hat die Leistung, unter der die bewusste und zweckgerichtete Mehrung fremden Vermögens oder kürzer die
zweckgerichtete Zuwendung verstanden wird. Entscheidend für die Rückabwicklung von Leistungen ist daher das Bestehen eines Leistungsverhältnisses,
von dem die bloße Vornahme der Zuwendung zu trennen ist. Während die Bestimmung des Leistungsverhältnisses bei Zweipersonenverhältnissen noch rela-
tiv einfach ist, verkompliziert sich der Vorgang bei Mehrpersonenverhältnissen
wie dem Sicherungsgeschäft, das aus mehreren einzelnen Rechtsgeschäften besteht.

Um den Inhaber eines Rückforderungsanspruchs bei unberechtigter Inanspruchnahme der Sicherheit zu bestimmen, sollen im Folgenden die Rechtsbeziehungen der Beteiligten näher betrachtet werden. Dazu soll von dem Normalfall ausgegangen werden, dass keinerlei Störung vorliegt. Üblicherweise gliedert
sich das Sicherungsgeschäft in drei voneinander zu unterscheidende Rechtsbeziehungen zwischen Gläubiger und Schuldner, Schuldner und Drittsicherer und
Drittsicherer und Gläubiger. Davon zu trennen sind die zwischen ihnen abgeschlossenen Rechtsgeschäfte. Abzugrenzen ist zunächst die gesicherte Forderung (I.) aus dem Kausalverhältnis zwischen dem Schuldner und dem Gläubiger

---

der Insolvenz nach §§ 50, 51 Nr. 1 InsO zu, in der Zwangsvollstreckung kann er die Drittwi-
derspruchsklage § 771 ZPO erheben; Baur/Stürner Sachenrecht § 36 I 1 Rn. 3, § 55 Rn. 1,
§ 57 Rn. 31 ff.

[8] Weil er über keinen Vermögensgegenstand (etwa ein Grundstück, ein Warenlager, Kfz)
verfügt, der sich zur Sicherung der Forderung eignet.

[9] Die an dem dreipersonalen Sicherungsgeschäft beteiligten Personen werden im Folgenden
mit Schuldner, Gläubiger und Drittsicherer bezeichnet. Schuldner und Gläubiger sind die Parteien des Kausalverhältnisses, dem die gesicherte Forderung entstammt. Drittsicherer ist der
vom Schuldner beauftragte Dritte, der dem Gläubiger die Sicherheit erstmalig gewährt.

von den Rechtsgeschäften, die der meist dreigliedrigen Sicherheitenbestellung (II. – IV.) zugrunde liegen. Schließlich besteht in der Leistung des Drittsicherers auf die Inanspruchnahme der Sicherheit (V.) ein fünfter zu betrachtender Rechtsvorgang, der nur unter Einbeziehung der vorherigen Rechtsgeschäfte zwischen den Beteiligten einzuordnen ist und nicht völlig losgelöst davon betrachtet werden kann. Schließlich ist zum richtigen Verständnis des Zusammenwirkens der Rechtsbeziehungen eine strikte Trennung von Verpflichtungsebene und Vollzugsebene erforderlich.

I. Gesicherte Forderung

Die gesicherte Forderung kann auf jedem möglichen Schuldgrund beruhen und jeder vermögensrechtlichen Art sein[10]. Bei Hypothek und Sicherungsgrundschuld ist die Forderung allerdings auf eine Geldforderung beschränkt[11], beim Pfandrecht an beweglichen Sachen oder Rechten muss die Forderung zumindest in eine Geldforderung übergehen können[12], § 1228 II BGB. Bei der Bürgschaft[13], der Garantie[14] und bei der Sicherungsübereignung[15] kann der Inhalt auch auf andere Gegenstände als auf Geldleistungen gerichtet sein. Üblicherweise wird die Sicherheit für die Gewährung eines Gelddarlehens überlassen[16]. Davon soll im Folgenden ausgegangen werden. Gesichert wird damit der Rückforderungsanspruch des Darlehensgebers aus § 488 I 2 BGB. Das Rechtsverhältnis, dem die gesicherte Forderung entstammt, wird auch Valutaverhältnis[17] genannt.

II. Sicherungsverschaffungsverpflichtung des Schuldners

Als Standpunkt für die Verpflichtung des Schuldners, dem Gläubiger eine Sicherheit zu verschaffen, kommen sowohl der Darlehensvertrag wie eine selbständige Abrede zwischen den Parteien in Betracht. Haben sich Schuldner und Gläubiger bereits im Darlehensvertrag[18] über die Verschaffungsverpflichtung

---

[10] Palandt-Sprau § 765 Rn. 17; Palandt-Bassenge § 1113 Rn. 18; MüKo-Eickmann § 1113 Rn. 26.

[11] MüKo-Quack § 1191 Rn. 37, § 1113 Rn. 39.

[12] MüKo-Damrau § 1204 Rn. 17.

[13] BGH NJW 1989, 1856 (1857); Staudinger-Horn § 765 Rn. 32.

[14] Diese ist auf die Schadloshaltung bei Ausbleiben eines Erfolges gerichtet, der nicht notwendig in einer Geldforderung bestehen muss, vgl. MüKo-Habersack Rn. 13 vor § 765.

[15] MüKo-Quack Anh 33 §§ 929-936.

[16] Dies wird auch als die typisch mit einer Sicherungszession gesicherte Forderung angesehen, MüKo-Roth § 398 Rn. 100.

[17] Palandt-Sprau Einf 23 vor § 765.

[18] Der Darlehensvertrag wird hier exemplarisch für das gesicherte Rechtsverhältnis herangezogen. Dieselbe Frage stellt sich aber auch bei anderen Rechtsverhältnissen wie etwa einem Kaufvertrag, da auch für diesen die Verpflichtung zur Sicherheitenbestellung dem gesetzlichen Tatbestand nicht angehört.

des Schuldners geeinigt, ist fraglich, welcher Art die Verpflichtung ist. Die Rechtsordnung kennt neben der synallagmatischen Verknüpfung zweier Verpflichtungen auch andere, schwächer ausgebildete Verknüpfungen konditionaler und kausaler Art[19]. Es obliegt den Parteien, sich über die Art der Verknüpfung ihrer Verpflichtungen zu einigen. War eine Verknüpfung hingegen nicht gewollt, liegen einseitig oder aber zweiseitig verpflichtende Rechtsgeschäfte vor.

Handelt es sich um eine synallagmatische Hauptleistungspflicht, hängt sie hinsichtlich ihrer Entstehung und Durchsetzbarkeit von dem Bestand der Gegenleistungspflicht des Gläubigers ab. Störungen dieses Synallagmas wären über die Vorschriften der §§ 280 ff, 320 ff BGB abzuwickeln. Dabei interessiert hier allein die Rechtslage bei Drittsicherungsfällen.

1. Synallagmatische Hauptleistungspflicht

Ist die Abrede über die Verpflichtung des Schuldners, dem Gläubiger durch einen Dritten eine Sicherheit zu verschaffen, Bestandteil des Darlehensvertrags, ist zu klären, ob diese als Hauptleistungspflicht im Synallagma zur Verpflichtung des Gläubigers, das Darlehen zu gewähren, steht[20].

Dazu soll zunächst kurz auf die Besonderheit der synallagmatischen Verknüpfung zweier Verpflichtungen eingegangen werden. Die Rechtsordnung kennt neben dem genetischen Synallagma, das die Entstehung der eigenen Leistungspflicht vom Entstehen der Gegenleistung abhängig macht, auch ein funktionelles Synallagma, das die Durchsetzung der Ansprüche und die Folgen von Leistungsstörungen betrifft[21]. Wesensmerkmal des Synallagmas ist die finale Aufeinanderbezogenheit[22] der Leistungen. Beide Parteien bezwecken durch die Hingabe ihrer eigenen Leistung die Erlangung der Gegenleistung, wobei auf der Verpflichtungsebene Leistungsgegenstand der jeweilige Anspruch auf die Leistung bzw. die Gegenleistung ist[23]. Diese Wechselseitigkeit der Verpflichtungen wird auch als „do-ut-des"-Beziehung bezeichnet[24]. Die Verschaffungsverpflichtung des Schuldners steht dann mit der Verpflichtung des Gläubigers zur Darle-

---

[19] RGZ 163, 348 (356).

[20] Pleyer WM 73 Sonderbeilage 2 S. 22 f; v. Tuhr AT II 2 § 76 I; Buchholz ZIP 87, 891 (893); a.M. Reischl JuS 98, 614 (616); Huber Sicherungsgrundschuld S. 93 f; Serick I § 4 II 3; Weber AcP 169, 237 (241).

[21] Palandt-Heinrichs Rn. 12 ff vor § 320; MüKo-Emmerich Rn. 14 ff vor § 320; Larenz SchuldR I § 15 I.

[22] Jäckle JZ 82, 50 (52); Buchholz ZIP 87, 891 (893); Staudinger-Otto Einl 1 zu §§ 320 ff; wie etwa beim Kaufvertrag § 433 BGB der Austausch der Ansprüche auf Übereignung der Sache und Zahlung des Kaufpreises; vgl. zum Ganzen Klinke Causa und genetisches Synallagma.

[23] Larenz SchuldR I § 15 I.

[24] MüKo-Emmerich Rn. 3 vor§ 320; Gernhuber Das Schuldverhältnis § 13 II 1 a.

hensgewährung in einer synallagmatischen Verknüpfung, wenn beide sich über die wechselseitige Abhängigkeit einigen. Der Darlehensvertrag ist in seiner gesetzlichen Fassung in § 488 I BGB nicht synallagmatisch ausgestaltet. Lediglich die Zinsverpflichtung beim verzinslichen Darlehen stellt eine Gegenleistungspflicht für die Darlehensgewährung dar[25]. Die Rückzahlungsverpflichtung ist nur Nebenpflicht. Abweichend davon können die Parteien aber gemäß § 311 I BGB durch rechtsgeschäftliche Einigung eine andere Verpflichtung zur Hauptleistungspflicht iSd §§ 320 ff BGB erheben[26]. Der einseitige Wille einer Partei, dass die Verschaffungsverpflichtung in wechselseitiger Abhängigkeit zur Verpflichtung zur Darlehensgewährung steht, begründet aber noch kein Synallagma[27].

Für eine synallagmatische Verknüpfung könnte sprechen, dass die Verpflichtung zur Verschaffung einer Sicherheit als Ersatz[28] oder Entgelt[29] für die Darlehensgewährung dient, da sie dann mit der synallagmatischen Zinsverpflichtung vergleichbar wäre. Die synallagmatische Verknüpfung der Verpflichtung zur Darlehensgewährung und der Zinsverpflichtung wird erst aus einem Vergleich zur Miete oder Leihe verständlich. Ebenso wie bei diesen Rechtsgeschäften überlässt der Gläubiger dem Schuldner einen seiner Vermögensgegenstände (Kapital) zum Gebrauch. Als Ersatz für die Hingabe erwirbt der Gläubiger einen Rückerstattungsanspruch, § 488 I 2 BGB[30]. Bis zu dessen Fälligkeit ist der Darlehensgeber verpflichtet, dem Schuldner das Kapital zu belassen[31]. Der Rückerstattungsanspruch dient dann der Abwicklung des Darlehens und begründet daher nur eine Nebenpflicht[32] des Schuldners. Anders stellt sich die Rechtslage hinsichtlich des Zinsanspruchs dar. Wie bei der Miete stellt der Darlehenszins eine Vergütung für die Überlassung des Kapitals für einen bestimmten Zeitabschnitt dar[33]. Die Verpflichtung zur Darlehensgewährung wird der Gläubiger beim verzinslichen Darlehen eingehen, um im Gegenzug diesen Zinsanspruch zu erlangen. Nur zwischen diesen beiden Leistungen besteht ein Synallagma[34].

---

[25] MüKo-Emmerich Rn. 20 vor § 320; Staudinger-Otto Einl 14 zu §§ 320 ff; Larenz SchuldR II/1 § 51 I.

[26] MüKo-Emmerich Rn. 26 vor § 320.

[27] Jäckle JZ 82, 50 (52).

[28] BGHZ 15, 102 (105).

[29] Enneccerus/Lehmann Recht der Schuldverhältnisse § 32 II; Larenz SchuldR I § 15 I.

[30] Bei der Miete und Leihe handelt es sich um einen Rückgabeanspruch; Larenz SchuldR II/1 § 51 I.

[31] Larenz SchuldR II/1 § 51 I.

[32] MüKo-Emmerich Rn. 26, 20 vor § 320.

[33] Mülbert AcP 192, 447 (455).

[34] Larenz SchuldR II/1 § 51 I; Palandt-Putzo Einf 6 vor § 607; MüKo-Emmerich Rn. 20 vor § 320; Staudinger-Otto Einl 14 zu §§ 320 ff.

Dabei ist das mit der Kapitalüberlassung verbundene Risiko des Darlehensgebers gegenüber dem Vermieter oder Verleiher erheblich höher, da der typische Gebrauch des Kapitals in dessen Verbrauch besteht, so dass eine Rückgabe des hingegebenen Gegenstandes nicht mehr möglich ist. Daher wird er auf die Verschaffung einer Sicherheit bestehen, bevor er das Kapital auszahlt[35]. Auf der anderen Seite hat auch der Schuldner aus dem selben Grund ein Interesse an der Eingehung der Verschaffungsverpflichtung. Dennoch hat die Verpflichtung zur Verschaffung einer Sicherheit keine Vergütungsfunktion hinsichtlich der Darlehensgewährung. Sie ist nur Auszahlungsvoraussetzung[36]. Daran ändert auch das üblicherweise zeitliche Zusammenfallen der Verhandlungen über das Darlehen und die zu verschaffende Sicherheit nichts, da dieses nicht den erforderlichen Willen zur Begründung eines Synallagmas ersetzen kann[37]. Bezugspunkt der Sicherheit ist der Rückerstattungsanspruch. Dessen Ausfallrisiko soll durch die Sicherheit abgedeckt werden, so dass die Verpflichtung zur Verschaffung einer Sicherheit auf derselben Ebene steht wie der Rückerstattungsanspruch, der aber keine Hauptleistungspflicht ist.

Eine synallagmatische Verknüpfung der Sicherungsverschaffungsverpflichtung und der Verpflichtung zur Gewährung des Darlehens ist daher nicht gegeben.

2. Verknüpfung konditioneller oder kausaler Art

Stehen die beiden Verpflichtungen zur Darlehensgewährung und zur Verschaffung einer Sicherheit nicht im Synallagma, so könnten sie konditional oder kausal miteinander verknüpft sein[38].

Eine konditionale Verknüpfung liegt vor, wenn die eigene Leistung unter die Bedingung gestellt wird, dass die Gegenleistung erbracht wird[39]. Erfolgt diese nicht, so treten die Rechtswirkungen des konditional verknüpften Rechtsgeschäfts nicht ein[40], d. h. der Schuldner kann den Anspruch auf die Darlehensgewährung nicht geltend machen. Für eine konditionale Verknüpfung spricht, dass der Gläubiger durch die Darlehensgewährung eine Vorleistung erbringt, der lediglich der Rückforderungsanspruch bei Fälligkeit entgegensteht, § 488 I 2 BGB. Er hat daher ein starkes Interesse, sein mit der Vorleistung verbundenes Ausfallrisiko zu minimieren, indem er die Darlehensgewährung davon abhängig macht, dass ihm zum Ausgleich eine Sicherheit gewährt wird, die ihm eine wei-

---

[35] v. Tuhr AT II 2 § 76 I.

[36] Soergel-Häuser Rn. 10 vor § 607.

[37] So aber Neuhof/Richrath NJW 96, 2894 (2896).

[38] MüKo-Emmerich Rn. 7 ff vor § 320; Palandt-Heinrichs Einf 5 ff vor § 320; v. Tuhr AT II/2 § 72 II 2 c;

[39] MüKo-Emmerich Rn. 8 vor § 320; Palandt-Heinrichs Einf 7 vor § 320.

[40] Palandt-Heinrichs Einf 8 vor § 158.

tere Befriedigungsmöglichkeit gibt. Bis zur Stellung der Sicherheit hat der Gläubiger dann ein Leistungsverweigerungsrecht aus § 273 BGB.

Gegen eine konditionale Verknüpfung spricht aber, dass der Gläubiger diese nicht einseitig festsetzen kann. Es bedarf dazu der Einigung der Parteien, da die Sicherungsverschaffung nicht bereits originärer Inhalt des Darlehensvertrags ist. Die Einigung kann nicht bereits aus den Umständen vermutet werden, da die konditionale Verknüpfung die Stellung des Schuldners erheblich verschlechtern würde, indem er den Anspruch auf Darlehensgewährung nicht sofort durchsetzen könnte. Zusätzlich ist Gegenstand der Verpflichtung des Schuldners nicht die Bestellung einer Sicherheit zugunsten des Gläubigers, sondern nur die Verpflichtung, einen Dritten zur Überlassung einer Sicherheit zu veranlassen. Dadurch erlangt der Gläubiger noch keine weitere Befriedigungsmöglichkeit, die sein Ausfallrisiko verringert. Eine konditionelle Verknüpfung liegt daher nur bei entsprechender Vereinbarung vor.

Eine kausale Verknüpfung setzt voraus, dass eine Partei bezweckt, mit der Erbringung ihrer Leistung den Empfänger zu einem bestimmten Verhalten zu veranlassen, obwohl dieser dazu nicht verpflichtet ist[41]. Bei Verfehlung dieses Zwecks kann die Leistung dann nach § 812 I 2 Fall 2 BGB zurück gefordert werden[42]. Diese Vorschrift und ihr Anwendungsbereich werden aber nur vor ihrem historischen Ursprung verständlich[43]. Nach dem numerus clausus des römischen Recht bestand außerhalb der beschränkten Anzahl der Vertragstypen kein einklagbarer Anspruch auf die vereinbarte Gegenleistung[44]. Als Ausgleich für den fehlenden Erfüllungsanspruch gewährte man dem Leistenden aus der sog. condictio ob rem einen Rückforderungsanspruch gegen den Empfänger, sollte dieser die Gegenleistung nicht erbringen[45].

Nach Aufhebung des numerus clausus und Begründung der Vertragsfreiheit im justianischen Recht bestand die condictio ob rem neben dem Erfüllungsanspruch bei Innominatrealverträgen zunächst fort[46], bis im Mittelalter das Nebeneinander gänzlich abgelehnt wurde[47]. Im BGB findet sich die condictio ob rem in § 812 I 2 Fall 2 BGB. Unabhängig davon, wie weit der Anwendungsbereich dieser Vorschrift reicht[48], besteht eine kausale Verknüpfung zwischen der

---

[41] MüKo-Emmerich Rn. 9 vor § 320.

[42] MüKo-Emmerich Rn. 9 vor § 320; Palandt-Heinrichs Einf 7 vor § 320.

[43] Söllner AcP 163, 20 (23 ff); Weber JZ 89, 25 (26f); Jäckle JZ 82, 50 (53); v. Caemmerer FS Rabel I S. 333 (346 ff); Simshäuser AcP 172, 19 ff.

[44] Söllner AcP 163, 20 (24 f), der als Beispiel die Zahlung von Geld für die nicht einklagbare, aber erwartete Freilassung eines Sklaven nennt; Simshäuser AcP 172, 19 (24); Weber JZ 89, 25 (27) nennt die vor (ausbleibender) Eheschließung erbrachte Mitgift.

[45] Söllner AcP 163, 20 (24); Flume AT II § 12 II 1.

[46] Simshäuser AcP 172, 19 (25); Söllner AcP 163, 20 (25 f); Flume AT II § 12 II 1.

[47] Jäckle JZ 82, 50 (53).

[48] M. w. N. Jäckle JZ 82, 50 (53).

Darlehensgewährung und der Verschaffung einer Sicherheit nur, wenn für einen der beiden kein einklagbarer Erfüllungsanspruch bestünde, sondern es sich um ein freiwilliges Verhalten handelt, auf dessen Erbringung der andere Teil vertraut[49]. Beide beruhen auf rechtsgeschäftlichen Verpflichtungen[50], so dass es sich um einklagbare Verhaltensweisen handelt. Eine kausale Verknüpfung scheidet aus.

3. Zweiseitig verpflichtender Vertrag

Die Verschaffungsverpflichtung des Schuldners ist nicht mit der Verpflichtung des Gläubigers zur Darlehensgewährung verknüpft. Es handelt sich um einen einseitig verpflichtenden Vertrag. Dabei ist unerheblich, ob die Verpflichtung selbst im Darlehensvertrag enthalten ist oder eigenständig begründet wurde. Gegenstand der Verpflichtung ist, dem Gläubiger durch Veranlassung eines Dritten eine Sicherheit zu verschaffen. Dabei werden bereits Gläubiger und Schuldner vereinbaren, welche Sicherheit durch einen Dritten gewährt werden soll, welche Forderungen von der Sicherheit erfasst werden sollen, und unter welchen Voraussetzungen der Gläubiger auf die Sicherheit zugreifen darf[51].

Bei der Verschaffungsabrede handelt es sich noch nicht um das Sicherungsmittel selbst, sondern um einen Verpflichtungsvertrag, auf den die Vorschriften über die Sicherungsmittel nicht anwendbar sind. Das gilt insbesondere für die §§ 767 I, 1163 I, 1252 BGB. Vereinbaren die Parteien, dass der Gläubiger unter bestimmten Voraussetzungen zur Aufhebung der Abrede verpflichtet ist, handelt es sich um einen unvollkommenen zweiseitig verpflichtenden Vertrag, da die Verpflichtungen nicht in einem Gegenseitigkeitsverhältnis zueinander stehen[52].

4. Zweckgebundenheit der Zuwendung

Der Gläubiger erwirbt durch die Verpflichtung des Schuldners einen Anspruch auf Verschaffung einer Sicherheit, wodurch sich sein Vermögen vermehrt.

a) Zuwendung

Die Mehrung fremden Vermögens stellt sich rechtlich als Zuwendung zugunsten des Gläubigers dar[53]. Gegenstand einer Zuwendung muss nicht notwendig eine Sache sein, sondern kann auch eine Forderung aus einem Verpflich-

---

[49] Weber JZ 89, 25 (26).
[50] Darlehensvertrag und Sicherungsverschaffungsverpflichtung.
[51] Palandt-Bassenge § 1204 Rn. 6, § 1113 Rn. 6.
[52] Palandt-Heinrichs Einf 3 vor § 320.
[53] Kötter AcP 153, 193 (196).

tungsvertrag sein[54]. Zuwendungen werden aber nie um ihrer selbst vorgenommen[55], sondern sind stets auf einen bestimmten Zweck gerichtet, durch den die Zuwendung zur Leistung wird[56]. Dabei ist der Zuwendende mit dem Behaltendürfen der Zuwendung beim Empfänger nur einverstanden, wenn der mit ihr verfolgte Zweck auch eingetreten ist. Diesem Interesse hat der Gesetzgeber mit den Regelungen über die ungerechtfertigte Bereicherung entsprochen, indem Leistungen ohne Rechtsgrund nach §§ 812 ff BGB herauszugeben sind.

An die Zweckgebundenheit der Zuwendung knüpfen sich daher mehrere verschiedene Fragenkomplexe an. Zum einen ist zu klären, welche Zwecke beachtlich sind, wie die Zweckgebundenheit der Zuwendung ausgestaltet sein muss und, ob die Zweckgebundenheit der Zuwendung den Eintritt einer Vermögensmehrung beeinflussen kann. Sollte es zu einer Vermögensmehrung gekommen sein, stellt sich schließlich die Frage, welche Bedeutung die Zweckgebundenheit für das Behaltendürfen der Zuwendung beim Empfänger hat.

b)   Typologie der Leistungszwecke

Der Zuwendende verfolgt mit seiner Zuwendung meist ein ganzes Bündel an Interessen und Beweggründen, die wirtschaftlicher, privater oder sonstiger Art sein können.

Nicht jede der mit einer Zuwendung verfolgten Absichten kann aber für die Einordnung als Leistungszweck maßgeblich sein, da andernfalls das mit der Zweckverfehlung verbundene Risiko auf den anderen Teil übertragen werden kann, wozu dieser nicht bereit sein wird. Grundsätzlich trägt jeder Vertragspartner das Risiko der mit einem Rechtsgeschäft verfolgten Zwecke selbst. Dagegen lässt sich aus der Vielzahl von Beweggründen, die mit der Vornahme von rechtsgeschäftlichen Vermögensverschiebungen verfolgt werden, eine begrenzte Anzahl von Zwecken heraus kristallisieren, die abseits der übrigen Absichten und Beweggründen allen Zuwendungen innewohnen. Diese Zwecke werden auch als typische Leistungszwecke bezeichnet.

aa)   Abgrenzung

Die Leistungszwecke sind abzugrenzen von den grundsätzlich unbeachtlichen Motiven, durch die eine Partei zur Zuwendung veranlasst wird.

---

[54] Flume AT II § 12 I 1.

[55] Enneccerus/Lehmann Recht der Schuldverhältnisse § 222; Enneccerus/Nipperdey AT § 148 I 2; v. Tuhr AT II/2 § 72 I; Reuter/Martinek Ungerechtfertigte Bereicherung § 4 II 2 a; Kress AS § 5, 1 a; Weitnauer FS Serick S. 389 (396); Larenz AT 7. Auflage § 18 II 3 d a. E.

[56] Reuter/Martinek Ungerechtfertigte Bereicherung § 4 II 2 a; Esser/Weyers SchR II/2 § 48 II; Staudinger-Lorenz § 812 Rn. 4 f.

Die Motive erfassen Umstände, die von einer Partei zwar als wesentlich eingestuft werden, aber nicht Vertragsinhalt geworden sind[57], d. h. nicht selbst eine Rechtswirkung entfalten. Unbeachtliche Motive stehen außerhalb des rechtsgeschäftlichen Willens[58]. Werden sie durch die Zuwendung nicht erreicht, bleibt die Vermögensverschiebung davon grundsätzlich unberührt[59]. Selbst Kenntnis der anderen Partei von dem Umstand, durch den der Zuwendende zur Zuwendung veranlasst wurde, ist unbeachtlich, wenn sich die Beteiligten nicht über dessen Beachtlichkeit geeinigt haben und es damit zum Gegenstand des Rechtsgeschäfts wird[60].

Die Leistungszwecke sind nicht identisch mit den Geschäftszwecken, die den Vertragstypen des Schuldrechts zu entnehmen sind. Mit der Schaffung von Vertragstypen wurde der Gesetzgeber lediglich dem Bedürfnis der Wirtschaft gerecht, bestimmte wirtschaftliche Güterbewegungen verschiedenen Vertragstypen zuzuordnen und dadurch den wirtschaftlichen Sinn der Rechtsgeschäfte zu beschreiben[61]. Durch die Aufnahme der Geschäftszwecke in den Inhalt[62] der Schuldverträge werden die Leistungspflichten konkretisiert, etwa eine Sache entgeltlich auf Dauer zum Eigentum zu übertragen (dann Kauf) oder lediglich den Gebrauch der Sache für eine bestimmte Zeit zu überlassen (dann Miete). Aufgrund der Vertragsfreiheit im Schuldrecht steht es den Parteien frei, über die gesetzlich geregelten Vertragstypen hinaus weitere oder veränderte wirtschaftliche Interessen beim Vertragsschluss zu berücksichtigen[63]. Die Geschäftszwecke beschreiben ein Rechtsgeschäft in wirtschaftlicher Hinsicht, die Leistungszwecke dagegen in rechtlicher Hinsicht. Daher sind diese nicht identisch.

bb) Versprechens- und Abwicklungsgeschäfte

Unabhängig von den in den Vertragstypen zum Ausdruck kommenden Geschäftszwecken lassen sich die wirtschaftlichen Interessen, die Zuwendungen zugrunde liegen, in ein generelleres Zwecksystem einordnen. Der Geschäftszweck drückt das konkretisierte Endziel einer Zuwendung aus, etwa beim Abschluss eines Kaufvertrags das Eigentum an der Kaufsache gegen Zahlung einer Geldsumme zu erlangen. Er betrachtet die Zuwendung der Forderung aus dem

---

[57] v. Tuhr AT II/2 § 72 I; Kegel FS Mann S. 57 (60); etwa der Kauf eines Blumenstraußes in Erwartung einer Einladung, die dann aber ausbleibt.

[58] Enneccerus/Nipperdey AT § 148 I 2 Fn. 3.

[59] v. Tuhr AT II/2 § 72 I.

[60] v. Tuhr AT II/2 § 72 I; Flume AT II § 12 I 5.

[61] Zeiss AcP 164, 50 (62); Flume AT II § 12 II 4 b hält einen Rechtsverkehr ohne die gesetzlichen Vertragstypen für nicht denkbar.

[62] Flume AT II § 12 II 4 b; Leonhard Allgemeines Schuldrecht S. 322 f unterscheidet von diesen zusätzlich die Artzwecke, die den Vertragsarten der Titel 18 – 22 des BGB innewohnen.

[63] Etwa beim Leasing.

Kaufvertrag aus ökonomischer Sicht[64]. Abstrahiert man die Zuwendungen aus dem Kaufvertrag von dem konkreten wirtschaftlichen Ziel, so bezwecken Käufer und Verkäufer mit der Verpflichtung zur eigenen Leistung gegenüber dem anderen Partner einen Anspruch auf die Gegenleistung als Ausgleich für ihre eigene Zuwendung zu erlangen. Die Zuwendungen sind auf den Austausch von Gütern gerichtet[65]. Daneben können Zuwendungen aber auch vorgenommen werden, ohne dass der Zuwendende dafür einen Ausgleich erlangen will. Dann wird der Zuwendende allein die Mehrung des fremden Vermögens bezwecken[66] (sog. Liberationszweck[67]).

Wurden in einem ersten Schritt die Verpflichtungen zur Leistung begründet, so bedürfen diese der Abwicklung, zu deren Zweck die Zuwendungen auf die Schuldverhältnisse vorgenommen werden[68]. In der Regel kann dann zwischen einem Versprechensgeschäft und einem Abwicklungsgeschäft unterschieden werden[69]. Allerdings setzt unsere Rechtsordnung den vorhergehenden Abschluss eines Schuldverhältnisses nicht voraus. Die Güterbewegung, die sonst zur Abwicklung dient, kann vorgenommen werden, ohne dass es zunächst zum Abschluss eines Versprechensvertrags gekommen war. Die Einigung über die Leistung und deren Zweck fällt mit der tatsächlichen Leistungsbewirkung zusammen[70]. Es handelt sich um sog. Handgeschäfte[71] oder Realkontrakte[72].

Nach den obigen Ausführungen lassen sich drei Zwecke unterscheiden, deren Verfolgung allen Zuwendungen zugrunde liegt: der Austauschzweck, der Liberationszweck, der Abwicklungszweck[73]. Diese werden auch als die typische Zwecke bezeichnet[74].

---

[64] Nicht der ökonomische, sondern der rechtliche Zweck ist entscheidend, so auch v. Tuhr AT II/2 § 72 I.

[65] Kress AS § 5, 1 a.

[66] v. Tuhr AT II/2 § 72 II 3.

[67] Kress AS § 5, 1 a.

[68] Kress AS § 5, 1 a.

[69] Kress AS § 7, 1 a.

[70] Kress AS § 7, 1 a; v. Tuhr AT II/2 § 72 III 1; etwa bei der Handschenkung oder dem Handkauf, wenn es zur sofortigen Übereignung der Sache kommt, ohne dass zuvor ein Versprechensvertrag geschlossen wird.

[71] Palandt-Putzo § 518 Rn. 4 für die Handschenkung; Larenz/Canaris SchuldR II/2 § 67 III 1 b.

[72] Kress AS § 7, 1 a.

[73] Zeiss AcP 164, 50 (55); Flume AT II § 12 I 1; Reuter/Martinek Ungerechtfertigte Bereicherung § 4 II 2; v.Tuhr AT II/2 § 72 II; Weitnauer FS v. Caemmerer 1978 S. 255 (260 f); Enneccerus/Nipperdey AT § 148 I 4, die auch auf das Bestehen anderer causae hinweisen.

[74] Kress AS § 5, 1 c.

(1) Austauschzweck oder causa acquirendi

Häufigster Leistungszweck von Güterbewegungen ist der Austauschzweck[75]. Dieser wird auch als causa acquirendi[76] oder causa credendi[77] bezeichnet.

Der Zuwendende will für sein eigenes Vermögensopfer einen Ausgleich
erlangen[78], wobei er seine Zuwendung als Mittel zur Erlangung der Gegenleistung, die den bezweckten Erfolg darstellt, einsetzt[79]. Charakteristisch für die
causa acquirendi ist, dass der Zuwendende mit seiner Zuwendung den Zufluss
eines eigenen Vorteils als Ersatz für diese bezweckt[80]. Bei dem Vorteil kann es
sich um den Anspruch auf eine Gegenleistung[81], einen Rückforderungsanspruch[82] oder ein Regressanspruch[83] für die Aufwendungen des Zuwendenden
handeln[84].

(2) Liberationszweck oder causa donandi

Bezweckt der Zuwendende mit seiner Zuwendung nicht den Erwerb eines
Vorteils, sondern will er allein das Vermögen des Empfängers mehren, so erfolgt die Zuwendung aus Freigebigkeit[85]. Der verfolgte Zweck wird als Liberationszweck oder causa donandi bezeichnet[86]. Er steht dem Austauschzweck konträr gegenüber[87], da der Zuwendende mit seiner Zuwendung keinen anderen
Zweck verfolgt, als beim Empfänger eine Vermögensmehrung herbeizuführen[88].

Die Unentgeltlichkeit ist kein geeignetes Merkmal, um Austausch- und Liberationszweck voneinander abzugrenzen[89].

---

[75] Kress AS § 5, 1 a, der die entgeltlichen Rechtsgeschäfte wie Kauf, Tausch, Miete usw. als
Beispiele nennt; Huber JuS 72, 57 (58).
[76] Huber JuS 72, 57 (58).
[77] v. Tuhr AT II/2 § 72 II 2; Leonhard Allgemeines Schuldrecht S. 387; beide bezeichnen
den Begriff als zu eng.
[78] v. Tuhr AT II/2 § 72 II 2.
[79] Kegel FS Mann S. 57 (62 f).
[80] v. Tuhr AT II/2 § 72 II 2.
[81] Etwa den Kaufpreisanspruch für die Verpflichtung zur Übereignung einer Sache,
§ 433 BGB.
[82] Etwa beim Darlehen aus § 488 I 2 BGB; aber auch bei der Leihe § 604 I BGB.
[83] Etwa bei der Geschäftsführung aus § 670 BGB.
[84] v. Tuhr AT II/2 § 72 II 2.
[85] v. Tuhr AT II/2 § 72 II 3.
[86] v. Tuhr AT II/2 § 72 II 3; Huber JuS 72, 57 (58).
[87] Huber JuS 72, 57 (58).
[88] v. Tuhr AT II/2 § 72 II 3; Leonhard Allgemeines Schuldrecht S. 387; beide definieren die
causa donandi negativ.
[89] Kress AS § 5, 5 d; Hauptbeispiel der unentgeltlichen Geschäfte ist die Schenkung.

Zuwendungen sind unentgeltlich, wenn ihnen keine Gegenleistung gegenüber steht, die den Vermögensverlust beim Zuwendenden ausgleicht[90]. Freigebigkeit setzt dagegen voraus, dass dem Zuwendenden nicht nur keine Gegenleistung, sondern auch kein sonstiger Vorteil als Ersatz für seine Zuwendung zufließt[91]. So sind zwar Schenkung und Leihe unentgeltlich, aber nur erstere erfolgt mit causa donandi, da nur bei dieser der Zuwendende ausschließlich die dauerhafte Mehrung fremden Vermögens bezweckt. Bei der Leihe dagegen wird die Zuwendung des Gebrauchs durch das Zufließen eines Rückgabeanspruchs nach Ablauf der bestimmten Überlassungszeit ausgeglichen, so dass bei ihr trotz Unentgeltlichkeit mit der Zuwendung der Austauschzweck verfolgt wird[92].

(3) Abwicklungszweck

Der Abwicklungszweck als dritter typischer Leistungszweck folgt aus dem Bestehen von Schuldverhältnissen und Ansprüchen[93]. Dabei handelt es sich bei dem Abwicklungszweck um einen Sammelbegriff für alle Zuwendungen, die im Hinblick auf ein anderes Schuldverhältnis vorgenommen werden, so dass unter Abwicklung nicht nur die Erfüllung einer Verbindlichkeit, sondern auch die Aufhebung, Änderung und Sicherung verstanden wird[94]. Ob die Abwicklung durch eine reale Güterbewegung oder aber das erneute Eingehen einer Verpflichtung erreicht wird, ist unerheblich. In jedem Fall setzt die Zuwendung zur Abwicklung eine Leistungspflicht voraus, die aber auch nachträglich erst begründet werden kann[95]. Durch die Bezugnahme auf ein schon bestehendes Schuldverhältnis sind die Abwicklungszwecke unselbständiger Natur[96].

Häufigster Fall der Abwicklungszwecke ist die Leistung zur Erfüllung einer Verbindlichkeit, die sog. causa solvendi[97]. Der Erfüllungszweck wird von Kupisch als typischer Leistungszweck abgelehnt[98]. Er sieht den typischen Leistungszweck im Austausch und in der Freigebigkeit, wobei es keinen Unterschied gibt hinsichtlich der Verpflichtungsebene und der Vollzugsebene[99]. Auch der Vollzug der Verpflichtungen aus einem Kaufvertrag erfolge zum Austausch der Güter, da auch für die Erbringung der obligationsmäßigen Zuwendungen die

---

[90] Larenz SchuldR II/1 § 47 I.

[91] Vgl. FN 88.

[92] Vgl. (1).

[93] Kress AS § 5, 1 b.

[94] Kress AS § 5, 1 b; Weitnauer FS v. Caemmerer S. 255 (261).

[95] v. Tuhr AT II/2 § 72 II 1; Weitnauer FS Serick S. 389 (397); dabei wird aber schon zu sehr auf die causa solvendi als die häufigste Fall der Abwicklungszwecke angespielt.

[96] Kress AS § 5, 1 b; Stampe bezeichnet die Zuwendungen, die einen Abwicklungszweck verfolgen als Hilfsgeschäfte, Stampe Das Causa-Problem, S. 30 ff.

[97] v. Tuhr AT II/2 § 72 II 1; Kress AS § 5, 5 c.

[98] Kupisch JZ 85, 101 ff.

[99] Kupisch JZ 85, 101 (103).

Austauschabrede entscheidend sei, die nicht „zur Magd des Erfüllungszwecks degradiert werden" dürfte[100]. Der Erfüllungszweck stehe bereicherungsrechtlich nicht auf derselben Ebene wie die übrigen typischen Leistungszwecke[101]. Er sieht sich in seiner Auffassung, dass der Erfüllungszweck unbeachtlich sein muss, auch dadurch bestätigt, dass bei obligationsmäßigen Zuwendungen auf abstrakte Verpflichtungen trotz Eintreten des Erfüllungszwecks der Empfänger nicht zu deren Behaltendürfen berechtigt ist, wenn die Zuwendung der abstrakten Verpflichtung ihrerseits ohne Rechtsgrund erfolgte[102].

Dabei übersieht er aber, dass dem Zuwendenden gegen den Anspruch aus dem abstrakten Schuldversprechen die Einrede aus ungerechtfertigter Bereicherung zustand, da er die Forderung selbst ohne Rechtsgrund zugewendet hat. Dieser Zustand wird nicht durch die Zuwendung der geschuldeten Leistung beseitigt, sondern bleibt weiterhin beachtlich, wie § 813 I 1 BGB ausdrücklich regelt[103]. Kupisch missdeutet m. E. auch die Intention des Zuwendenden, der die aus einer vorausgehenden Verpflichtung geschuldete Leistung erbringt. Auch wenn der Verkäufer die Übereignung und Übergabe der Kaufsache vornimmt, um vom Käufer im Gegenzug den vereinbarten Kaufpreis zu erlangen, so bezweckt er trotzdem vorrangig die Befreiung von der eingegangenen Verpflichtung zur Übereignung und Übergabe der Kaufsache aus dem Kaufvertrag. Die Zuwendung erfolgt, um den Anspruch des Käufers zu erfüllen, § 362 I BGB. Störungen des Austauschzwecks wirken sich beim Kaufvertrag bereits auf der Verpflichtungsebene aus, §§ 320 ff BGB.

c) Zweckbestimmung

Ausgehend davon, dass eine Zuwendung stets dazu vorgenommen wird, um einen Zweck zu erreichen, schließt sich die Frage an, wie die Zweckgebundenheit der Zuwendung hergestellt wird, insbesondere ob dies eine Einigung der Beteiligten voraussetzt[104], der Zuwendende den maßgeblichen Zweck einseitig bestimmen darf[105] oder die Zweckbestimmung sich aus objektiven Gesichtspunkten[106] ergibt.

---

[100] Kupisch JZ 85, 101 (103 f), wobei er als Beispiel den Handkauf nennt, bei dem gerade die Vereinbarung von Verpflichtungen fehle.

[101] Kupisch JZ 85, 101 (106 f).

[102] Kupisch JZ 85, 101 (102) nennt beispielhaft die schenkweise Zuwendung eines abstrakten Schuldversprechens, § 780 BGB. Ist die Schenkungsabrede unwirksam, so bleibt die Forderung trotzdem wirksam, so dass bei Leistung auf die Forderung Erfüllung eintritt. Die Rückforderung resultiere auf der Verfehlung des Schenkungszwecks.

[103] Weitnauer JZ 85, 555 (557).

[104] Weitnauer FS v. Caemmerer S. 255 (273); Weitnauer NJW 74, 1729 (1730); Ehmann Die Gesamtschuld S. 164 ff; Ehmann NJW 69, 398 (400).

[105] Dabei ist streitig, ob es sich um eine Willenserklärung Wieling JZ 77, 291 (Fn. 7); Canaris FS Larenz S. 799 (827 Fn. 27), eine rechtsgeschäftsähnliche, Beuthien Zweckerreichung

Dazu soll exemplarisch auf die Zuwendung zur Erfüllung einer Verbindlichkeit zurückgegriffen werden, da auch bei dieser diskutiert wird, ob es für die Erfüllung einer Zweckvereinbarung bedarf[107]. Die Zuwendung, mit der die Erfüllung einer Verbindlichkeit bezweckt wird, kann entweder zur Schuldtilgung führen, wenn die Verpflichtung besteht, oder aber ins Leere gehen, wenn die Verpflichtung nicht besteht. Dann kann der Leistende die Leistung nach §§ 812 ff BGB zurückverlangen. Aus diesem Entweder-Oder-Verhältnis der Zuwendung resultiert, dass die Begriffe der Leistung iSd §§ 812 ff BGB und der Erfüllungsleistung iSd § 362 I BGB identisch sind[108].

Das Gesetz setzt für die Erfüllung einer Verbindlichkeit die Bewirkung der geschuldeten Leistung voraus, § 362 BGB, ohne aber selbst zu regeln, was unter Bewirkung der Leistung zu verstehen ist. Die Vertragstheorien haben in ihren unterschiedlichen Ausgestaltungen entweder einen Erfüllungsvertrag[109] oder eine Zweckvereinbarung[110] zwischen Gläubiger und Schuldner vorausgesetzt. Beides wird heute abgelehnt, da dies im Widerspruch zum Bestimmungsrecht des Schuldners aus § 366 I BGB steht. Auch traten immer wieder Probleme auf, die Theorie der Vereinbarung mit der praktischen Fallgestaltung zu vereinen[111].

Dazu konträr orientiert sich die Theorie der realen Leistungstheorie[112] allein an der Kongruenz von geschuldeter und erbrachter Leistung. Die Erfüllung tritt dann unabhängig von einem subjektiven Akt ein, indem sich schon aus dem Vollzugsakt die Erkennbarkeit der betroffenen Schuldverpflichtung ergibt[113]. Die deutliche Erkennbarkeit mache eine Zweckbestimmung überflüssig[114].

Dagegen spricht aber, dass selbst Larenz als der Hauptvertreter dieser Theorie die Notwendigkeit der Zuordnung einer Zuwendung zu einem Schuldverhältnis einräumt[115]. Auch wenn dies meist unproblematisch durch die Identität des geschuldeten mit dem erbrachten Gegenstand erfolgt, ist unzweifelhaft jedenfalls dann eine Zweckbestimmung des Schuldners erforderlich, wenn er dem Gläubiger aus mehreren Schuldverhältnissen verpflichtet ist, § 366 I BGB

---

und Zweckstörung im Schuldverhältnis S. 292 ff oder einen nicht-rechtsgeschäftlichen Akt, Westermann Die causa im französischen und deutschen Zivilrecht S. 187 ff; Zeiss JZ 63, 7 (9 f) handelt.

[106] Larenz SchuldR I § 18 I; MüKo-Wenzel § 362 Rn. 9, 11 ff; Staudinger-Olzen Vorbem 10, 14 zu §§ 362 ff.

[107] Reuter/Martinek Ungerechtfertigte Bereicherung § 4 II 3 a, b m. w. N.

[108] Hassold Zur Leistung im Dreipersonenverhältnis S. 12.

[109] v. Tuhr AT II/2 § 72 III; Kress AS § 20, 1 b; Enneccerus/Lehmann Recht der Schuldverhältnisse § 60 II 2, 3.

[110] Ehmann s. Fn. 104; Weitnauer FS v. Caemmerer S. 255 (261).

[111] Dazu Gernhuber Die Erfüllung § 5 II 3.

[112] Larenz SchuldR I § 18 I 5 m. w. N.

[113] Reuter/Martinek Ungerechtfertigte Bereicherung § 4 II 3 c.

[114] Larenz SchuldR I § 18 I 5.

[115] Larenz SchuldR I § 18 I 5.

oder ein Dritter die Leistung erbringt, § 267 BGB[116]. Um eine Einheitlichkeit für alle Erfüllungsleistungen herzustellen, bedarf es auch für die offenkundigen Fälle einer Zweckbestimmung, die allerdings konkludent erfolgen kann[117]. Ob die Erfüllung tatsächlich eintritt, hängt dann vom Bestehen der Verbindlichkeit ab. Die Zweckbestimmung stellt lediglich die Bezugnahme auf eine Verbindlichkeit her, nicht aber bereits die Erfüllung selbst. Sie ist nicht auf die Herstellung einer Rechtsfolge gerichtet und kann daher keine Willenserklärung sein[118]. Da sie sich auf ein Schuldverhältnis bezieht, ist sie eine geschäftsähnliche Handlung, auf die die Regelungen über die Willenserklärungen analog anwendbar sind[119]. Mehrdeutige Zweckbestimmungen sind nach objektiver Sicht des Zuwendungsempfängers auszulegen[120].

d) Zweckerreichung und Zweckverfehlung – Rechtsgrund einer Zuwendung

Wurde in den vorigen Abschnitten festgestellt, dass Zuwendungen im Rechtsverkehr zweckgebunden sind, so ist anschließend zu klären, welche Bedeutung die Erreichung oder Verfehlung des zugrunde gelegten Zwecks für die Zuwendung hat.

aa) Interessenlage

Ausgangspunkt muss die Interessenlage der an einer Zuwendung beteiligten Parteien sein. Der Zuwendende will mit der Zuwendung einen bestimmten Zweck erreichen. Gleichzeitig ist mit der Zuwendung stets ein Vermögensopfer auf seiner Seite verbunden, so dass er zu diesem grundsätzlich nur dann bereit ist, wenn der verfolgte Zweck auch eintritt. Sein Interesse geht dahin, bereits die Zuwendung entfallen zu lassen, wenn der Zweck verfehlt wird[121].

Ganz anders stellt sich das Interesse des Empfängers dar. Für ihn bedeutet die Zuwendung einen Vorteil, dessen Eintritt er nicht von der Ungewissheit darüber, ob der verfolgte Zweck erreicht wurde, abhängig sein lassen will. Ob er die Zuwendung bei Zweckverfehlung zurückerstatten muss, bleibt davon zunächst unberührt.

Eine Regelung hinsichtlich der Bedeutung von Zweckverfehlung und Zweckerreichung für die Zuwendung ist dem BGB nicht zu entnehmen. Es enthält in den §§ 812 ff aber eine Regelung für die Herausgabe von rechtsgrundlo-

---

[116] Wieling JuS 78, 801 (802).

[117] Wieling JuS 78, 801 (802); Thomä JZ 62, 623 (626).

[118] Gernhuber Die Erfüllung § 5 III 1 c, 2; a. M. Reuter/Martinek Ungerechtfertigte Bereicherung § 4 II 3d.

[119] Gernhuber Die Erfüllung § 5 III 1 c, 2 b,

[120] BGHZ 40, 272 (277 f); 72, 246 (249); Gernhuber Die Erfüllung § 5 III 4 m. w. N.

[121] Kress AS § 5, 2 c.

sen Leistungen. Versteht man unter Leistung die bewusste und zweckgerichtete Mehrung fremden Vermögens, lässt sich § 812 I BGB entnehmen, dass Zweckverfehlungen, die zunächst keinen Einfluss auf den Eintritt einer Vermögensmehrung beim Empfänger haben, zu einem Herausgabeanspruch des Leistenden führen, wenn die Zweckverfehlung zur Rechtsgrundlosigkeit einer Zuwendung führt. Dazu soll im Folgenden der Rechtsgrundbegriff erläutert werden.

bb) Rechtsgrundbegriff

Das Gesetz definiert den Begriff des Rechtsgrundes nicht, sondern nennt diesen in § 812 I BGB nur als Voraussetzung dafür, dass eine Leistung beim Empfänger verbleiben darf.

In der Literatur werden vier Rechtsgrundbegriffe unterschieden, wobei sich innere und äußere causa[122] und objektiver und subjektiver Rechtsgrund als Begriffspaare gegenüberstehen.

(1) Objektiver und subjektiver Rechtsgrund

Unter objektivem Rechtsgrund einer Leistung versteht man das Schuldverhältnis, auf das sich diese bezieht[123], also z. B. den Kaufvertrag für die Eigentumsübertragung der Kaufsache. Ein subjektiver Rechtsgrund besteht, wenn der mit der Zuwendung verfolgte Zweck erreicht wurde[124], bei der oben erwähnten Eigentumsübertragung der Kaufsache Erfüllung der Verpflichtung aus dem Kaufvertrag eingetreten ist. Besteht der Kaufvertrag nicht, so fehlt es nach der objektiven Theorie bereits am Rechtsgrund, nach der subjektiven Theorie wird der Erfüllungszweck nicht erreicht, so dass auch hier die Übereignung rechtsgrundlos erfolgt. Ein wesentliche Unterschied scheint zwischen den beiden Theorien nicht zu bestehen[125]. Dies stimmt auch für Leistungen, mit der Verpflichtungen erfüllt werden sollen, da die verkürzte Darstellung der objektiven Theorie ohne Auswirkung bleibt[126].

Auch wenn die meisten nach Bereicherungsrecht zu beurteilenden Leistungen der Erfüllung einer Verpflichtung dienen, so lässt der objektive Rechtsgrund außer acht, dass alle Zuwendungen zweckgebunden sind, ohne dass dies

---

[122] Der Rechtsgrund wird auch als causa bezeichnet, v. Tuhr AT II/2 § 72 I.

[123] Larenz/Canaris SchuldR II/2 § 67 III 2 a; Esser/Weyers SchR II/2 § 49 I 1 c; MüKo-Lieb § 812 Rn. 138; Flume AT II § 12 I 2; Weber AcP 169, 237 (240); Weitnauer FS Serick S. 389 (393 f).

[124] Ehmann NJW 69, 398 ff; Weitnauer FS v. Caemmerer S. 255 (263); Enneccerus/Nipperdey AT § 148 I 2; Reuter/Martinek Ungerechtfertigte Bereicherung § 4 II 4 b.

[125] Nach Esser/Weyers SchR II/2 § 49 I 1 c reduziert sich die Auseinandersetzung auf Verbalakte.

[126] Ehmann NJW 69, 398 (400).

immer eine Bezugnahme auf ein anderes Schuldverhältnis voraussetzt[127]. Der objektive Rechtsgrundbegriff orientiert sich zu stark an dem Erfüllungszweck, ohne andere Zwecke erfassen zu können.

Gegen den subjektiven Rechtsgrund spricht dagegen nicht, dass dadurch eine einseitige Intention darüber entscheiden soll, ob der Empfänger die Zuwendung behalten darf[128]. Der subjektive Rechtsgrund sagt aber noch nichts darüber aus, welcher Art die Bestimmung des maßgeblichen Zwecks sein muss. Er beurteilt lediglich, ob der maßgebliche Zweck auch erreicht wurde. Dies beurteilt sich aber nach einem objektiven Maßstab. Der verfolgte Zweck tritt nicht allein deshalb ein, weil die Parteien dies wollen, sondern weil die vorgenommenen Zuwendungen zur Erreichung des angestrebten Ziels geeignet sind[129]. Richtig ist, dass die Zweckbestimmung die Leistung auf das angestrebte Ziel in Bezug setzt[130], aber das Ziel besteht eben darin, den Zweck zu erreichen. Nur so wird der Finalität der menschlichen Handlungen Rechnung getragen[131]

(2) Innere und äußere causa oder kausale und abstrakte Zuwendungen

Versteht man unter Rechtsgrund die Erreichung des einer Zuwendung zugrunde gelegten Zwecks, so beantwortet dies noch nicht die Frage, welche Folgen die Verfehlung des Zwecks für die Zuwendung hat. In Betracht kommen dabei zwei Möglichkeiten - zum einen, dass die Zuwendung gar nicht zustande kommt, zum anderen, dass die Zuwendung beim Empfänger eintritt, aber in einem spätere Stadium zurück verlangt werden kann. Entscheidend ist, ob die Zuwendung hinsichtlich ihrer Wirksamkeit von der Zweckerreichung abhängig ist.

Mit innerer causa bezeichnet man den Rechtsgrund, der Inhalt der Zuwendung ist[132], so dass dessen Verfehlung sich unmittelbar auf die Zuwendung auswirkt. Die Zweckerreichung ist Wirksamkeitsvoraussetzung der Zuwendung[133].

---

[127] Reuter/Martinek Ungerechtfertigte Bereicherung § 4 II 4 b.

[128] So Larenz/Canaris SchuldR II/2 § 67 III 1 a.

[129] Wird eine Sache zur Erfüllung einer entsprechenden Verpflichtung aus dem Kaufvertrag übereignet, so tritt die Erfüllung nicht schon deshalb ein, weil die Parteien dies wollen. Die Verpflichtung muss auch bestehen, andernfalls ist die Übereignung eben nicht geeignet, eine Verbindlichkeit zu erfüllen. Erfüllung tritt dann ex lege ein, Gernhuber Die Erfüllung § 5 III, 1 c.

[130] So auch Larenz/Canaris SchuldR II/2 § 67 III 1 a, die aber als Bezugspunkt das fragliche Schuldverhältnis sehen; vgl. auch Enneccerus/Nipperdey AT § 148 I 5 a; Kress AS § 5, 2 c; Jahr AcP 168, 9 (16).

[131] auch Ehmann NJW 69, 398 (401).

[132] Serick I § 4 I 1; Huber JuS 72, 57 (58); Reuter/Martinek Ungerechtfertigte Bereicherung § 4 II 2 a; Weitnauer FS Serick S. 389 (393); Siber Schuldrecht S. 171 f; Flume AT II § 12 I 1; v. Tuhr AT II/2 § 73 I; Enneccerus/Nipperdey AT § 148 I 5a; Lorenz JuS 68, 441.

[133] Schnauder WM 00, 2073 (2076); ders. AcP 187, 142 (151); Weitnauer FS v. Caemmerer S. 255 (264).

Bei Zweckverfehlung tritt gar keine Vermögensmehrung beim Empfänger ein. Diese Zuwendungen sind kausal[134].

Äußere causa sind Rechtsgründe, die nicht Inhalt der Zuwendung geworden sind[135]. Im Unterschied zu den kausalen Zuwendungen hängt deren Wirksamkeit nicht von der Zweckerreichung ab, so dass diese Zuwendungen auch ohne Rechtsgrund wirksam sind[136]. Diese Zuwendungen sind abstrakt[137].

Trotz der Abstrahierung der Zuwendung von ihrem Rechtsgrund werden auch solche abstrakten Zuwendungen zur Erreichung eines Zwecks vorgenommen[138]. Eine völlige Loslösung der Zuwendung von jeglicher Zweckerreichung entspricht nicht der Zweckgebundenheit des menschlichen Handelns. Abstrakte Zuwendungen sind daher von der Zweckerreichung nur bezüglich ihres Zustandekommens unabhängig. Der Fortbestand der Zuwendung bleibt von der Zweckverfehlung nicht unberührt[139], indem diese erst in einem späteren Stadium berücksichtigt wird, wenn zu entscheiden ist, ob der Empfänger die Zuwendung behalten darf. Das BGB enthält in den Vorschriften über die ungerechtfertigte Bereicherung, §§ 812 ff, Rückabwicklungsansprüche für Zuwendungen, die trotz Zweckverfehlung zunächst wirksam sind[140]. Die Zweckerreichung begründet daher nicht nur den Rechtsgrund einer Zuwendung, sondern gibt dem Empfänger darüber hinaus auch den Behaltensgrund.

Auch wenn das Gesetz die abstrakte oder kausale Natur bestimmter Zuwendungen festgelegt hat[141], so können die Parteien davon grundsätzlich durch Vereinbarung abweichen[142], indem sie abstrakt gefasste Zuwendungen unter eine Bedingung stellen oder aber bei kausal gefassten Zuwendungen hinsichtlich der Wirksamkeit von der Erreichung des Zwecks absehen.

---

[134] v. Tuhr AT II/2 § 73 I; Weitnauer FS Serick S. 389 (393); ders. JZ 85, 555 (556).

[135] s. Fn. 132.

[136] Flume AT II § 12 I 2; Kress AS § 5, 2 c; Enneccerus/Lehmann Recht der Schuldverhältnisse § 200 I 1, 2.

[137] v. Tuhr AT II/2 § 73 I; Kegel FS Mann S. 57 (65).

[138] Kress AS § 5, 2 c.

[139] Kress AS § 5, 2 c; Enneccerus/Lehmann Recht der Schuldverhältnisse § 200 I 2 c; Schnauder AcP 187, 142 (151).

[140] v. Tuhr AT II/2 § 73 III; Kress AS § 5, 2 c; Enneccerus/Nipperdey AT § 148 I 5 b; v. Caemmerer FS Rabel I S. 333 (342), der auf die Parallelität der §§ 812 ff BGB zu den gesetzlichen Rückabwicklungsvorschriften für besondere Vertragstypen hinweist, falls solche fehlen.

[141] die Schuldverträge sind grundsätzlich kausaler Art, Übereignung, Begründung beschränkter dinglicher Rechte sind idR abstrakter Art.

[142] Kress AS § 5, 2 c; Grenze ist aber die Bedingungsfeindlichkeit eines Rechtsgeschäfts, etwa bei der Auflassung, § 925 II BGB.

e) Leistungszweck der Sicherungsverschaffungsabrede

Gegenstand der Sicherungsverschaffungsabrede ist die Erlangung einer Forderung des Gläubigers gegen den Schuldner, ihm eine Sicherheit durch einen Dritten für die persönliche Forderung zu verschaffen. Ausgehend von der vorherigen Dreiteilung der typischen Leistungszwecke stellt sich die Frage nach dem Leistungszweck der Sicherungsverschaffungsabrede.

Zur Einigung über die Sicherungsverschaffungsabrede kommt es, da der Gläubiger durch seine Vorleistung aus dem Kausalverhältnis mit dem Schuldner ein erhebliches Ausfallrisiko übernommen hat, das er absichern möchte. Soweit ihm der Schuldner nicht selbst eine Sicherheit gewähren kann oder will, ist er auf eine Sicherheit durch einen Dritten angewiesen, zu dessen Verschaffung sich der Schuldner verpflichtet. Hinter der Vereinbarung steht das Sicherungsbedürfnis des Gläubigers, so dass Leistungszweck der Sicherungszweck sein könnte.

Die Zuwendung der Forderung dient aber nicht zur Sicherung im Sinne eines Abwicklungszwecks. Sicherung im Sinn der Abwicklung eines anderen Schuldverhältnisses besteht darin, dass dem Gläubiger eine weitere Möglichkeit zur Befriedigung seines Erfüllungsinteresses aus der persönlichen Forderung gewährt wird[143]. Der Gläubiger erlangt durch die Verschaffungsabrede aber noch keine weitere Befriedigungsmöglichkeit, sondern nur einen Anspruch auf die Verschaffung einer solchen. Die Zuwendung des Verschaffungsanspruch dient daher nicht zur Sicherung der persönlichen Forderung.

Denkbar wäre, dass der Schuldner dem Gläubiger die Verpflichtung freigebig auf Dauer zuwendet, ohne dafür einen Ausgleich zu erhalten, insbesondere dann, wenn die Parteien einen möglichen Verzichtstatbestand ungeregelt gelassen haben. Freigebigkeit setzt aber voraus, dass der Zuwendende keinen eigenen Vorteil erlangt, so dass er allein die Mehrung des fremden Vermögens bezweckt[144]. Maßgeblich für die Eingehung der Verpflichtung durch den Schuldner ist das Bestehen eines Sicherungsbedürfnisses des Gläubigers hinsichtlich dessen Ausfallrisikos mit der persönlichen Forderung. Um dieses zu befriedigen, verpflichtet sich der Schuldner, dem Gläubiger eine Sicherheit zu verschaffen. Die Befriedigung des Sicherungsbedürfnisses ist aber nur solange und soweit möglich, wie der Gläubiger seinerseits eine durchsetzbare Forderung gegen den Schuldner hat. Fehlt diese oder fällt diese zu einem späteren Zeitpunkt weg, besteht auch kein Sicherungsbedürfnis des Gläubigers.

Wenn auch die Sicherungsabrede dem Gläubiger noch kein Sicherungsmittel gewährt, so dient sie doch zu dessen Vorbereitung. Das Bestehen eines Sicherungsbedürfnisses beim Gläubiger begrenzt den Willen des Schuldners, die Verpflichtung zur Verschaffung einer Sicherheit durch einen Dritten einzugehen

---

[143] Bülow ZIP 99, 985.
[144] s. FN 88.

und aufrechtzuerhalten. Er erlangt aber selbst keinen Vorteil aus der Verschaffungsverpflichtung[145], so dass auch kein Austauschzweck verfolgt wird. Denkbar
ist zwar, dass die Parteien die Verpflichtung nur unter der Bedingung des bestehenden Sicherungsbedürfnisses oder aber einen aufschiebend bedingten Aufhe-
bungsanspruch des Schuldners vereinbaren, aber zwingend ist dies nicht. Dennoch ergibt sich aus den zu berücksichtigenden Interessen, dass dem Gläubiger
der Anspruch aus der Abrede nur beschränkt auf das Bestehen des Sicherungsbedürfnisses zustehen soll. Daher lässt sich der Leistungszweck der Sicherungsverschaffungsabrede nicht in das dreigeteilte Zwecksystem einordnen. Es handelt sich vielmehr um einen Zweck sui generis, der sich aus einer Mischung der
verschiedenen typischen Zwecke ergibt.

III. Vertragsverhältnis zwischen Hauptschuldner und Dritten

Der Hauptschuldner, der sich gegenüber dem Gläubiger zur Verschaffung
einer Sicherheit durch einen Dritten verpflichtet hat, wird, um seine Verpflichtung zu erfüllen, mit einem Dritten einen Vertrag schließen, in dem sich dieser
gegenüber dem Schuldner verpflichtet, dem Gläubiger eine Sicherheit zu gewähren[146].

1. Rechtsnatur

Zunächst soll die Rechtsnatur des Vertrags zwischen Schuldner und Drittsicherer geklärt werden, der Voraussetzung dafür ist, dass der Gläubiger in einem nächsten Schritt das Sicherungsmittel von diesem erhält.

a) Vertragstyp

Die Verpflichtung, die der Dritte gegenüber dem Schuldner eingeht, ist auf
eine Tätigkeit gerichtet, die beim Gläubiger einen Erfolg, nämlich die Erlangung
einer weiteren Befriedigungsmöglichkeit, herbeiführen soll, so dass es sich bei
dem Vertrag um einen Dienst- oder Werkvertrag handeln könnte, §§ 611, 631
BGB, wenn die Parteien für die Leistung des Dritten eine Vergütung vereinbaren. Das BGB kennt mit dem Geschäftsbesorgungsvertrag ein weiteres entgeltli-
ches Schuldverhältnis, das auf die Verrichtung von Tätigkeiten und die Herbeiführung von Erfolgen gerichtet ist, § 675 BGB. Daher genügt die Vereinbarung
einer Vergütung nicht, um den Vertrag einem bestimmten Vertragstypen zuord-
nen zu können[147].

---

[145] Etwa eine besondere Vergütung.
[146] In den seltensten Fällen wird der Dritte ungebeten eine Bürgschaft übernehmen. Diese
Fälle bleiben hier unbeachtet. Stötter MDR 70, 545.
[147] MüKo-Seiler § 677 Rn. 2.

Ebenfalls ungeeignet zur Abgrenzung dieser Vertragstypen ist die synallagmatische Verknüpfung der Verpflichtungen bei Werk- und Dienstvertrag, da auch beim entgeltlichen Geschäftsbesorgungsvertrag ein Synallagma zwischen der Entgeltforderung und der Verpflichtung zur Geschäftsbesorgung besteht[148]. Der wesentliche Unterschied der Vertragstypen besteht darin, dass der Geschäftsbesorgungsvertrag auf die Wahrung bzw. Förderung fremder Interesse gerichtet ist. Die eigenen Interessen des Geschäftsbesorgers werden, trotz Entgeltforderung, nachrangig gestellt[149]. Daher wird der Geschäftsbesorgungsvertrag auch als Subordinationsvertrag bezeichnet[150]. Bei Werk- und Dienstvertrag verfolgen die Parteien dagegen entgegengesetzte Interessen, ohne dass das Interesse des einen der Interessenwahrung des anderen untergeordnet würde (sog. Koordinationsverträge)[151].

Mit der Eingehung der Verpflichtung, dem Gläubiger des Schuldners eine Sicherheit zu bestellen, tritt der Dritte an die Stelle des Schuldners, der dem Gläubiger eine Sicherheit bestellen sollte, aber dazu nicht in der Lage war. Die Unterordnung des Drittsicherers unter die Interessen des Schuldners zeigt sich auch darin, dass der Dritte nicht selbst Art und Umfang der Sicherheit bestimmen kann, die er dem Gläubiger gewähren soll. Vielmehr erfolgt die Festlegung bereits im Vertrag mit dem Schuldner.

Bei dem Vertrag zwischen Schuldner und Drittem handelt es sich um einen Geschäftsbesorgungsvertrag, § 675 BGB, soweit für die Gewährung der Sicherheit ein Entgelt vereinbart wird. Wird der Vertrag unentgeltlich geschlossen, liegt ein Auftrag vor, § 662 BGB[152].

b)   Vertrag zugunsten Dritter

Begünstigter der geschuldeten Leistung ist der Gläubiger des Schuldners aus dem zu sichernden Kausalverhältnis. Grundsätzlich erfolgt der Leistungsaustausch zwischen den Vertragspartnern, zwingend ist dies aber nicht, so dass auch ein Dritter Begünstigter eines Vertrages sein kann[153]. Die Drittbegünstigung findet im BGB im Vertrag zugunsten Dritter, §§ 328 ff BGB Ausdruck. Dabei handelt es sich aber nicht um einen besonderen Vertragstyp, sondern um eine atypische inhaltliche Vertragsgestaltung[154]. Das BGB kennt zwei verschiedene Ausgestaltungen des Vertrags zugunsten Dritter, den sog. echten oder be-

---

[148] Staudinger-Martinek § 675 Rn. A 42.

[149] Staudinger-Martinek § 675 Rn. A 42.

[150] Staudinger-Martinek § 675 Rn. A 41.

[151] Staudinger-Martinek § 675 Rn. A 38 ff.

[152] Koziol ZBB 89, 16 (21); Liesecke WM 68, 22 (27 f); Bülow, Recht der Kreditsicherheiten Rn. 48a; Scholz/Lwowski Das Recht der Kreditsicherung Rn. 197.

[153] Gernhuber Das Schuldverhältnis § 13 I 3.

[154] MüKo-Gottwald § 328 Rn. 4, 20.

rechtigenden[155] Vertrag zugunsten Dritter und den sog. unechten oder ermächtigenden Vertrag zugunsten Dritter[156]. Der eigentliche Vertrag selbst, der auch als Deckungsverhältnis bezeichnet wird, wird zwischen Schuldner (Versprechensempfänger) und Drittsicherer (Versprechender) geschlossen[157].

aa) Echter Vertrag zugunsten Dritter

Beim echten Vertrag zugunsten Dritter begründen die Parteien im Deckungsverhältnis ohne die Mitwirkung des begünstigten Dritten für diesen eine Gläubigerstellung, dem dagegen nur ein Zurückweisungsrecht aus § 333 BGB zusteht[158]. Dabei entsteht kein Vertragsverhältnis zwischen Drittem und Versprechendem, sondern der Dritte wird unmittelbar Gläubiger eines aus dem Deckungsverhältnis abgespaltenen Leistungsanspruchs auf die versprochene Leistung[159], § 328 I BGB. Daneben besteht ein Anspruch des Versprechensempfänger auf Leistung an den begünstigten Dritten, § 335 BGB. Beide Ansprüche sind mit unterschiedlichem Inhalt auf dasselbe Ziel gerichtet, dem Dritten die Leistung zu verschaffen[160].

Ist dem Vertrag zwischen Schuldner und Drittsicherer nicht ausdrücklich zu entnehmen, ob dem Gläubiger ein eigener Anspruch auf Gewährung der Sicherheit gegen den Drittsicherer zustehen soll, so kann sich dieser auch aus den Umständen ergeben, § 328 II BGB. Dabei spielt insbesondere der verfolgte Zweck eine bedeutende Rolle[161]. Die Beauftragung des Drittsicherers dient dazu, dem Gläubiger zur Befriedigung seines Sicherungsbedürfnisses eine Sicherheit zu verschaffen. Stünde dem Gläubiger ein eigenes Forderungsrecht auf die Gewährung der Sicherheit zu, so könnte er selbst die Durchsetzung des Anspruchs betreiben und so möglichst schnell ohne auf das Tätigwerden eines anderen angewiesen zu sein, sein Ausfallrisiko hinsichtlich der zu sichernden Forderung minimieren. Der Abspaltung des Forderungsrechts steht auch nicht das Interesse des Schuldners entgegen, keinen Einfluss mehr auf die Gewährung der Sicherheit zu haben, da er im Zweifel nach § 335 BGB einen Anspruch gegen den Drittsicherer auf Gewährung der Sicherheit an den Gläubiger hat.

[155] Larenz SchuldR I § 17 I a; Lorenz AcP 168, 286 (288); Staudinger-Jagmann Vorbem 4 zu §§ 328 ff.
[156] Staudinger-Jagmann Vorbem 3 zu §§ 328 ff m. w. N.; Larenz SchuldR I § 17 I a.
[157] MüKo-Gottwald § 328 Rn. 25; Grund für die Begünstigung des Gläubigers ist die Verpflichtung des Schuldners diesem gegenüber aus dem Sicherungsverschaffungsvertrag. Dieser stellt das Valutaverhältnis dar. MüKo-Gottwald § 328 Rn. 28.
[158] MüKo-Gottwald § 328 Rn. 29, § 333 Rn. 1; Palandt-Heinrichs Einf 6 vor § 328.
[159] MüKo-Gottwald § 328 Rn. 29; Palandt-Heinrichs § 328 Rn. 5; Staudinger-Jagmann § 328 Rn. 26 ff zum Vollzugsverhältnis.
[160] Staudinger-Jagmann § 328 Rn. 33.
[161] Palandt-Heinrichs § 328 Rn. 3; Staudinger-Jagmann § 328 Rn. 3; BGHZ 55, 307 (309).

Gegen die Vereinbarung eines echten Vertrags zugunsten des Gläubigers spricht, dass dieser bei dem Erwerb eines eigenen Forderungsrechts den Einwendungen des Drittsicherers aus dem Vertrag mit dem Schuldner ausgesetzt wäre, § 334 BGB[162]. Der Gläubiger will lediglich die Sicherung erhalten. Ein eigenes Forderungsrecht gegen den Drittsicherer bedarf er dazu nicht, da er sich gegen die Realisierung des Ausfallrisikos besser schützen kann, wenn er die Vorleistung unter die aufschiebende Bedingung der Sicherungserlangung stellt. Die Leistung des Gläubigers stellt vorrangig für den Schuldner einen Vorteil dar, so dass dieser sich auch um die Stellung der erforderlichen Sicherungen kümmert und mögliche Streitigkeiten mit dem Drittsicherer austragen muss. Der Gläubiger ist daran nicht interessiert, so dass es sich bei dem Vertrag zwischen Schuldner und Drittsicherer nicht um einen echten Vertrag zugunsten Dritter handelt, § 328 I BGB.

bb) Unechter Vertrag zugunsten Dritter oder unechter Vorvertrag zugunsten Dritter

Wird der Versprechende in dem Vertrag mit dem Versprechensempfänger lediglich zur Leistung an den Dritten verpflichtet, ohne dass für diesen ein eigener Leistungsanspruch begründet wird, handelt es sich um einen unechten oder ermächtigenden[163] Vertrag zugunsten Dritter. Gegenstand der Begünstigung kann jede Leistung sein, die überhaupt Gegenstand eines Schuldverhältnisses sein kann[164]. Daher kann die versprochene Leistung auch in der Gewährung einer Sicherheit bestehen, die erst durch ein weiteres Rechtsgeschäft begründet werden muss. Allerdings drängt sich dann die Frage auf, ob es sich bei dem Vertrag zwischen Schuldner und Drittsicherer um einen Hauptvertrag zugunsten Dritter oder um einen Vorvertrag zugunsten Dritter handelt.

Unter einem Vorvertrag versteht man die durch Vertrag begründete Verpflichtung zum Abschluss eines künftigen Vertrags[165]. Dabei müssen nicht beide Parteien zum Abschluss des zukünftigen Vertrages verpflichtet werden. Es genügt, wenn für eine Partei eine Abschlusspflicht begründet wird[166], so dass es unschädlich ist, dass durch die Vereinbarung zwischen Drittsicherer und Schuldner nur ersterer zum Abschluss des Rechtsgeschäfts über die Sicherheit verpflichtet wird.

---

[162] Palandt-Heinrichs § 334 Rn. 1.

[163] Bayer Der Vertrag zugunsten Dritter S. 128 f.

[164] Staudinger-Jagmann § 328 Rn. 9; Schmalzel AcP 164, 446; daher auch der Abschluss eines Vertrags, Esser/Schmidt SchR I/2 § 36 II 3.

[165] Henrich Vorvertrag Optionsvertrag Vorrechtsvertrag S. 60; Leonhard bezeichnet diesen als Abschließungsvertrag Allgemeines Schuldrecht S. 291; Köhler Jura 79, 465.

[166] Larenz SchuldR I § 7 I.

Für die Einordnung als Vorvertrag spricht, dass – wie beim Vorvertrag – mit dem Vertrag zwischen Schuldner und Drittsicherer ein anderes Rechtsgeschäft vorbereitet wird, und der Schuldner notfalls den Abschluss des weiteren Rechtsgeschäfts über die Sicherheit erzwingen kann.

Gegen einen Vorvertrag wird vorgebracht, dass es an der für Vorverträge notwendigen Identität der Parteien des Vorvertrags mit den Parteien des zukünftigen Hauptvertrags fehlt. Bei solchen Verpflichtungen zugunsten Dritter handele es sich um Geschäftsbesorgungen, die nicht Gegenstand eines Vorvertrags sein könnten[167]. Der Vorvertrag ist ein schuldrechtlicher Vertrag, der im Gesetz nicht geregelt ist, so dass sein Inhalt und seine Ausgestaltung der Vertragsfreiheit unterfällt[168]. Charakteristisch für den Vorvertrag ist, dass er einen vertraglichen Kontrahierungszwang begründet, ohne selbst schon den Hauptvertrag darzustellen[169]. Bei Parteiidentität von Vorvertrag und Hauptvertrag erscheint der Abschluss eines Vorvertrags meist als Umweg und daher überflüssig[170]. Daher macht zwischen diesen der Abschluss eines Vorvertrags nur Sinn, wenn zwar eine Bindung schon geschaffen werden soll, aber dem Abschluss des Hauptvertrags noch Hindernisse entgegenstehen[171]. Überträgt man dies auf Dreipersonenverhältnisse, grenzen sich Verträge zugunsten Dritter und Vorverträge zugunsten Dritter dahingehend ab, ob hinsichtlich des Abschlusses des Hauptvertrages aus rechtlichen oder tatsächlichen Gründen eine Ungewissheit besteht, die die Parteien dazu veranlasst, zunächst eine vorvertragliche Bindung herstellen zu wollen.

Dazu muss im Folgenden geklärt werden, was unter einem Hauptvertrag zu verstehen ist. Hauptvertrag ist der Vertrag, zu dessen Abschluss sich die Parteien verpflichten, etwa der Kaufvertrag, zu dessen Vorbereitung die Parteien einen Vorvertrag schließen. Der Vorvertrag ist daher nur Platzhalter für den Hauptvertrag, der seinerseits den endgültigen Rechtserfolg erst herbeiführen soll[172]. Bei Dreipersonenverhältnissen ist die Einordnung komplizierter.

Aber auch für diese kann, wie bei Zweipersonenverhältnissen, Hauptvertrag nur wiederum ein obligatorischer Vertrag sein, so dass ein Vorvertrag schon

---

[167] Kress AS § 7, 3 d; Levinsohn Der Vorvertrag S. 51.

[168] Larenz SchuldR I § 7 I.

[169] Staudinger-Bork Vorbem 51 zu §§ 145 ff; MüKo-Kramer Rn. 36 vor § 145 spricht von vertraglicher Bindung; Vertragsgegenstand ist daher nicht die Leistung des Hauptvertrags, sondern ein contrahere, Kress AS § 7, 3 a.

[170] v. Tuhr AT II/1 § 62 VIII.

[171] Larenz SchuldR I § 7 I; Henrich Vorvertrag Optionsvertrag Vorrechtsvertrag S. 115.

[172] Brüggemann JR 68, 201 (204); der Kaufvertrag führt nicht bereits den bezweckten Erfolg des entgeltlichen Warenaustausches her, sondern begründet die Verpflichtungen, aufgrund derer die Übereignung der Kaufsache und die Zahlung des Kaufpreises erfolgt. Der Kaufvertrag ist Hauptvertrag. Ein Vorvertrag zum Kaufvertrag würde nur zu dessen Abschluss verpflichten, nicht aber zur Übereignung oder Zahlung des Kaufpreises.

dann ausscheidet, wenn es sich bei dem zukünftigen Rechtsgeschäft um ein Verfügungsgeschäft handelt[173]. Verfügungen sind Rechtsgeschäfte, die unmittelbar auf die Einwirkung, Veränderung, Übertragung oder Aufhebung eines Rechts gerichtet sind[174]. Hypothek oder Pfandrecht begründen beschränkt dingliche Rechte. Bei der Sicherungszession und Sicherungsübereignung werden die Inhaberschaft an einer Forderung oder das Eigentum an einer Sache übertragen. Diese bedürfen zu ihrer Vornahme eines rechtfertigenden Verpflichtungsgeschäfts, so dass Verträge, die die Parteien zu deren Vornahme verpflichten, nicht Vorverträge, sondern Hauptverträge sind[175].

Im Gegensatz dazu ist die Bürgschaft ein obligatorischer Vertrag, so dass die Verpflichtung zu dessen Abschluss Gegenstand eines Vorvertrags sein könnte. Ausgehend von der vorherigen Trennung von Vorvertrag, Hauptvertrag und Eintritt des bezweckten Erfolgs dürfte der Vertrag zwischen Schuldner und Drittsicherer nicht auf die Herbeiführung des endgültigen Erfolges gerichtet sein, da es sich sonst bereits um den Hauptvertrag handelt[176]. Endgültiger Erfolg ist bei den Sicherungsgeschäften die Erlangung eines Sicherungsmittels durch den Gläubiger, das diesem eine weitere Möglichkeit gewährt, Befriedigung für sein Erfüllungsinteresse zu erlangen. Es kommt also nicht auf den tatsächlichen Eintritt der Befriedigung an, sondern darauf, dass der Gläubiger das Sicherungsmittel erwirbt. Bei der Bürgschaft erfolgt dies mit Abschluss des Bürgschaftsvertrags, da der Gläubiger damit eine Forderung gegen den Bürgen erlangt. Der Bürgschaftsvertrag ist daher nicht Hauptvertrag, sondern stellt den endgültigen Erfolg dar. Der Vertrag, in dem sich der Bürge zur Übernahme der Bürgschaft verpflichtet, ist auf die Herbeiführung des endgültigen Erfolges gerichtet und ist daher Hauptvertrag und nicht Vorvertrag.

Dass es sich bei dem endgültigen Erfolg um einen weiteren obligatorischen Vertrag handelt, ändert nichts an der Einordnung des Vertrags zwischen Schuldner und Drittsicherer als Hauptvertrag. Geschäftsbesorgungsverträge können neben realen Leistungen auch den Abschluss von Verträgen zum Gegenstand haben[177]. Soll der Vertrag mit einem Dritten geschlossen werden und wird dieser dadurch begünstigt, handelt es sich um einen Vertrag zugunsten Dritter. Verträge zugunsten Dritter sind keine eigenen Vertragstypen, so dass die in ihnen versprochene Leistung auch im Abschluss eines weiteren Vertrags mit dem Dritten bestehen kann[178]. Gegen die Einordnung als Vorvertrag spricht auch, dass die Verpflichtung des Bürgen zum Abschluss des künftigen Bürgschaftsvertrags

---

[173] Soergel-Wolf Rn. 58 vor § 145; Staudinger-Bork Vorbem 53 zu §§ 145 ff; Palandt-Heinrichs Einf 19 vor § 145; v. Tuhr AT II/1 § 62 VIII.

[174] Palandt-Heinrichs Überbl 16 v § 104; Soergel-Hefermehl Rn. 74 vor § 116.

[175] RGZ 48, 133(135).

[176] s. Fn. 169.

[177] Staudinger-Martinek § 675 Rn. A 24.

[178] Schmalzel AcP 164, 446.

nicht aufgrund einer rechtlichen oder tatsächlichen Unsicherheit eingegangen wird, die den sofortigen Abschluss des Bürgschaftsvertrags verhindert. Erst aus diesem Vertrag lässt sich erkennen, warum der Drittsicherer die spätere Bürgschaft übernimmt.

Der Vertrag zwischen Schuldner und Gläubiger ist ein unechter Vertrag zugunsten Dritte, ohne dem Gläubiger ein Forderungsrecht auf die Gewährung des Sicherungsmittels zu geben. Allerdings ist der Drittsicherer nur zur Leistung des Sicherungsmittels an den Gläubiger befugt (sog. exklusive Empfangszuständigkeit[179]). Eine alternative Leistung auch an den Schuldner ist nicht Inhalt der Vereinbarung geworden, so dass es sich um einen sog. Drittgläubigerleistungsvertrag handelt[180].

2. Leistungszweck

Der Geschäftsbesorgungsvertrag ist auf Austausch von Leistungen gerichtet. Der Drittsicherer wendet dem Schuldner eine Forderung auf Eingehung eines Sicherungsmittels mit dem Gläubiger zu. Erfolgt dies gegen Entgelt, so stehen die beiden Verpflichtungen im Synallagma zueinander[181]. Zusätzlich erwirbt der Drittsicherer einen Anspruch auf Aufwendungsersatz, §§ 675, 670 BGB gegen den Schuldner.

IV. Der Sicherungsbestellungsakt

Hat der Drittsicherer sich gegenüber dem Schuldner zur Übernahme einer Sicherheit zugunsten des Gläubigers verpflichtet, wird er in einem nächsten Schritt mit dem Gläubiger eine Einigung über das jeweilige Sicherungsmittel herbei führen. Bei der Hypothek ist zusätzlich die Eintragung im Grundbuch, §§ 1113, 873 BGB und, soweit es sich um eine Briefhypothek handelt, auch die Übergabe des Hypothekenbriefs, §§ 1116, 1117 BGB. Das Pfandrecht an Sachen erwirbt der Gläubiger erst bei Übergabe der Pfandsache oder Übertragung des mittelbaren Besitzes, § 1205 BGB. Der Entstehungstatbestand des Pfandrechts an Rechten oder Forderungen deckt sich mit dem Übertragungstatbestand, nur dass die Einigung auf die Verpfändung und nicht auf die Übertragung gerichtet ist, § 1274 I BGB.

1. Zuwendungsgegenstand

Der Drittsicherer nimmt mit der Einigung über das Sicherungsmittel eine Zuwendung zugunsten des Gläubigers vor, wenn bei diesem eine Vermögens-

---

[179] Gernhuber Die Erfüllung § 23, 3.

[180] Gernhuber Die Erfüllung § 23, 3; Enneccerus/Lehmann Recht der Schuldverhältnisse § 34 IV 1 bezeichnen diesen als unechten Vertrag zugunsten Dritter.

[181] Staudinger-Martinek § 675 A 42.

mehrung eintritt. Dabei soll im Folgenden bestimmt werden, worin der Vermögenszuwachs beim Gläubiger besteht.

Bei der Bürgschaft und der Garantie übernimmt der Drittsicherer eine einseitige Leistungspflicht gegenüber dem Gläubiger. Dieser erwirbt daher mit der Einigung eine Forderung. Bei Sicherungsübereignung und Sicherungsabtretung erwirbt der Gläubiger mit dem Eigentum an einer Sache oder der Inhaberschaft der Forderung ein Vollrecht[182].

Für die Pfandrechte fehlt eine gesetzliche Bestimmung, der der Zuwendungsgegenstand ausdrücklich entnommen werden könnte. Worin der genaue Vermögenszuwachs des Pfandgläubigers besteht, lässt sich nur bestimmen, wenn man die Rechtsnatur des Pfandrechts genauer betrachtet[183]. Dabei ist umstritten, ob der Gläubiger einer Hypothek einen dinglichen Anspruch auf Zahlung einer bestimmten Geldsumme (Theorie der Realobligation)[184] oder aber ein dingliches Verwertungsrecht[185] in Gestalt eines Duldungsanspruchs für die Zwangsvollstreckung in das Grundstück erhält.

Die Theorie der Realobligation stützt sich auf den Wortlaut des § 1113 BGB, der auf die Verpflichtung des Eigentümers, eine bestimmte Geldsumme zahlen zu müssen, hinweise[186]. Die Schuld sei hinsichtlich des Haftungsgegenstandes auf das Grundstück begrenzt[187]. Die in § 1147 BGB vorgesehene Zwangsvollstreckung setze ihrerseits einen Leistungsanspruch voraus, da Duldungsansprüche nur über § 890 ZPO vollstreckt werden könnten[188]. Auch sei die Unterwerfung unter die sofortige Zwangsvollstreckung gem. § 794 I Nr. 5 ZPO nur möglich, wenn ein Anspruch auf Zahlung einer bestimmten Geldsumme besteht, womit aber nicht die persönliche Forderung gemeint sei[189].

Die Anhänger der Gegenmeinung, die die Hypothek als dingliches Verwertungsrecht einordnen, sehen den Wortlaut als nicht eindeutig an, da es der Gesetzgeber insbesondere unterlassen habe, einen Zahlungspflichtigen zu be-

---

[182] Bülow Recht der Kreditsicherheiten Rn. 15.

[183] Dazu soll im Folgenden die Rechtslage bei der Hypothek dargestellt werden, die anschließend auf das Pfandrecht an beweglichen Sachen und an Rechten übertragen werden kann.

[184] Wolf Sachenrecht S. 432 ff; Staudinger-Wolfsteiner Einl 24 ff zu §§ 1113 ff.

[185] Baur/Stürner Sachenrecht § 36 II 2 Rn. 62; Wilhelm Sachenrecht Rn. 1313; Wieling Sachenrecht S. 673 f; von Lübtow FS Lehmann S: 328 (338 ff); zum Theorienstreit allgemein Westermann Sachenrecht 7. Auflage § 94 II; Westermann Sachenrecht 7. Auflage § 93; Schapp FS Söllner S. 477 ff; Bülow Recht der Kreditsicherheiten Rn. 55 f.

[186] Westermann Sachenrecht 5. Aufl. § 94 II 2; Wolf Sachenrecht S. 432 ff, der die obligatorische Verpflichtung auch sonstigen schuldrechtlichen Formulierungen wie Hypothekengläubiger in §§ 1123 ff BGB, Mahnung und Kündigung in §§ 1141, 1160 II BGB, Einrede in § 1137 BGB im Hypothekenrecht entnimmt.

[187] Staudinger-Wolfsteiner Einl 24 zu §§ 1113 ff.

[188] Westermann Sachenrecht 7. Aufl. § 93, 2; Wolf Sachenrecht S. 434.

[189] MüKo-Eickmann § 1147 Rn. 4.

nennen[190]. § 1142 I BGB spreche nur von der Berechtigung zur Befriedigung des Gläubigers[191]. Sie stützen sich auf den historischen Gesetzgeber, der eine Zahlungspflicht des Eigentümers verworfen hat, um die Hypothek nicht in ein obligatorisches Rechtsverhältnis zu verwandeln[192]. Eine Zahlung aus dem Grundstück sei gar nicht möglich, sondern gemeint sei die Zahlung aus dem bei der Zwangsvollstreckung erzielten Erlös, wenn der Eigentümer nicht bereits freiwillig an den Gläubiger zahlt[193]. Der Eigentümer sei nur zur Duldung der Verwertung, die bei der Hypothek durch die Zwangsvollstreckung erfolgt, verpflichtet[194].

Haupteinwand gegen die Theorie der Realobligation ist, dass mit dieser die Dinglichkeit der Hypothek nicht ausreichend erklärt werden kann. Ein dingliches Recht ordnet einen Gegenstand einer Person zu, indem zugleich der Person über den Gegenstand die ausschließliche, d. h. gegen jeden gerichtete Herrschaft zusteht. Herrschaftsbeziehungen gleichen Inhalts für andere Personen an dem Gegenstand sind ausgeschlossen[195]. Obligatorische Forderungen entfalten keine Zuordnungsfunktion für einen Gegenstand[196]. Umfassendstes dingliches Recht an einer Sache ist das Eigentum, das den Eigentümer dazu berechtigt, mit der Sache nach seinem Belieben zu verfahren, § 903 BGB. Abspaltungen einzelner Befugnisse auf einen Dritten sind möglich, allerdings nur im begrenzten Rahmen des numerus clausus der Sachenrechte[197]. Sieht das BGB in § 1147 für die Befriedigung des Gläubigers aus der Hypothek die Zwangsvollstreckung des Grundstücks vor, so wird dadurch ein Erlös erzielt, der dem Hypothekengläubiger in Höhe der gesicherten Forderung zusteht. Die Hypothek erfasst daher das Recht auf Behaltendürfen des Erlöses, indem sie das Verwertungsrecht an dem Grundstück vom Eigentum abspaltet und einem Dritten zuordnet[198]. Überträgt der Eigentümer seine Verwertungsbefugnis auf einen Dritten, ist auch er wie jeder andere Dritte von Einwirkungen auf das Grundstück hinsichtlich des übertragenen dinglichen Rechts ausgeschlossen. Durch die Hypothek erfolgt für das Grundstück eine Mehrfachzuordnung, da der Gläubiger nur zur Verwertung des Grundstücks berechtigt ist, das Eigentum aber beim Eigentümer bleibt[199].

---

[190] Schapp FS Söllner 1990 S. 477 (481).
[191] Westermann Sachenrecht 5. Aufl. § 94 II 2.
[192] Motive III 676, 689.
[193] Wilhelm Sachenrecht Rn. 1314; Westermann Sachenrecht 5. Aufl. § 94 II 3.
[194] Wieling Sachenrecht S. 673.
[195] MüKo-Quack Einl Sachenrecht Rn. 25; Soergel-Mühl Sachenrecht Einl 8; Palandt-Bassenge Einl 2 vor § 854;
[196] Canaris FS Flume S. 371 (373).
[197] MüKo-Quack Einl Sachenrecht Rn. 29.
[198] Schapp FS Söllner S. 477 (485 f); Wilhelm Sachenrecht Rn. 1314; Baur/Stürner § 36 II 2 a Rn. 62; Wieling Sachenrecht S. 673; Westermann Sachenrecht 5. Aufl. § 94 II 3, 4.
[199] Westermann Sachenrecht 5. Aufl. § 94 II 4.

Stellt man sich die Frage nach dem Inhalt des Anspruchs des Hypotheken-gläubigers unter diesem Gesichtspunkt erneut, so muss dazu das Verhältnis der aus den dinglichen Rechten der Beteiligten fließenden Einwirkungs- und Ausschließungsbefugnisse betrachtet werden.

Da der Ausschließungsbefugnis an sich noch keine Verpflichtung eines Dritten zu einem bestimmten Verhalten entnommen werden kann[200], gewährt die Rechtsordnung dem Eigentümer zum Schutz gegen Störungen des Eigentums nach § 1004 I BGB einen Abwehranspruch. Dessen Reichweite ist aber dahin begrenzt, als nur solche Störungen abgewehrt werden können, zu deren Duldung der Eigentümer nicht verpflichtet ist, § 1004 II BGB. Spaltet der Eigentümer die Verwertungsbefugnis ab und überträgt diese auf einen Dritten, muss er deren Ausübung durch den Berechtigten dulden. Der Duldungsverpflichtung des Eigentümers entspricht dann ein Duldungsanspruch des Berechtigten[201]. Ein obligatorischer Zahlungsanspruch wird der Dinglichkeit der Hypothek nicht gerecht, da er die Ausschließungs- und Einwirkungsbefugnis nicht ausreichend berücksichtigt.

Gegenstand der Hypothek oder der Grundschuld[202] ist daher ein dingliches Verwertungsrecht in Form eines Duldungsanspruchs. Dies ist auf das Pfandrecht an beweglichen Sachen und Rechten[203] übertragbar, wobei die Verwertung aber nicht durch Zwangsvollstreckung, sondern durch Verkauf erfolgt, § 1228 BGB.

2. Vollzugsverhältnis

Einigen sich Drittsicherer und Gläubiger über die Sicherheit, erwirbt der Gläubiger mit dem Sicherungsmittel eine weitere Möglichkeit, sein Erfüllungsinteresse aus der gesicherten Forderung zu befriedigen. Der Drittsicherer haftet dafür entweder, wie bei der Bürgschaft, mit seinem ganzen Vermögen oder, wie beim Pfandrecht oder der Hypothek, mit einem bestimmten Haftungsgegenstand. In jedem Fall erleidet er eine Vermögenseinbuße, auch wenn diese sich bei der bloßen Gewährung der Sicherheit noch nicht verwirklicht hat. Eine Belastung des Vermögens des Drittsicherers tritt bereits dadurch ein, dass der Drittsicherer dem Gläubiger, je nach Sicherungsmittel, einen obligatorischen Anspruch oder ein dingliches Verwertungsrecht zuwendet.

---

[200] Schapp FS Söllner 1990 S. 477 (489).

[201] Schapp FS Söllner 1990 S. 477 (489).

[202] MüKo-Eickmann § 1191 Rn. 1.

[203] MüKo-Damrau § 1204 Rn. 1, der im Pfandrecht ein dingliches Recht sieht, das dem Gläubiger die Berechtigung gewährt, sich aus dem belasteten Gegenstand zu befriedigen; der Gläubiger erwirbt nicht das Recht oder die Forderung selbst. Inhalt des Pfandrechts ist ein Verwertungsrecht, Westermann Sachenrecht § 136 II 2 a;

Ein vertragliches Rechtsverhältnis zwischen ihm und dem Drittsicherer nicht besteht. Zwischen ihnen wird zunächst nur eine Zuwendung vorgenommen, so dass man auch von einem Vollzugsverhältnis spricht[204].

3. Leistungsverhältnis

Zuwendungen erfolgen, wie bereits ausgeführt, nicht um ihrer selbst willen, sondern um mit ihnen einen bestimmten Zweck zu verwirklichen, wodurch sie zur Leistung im rechtlichen Sinn werden[205]. Vom reinen Vollzugsverhältnis, dem lediglich eine Zuwendung zugrunde liegt, kann ein Leistungsverhältnis unterschieden werden, das eine zweckgerichtete Zuwendung zum Gegenstand hat. Die Parteien des Leistungsverhältnisses werden als Leistender und Leistungsempfänger bezeichnet, ohne dass aus diesen Begriffen erkennbar wäre, was jemanden zur Partei eines Leistungsverhältnisses werden lässt.

Ausgehend von der Zuwendung, die jeder Leistung zugrunde liegt, muss zwischen den Parteien eines Leistungsverhältnisses eine Güterverschiebung stattfinden. Andererseits kann dies nicht ausreichen, da sonst bereits jedes Zuwendungsverhältnis ein Leistungsverhältnis wäre. Zu der bloßen Güterbewegung muss deren Zweckgerichtetheit treten, die die Zuwendung zur Leistung werden lässt. Dies geschieht, wie schon ausgeführt, durch die Zweckbestimmung[206].

Ausgehend von dieser Zweigliedrigkeit des Leistungsbegriffs sind diejenigen Parteien eines Leistungsverhältnis, zwischen denen es zu einer zweckgebundenen Güterverschiebung kommt. Das Leistungsverhältnis enthält mit der Zuwendung und der Zweckgebundenheit zwei Elemente, die im Folgenden für das Sicherungsgeschäft gesondert betrachtet werden sollen. Ob der verfolgte Zweck auch eintritt, bleibt für die Qualifizierung des Leistungsverhältnisses unbeachtlich.

a) Zuwendungselement

Bei Zweipersonenverhältnissen wird die Güterverschiebung durch den Zuwendenden selbst mit einer Zweckbestimmung gegenüber dem Empfänger verbunden, so dass die Parteien des Leistungsverhältnisses mit den Parteien des Zuwendungsverhältnisses identisch sind[207]. Bei Dreipersonenverhältnissen ver-

---

[204] Palandt-Heinrichs Einf 5 vor § 328.

[205] Enneccerus/Lehmann Recht der Schuldverhältnisse § 222; Enneccerus/Nipperdey AT § 148 I 2; v. Tuhr AT II/2 § 72 I; Reuter/Martinek Ungerechtfertigte Bereicherung § 4 II 2 a; Kress AS § 5, 1 a; Weitnauer FS Serick S. 389 (396); Larenz AT 7. Auflage § 18 II 3 d a. E.

[206] s. o. D II 4 d.

[207] Übereignet der Verkäufer im Anschluss an einen Kaufvertrag dem Käufer die Kaufsache, so nimmt er die damit verbundene Vermögensmehrung beim Käufer zum Zweck der Erfül-

kompliziert sich die Situation, wenn die Güterverschiebung nicht entlang der Schuldverhältnisse erfolgt, sondern unmittelbar zwischen den Eckpunkten des Dreiecks, so dass eine nach außen wahrnehmbare Güterverschiebung zwischen den Beteiligten der jeweiligen Schuldverhältnisse fehlt. Geht man davon aus, dass ein Leistungsverhältnis neben der Leistungszweckbestimmung auch eine Zuwendung voraussetzt, stellt sich die Frage, welche Anforderungen an die Zuwendung gerichtet werden, insbesondere ob diese entsprechend der Vermögensmehrung beim Zuwendungsempfänger einen Vermögensverlust beim Zuwendenden voraussetzt. Dazu sollen zunächst andere Dreipersonenverhältnisse betrachtet werden, um aus diesen möglicherweise Rückschlüsse auf die Bestimmung der Leistungsverhältnisse bei dem Sicherungsgeschäft ziehen zu können.

aa) Parallele zum sachenrechtlicher Geheißerwerb

Versteht man unter Zuwendung die Mehrung fremden Vermögens, setzt die Leistung ein tatsächliches Element voraus. Der Rechtsverkehr kennt mit der sachenrechtlichen Übereignung beweglicher Sachen ein weiteres Rechtsgeschäft, das neben der Einigung mit der Übergabe der Sache ein tatsächliches Element enthält. Werden dabei mehrere Übereignungsgeschäfte aneinander gereiht, kann zur Abkürzung der Güterbewegung die Sache unmittelbar vom Erstveräußerer an den Letzterwerber übergeben werden, ohne dass zwischen ihnen eine vertragliche Beziehung besteht[208]. Eine Übereignung iSd § 929 BGB zwischen ihnen scheitert aber daran, dass die dazu erforderliche Einigung nicht zustande kommt[209]. Eine Übereignung entlang der schuldrechtlichen Kausalbeziehungen ist aber nur dann möglich, wenn zwischen den Beteiligten neben der Einigung über den Eigentumserwerb auch eine Übergabe stattfindet. Die Besonderheit besteht darin, dass statt des Ersterwerbers (K) ein von ihm benannter Dritter (D) vom Erstveräußerer (V) unmittelbaren Besitz erlangt, ohne dass der Dritte (D) Besitzmittler des Ersterwerbers (K) wäre. Die Übereignung zwischen Erstveräußerer (V) und Ersterwerber (K) tritt nur dann ein, wenn die Besitzerlangung durch den Dritten (D) dem Ersterwerber (K) zugerechnet wird. Aber auch die Übereignung zwischen Zweitveräußerer (K) und Zweiterwerber (D) weicht vom Normalfall dahin ab, dass der Zweitveräußerer (K) nicht unmittelbarer Besitzer der Sache ist, sondern einen Dritten (V) anweist, dem Zweiterwer-

---

lung seiner Verpflichtung aus dem Kaufvertrag vor. Zuwendung und Zweckbestimmung erfolgt zwischen den selben Personen.

[208] Zur Veranschaulichung dient folgendes Beispiel aus Baur/Stürner Sachenrecht § 51 II 2 Rn. 17: K kauft bei V Maschinen und verkauft diese vor deren Lieferung an D weiter. Anschließend weist er den V an, die Maschinen unmittelbar an D zu übersenden, was V auch macht.

[209] Baur/Stürner Sachenrecht § 51 II 2 Rn. 17; v. Caemmerer JZ 63, 586 (587); Schmidt JuS 82, 858; Flume FS Wolf S. 61 (62).

ber (D) den unmittelbaren Besitz zu verschaffen. Eine Übergabe zwischen Zweitveräußerer (K) und Zweiterwerber (D) findet nur statt, wenn dem Zweitveräußerer (K) die Besitzverschaffung durch den Dritten (V) zugerechnet werden kann.

Die Einschaltung von Mittelspersonen in den sachenrechtlichen Übereignungsvorgang, ohne dass diese Besitzmittler des Veräußerers sind oder Besitzmittler des Erwerbers werden, bezeichnet man als Geheißerwerb[210]. Dabei stellen sich zwei voneinander zu trennende Problemkreise. Zunächst muss geklärt werden, was unter Übergabe iSd § 929 S. 1 BGB zu verstehen ist, insbesondere ob sie unter Einbeziehung von Mittelspersonen erfolgen kann, die in keinerlei Verbindung zu Veräußerer und Erwerber stehen. Erst anschließend ist zu untersuchen, welche Anforderungen an die Zurechnung gestellt werden.

(1) Besitzverschaffung

Nach traditionellem Verständnis setzt die Übergabe iSd § 929 S. 1 BGB die völlige Aufgabe jeden Besitzes durch den Veräußerer und die Erlangung des unmittelbaren oder mittelbaren Besitzes durch den Erwerber voraus[211]. Wurde die Übergabe früher als Ausdruck des Übereignungswillens gesehen[212], so deckt nach heutiger Ansicht das der Übergabe innewohnende Publizitätsprinzip alle Fallgestaltungen, in denen es durch die Veranlassung der Veräußererseite zu einem Besitzwechsel zugunsten der Erwerberseite kommt[213], wenn dieser sich auf eine bestimmte Einigung zur Übereignung bezieht und der Veräußerer jedenfalls nach dem Besitzwechsel keinen Besitz an der Sache mehr inne hat[214].

Für die Einschaltung von Mittelspersonen auf der Veräußererseite bedeutet dies, dass eine Übergabe nicht bereits daran scheitert, dass der Veräußerer nicht selbst im Besitz der zu übereignenden Sache ist. Es genügt, wenn aufgrund seiner Veranlassung auf Erwerberseite Besitzerwerb eintritt[215]. Die Besitzverschaffungsmacht wird einer Besitzposition gleichgestellt[216].

Ebenso kann auf Erwerberseite ein Dritter beteiligt werden, indem der Erwerber den Veräußerer anweist, die Sache einem Dritten auszuhändigen[217], ohne dass dieser Dritte Besitzmittler des Erwerbers ist. Der Erwerber selbst erwirbt zu

---

[210] Baur/Stürner Sachenrecht § 51 II Rn. 15 ff; Wilhelm Sachenrecht Rn. 804; Westermann Sachenrecht 7. Aufl. § 40 II 2, III 3; Wadle JZ 74, 689; der umstrittene gutgläubige Geheißerwerb bleibt hier unbeachtet.

[211] Palandt-Bassenge § 929 Rn. 9 ff; Baur/Stürner Sachenrecht § 51 II 2 Rn. 16; Westermann Sachenrecht § 40 III 1; Staudinger-Wiegand § 929 Rn. 46.

[212] Heck Grundriss des Sachenrechts § 56, 3 b.

[213] Westermann Sachenrecht 7. Aufl. § 40 III 3; MüKo-Quack § 929 Rn. 111.

[214] Martinek AcP 188, 573 (598).

[215] MüKo-Quack § 929 Rn. 127.

[216] Westermann Sachenrecht 7. Aufl. § 40 II 2; Wieling JZ 77, 291 (295).

[217] Martinek AcP 188, 573 (606).

keinem Zeitpunkt Besitz an der Sache[218]. Wie beim Geheißerwerb auf Veräußererseite steht es der tatsächlichen Besitzerlangung durch den Erwerber gleich, wenn dieser in die Lage versetzt wird zu bestimmen, wohin die Sache verbracht wird. Damit übt er die Besitzverschaffungsmacht aus[219]. Dies steht nicht im Widerspruch zum Publizitätsprinzip der Übereignung, da die Besitzerlangung durch den Erwerber selbst allein dessen Interesse an der Sachherrschaft ausdrückt. Darauf kann er verzichten[220].

Während die Fälle, in denen eine Geheißperson nur auf einer Seite des Geschäfts eingeschaltet wird, selten sind, kommt es meist zu einer Verbindung in Form eines Kettengeschäfts[221]. In dem obigen Beispiel weist der Zweitveräußerer (K) den Erstveräußerer (V) an, die zu übereignende Sache direkt an den Zweiterwerber (D) zu übergeben, so dass der Erstveräußerer (V) für den Übereignungsvorgang zwischen Zweitveräußerer (K) und Zweiterwerber (D) Geheißperson des Zweitveräußerers (K) ist. Zugleich ist aber auch der Zweiterwerber (D) Geheißperson des Ersterwerbers (K) hinsichtlich der Übergabe zwischen Erstveräußerer (V) und Ersterwerber (K).

(2) Zurechnung

Die bloße Besitzverschaffung reicht aber nicht, um bei der Einschaltung einer Geheißperson die Übergabe zwischen Veräußerer und Erwerber herbeizuführen[222]. Vielmehr setzt die Übergabe als ein Bestandteil des Rechtsgeschäfts „Übereignung" einen Bezug zur Einigung voraus, der wiederum die Zurechnung der Besitzaufgabe und –begründung der Mittelspersonen ermöglicht[223].

Dazu ist zunächst erforderlich, dass die eingeschaltete Geheißperson auf Geheiß des Veräußerers oder des Erwerbers, d. h. auf Veranlassung, handelt. Darüber hinaus muss sich die Geheißperson der Veranlassung des Geschäftsherrn unterwerfen[224]. Die Unterwerfungshandlung stellt sich je nach Art des Geheißerwerbs unterschiedlich dar.

Wird die Mittelsperson als Geheißperson des Veräußerers eingesetzt, so drückt sich die Unterwerfung unter den Geheiß des Veräußerers dadurch aus, dass die Besitzaufgabe in den Dienst des Veräußerers gestellt wird. Die Geheißperson erkennt an, dass ihre Handlung nicht für eine eigene Übereignung, son-

---

[218] Wolf Sachenrecht S. 222.

[219] Martinek AcP 188, 573 (612); v. Savigny Das Recht des Besitzes S. 222.

[220] Martinek AcP 188, 573 (612).

[221] MüKo-Quack § 929 Rn. 146; Soergel-Mühl§ 929 Rn. 9, 10.

[222] MüKo-Quack § 929 Rn. 145.

[223] Wadle JZ 74, 689 (691); MüKo-Quack § 929 Rn. 125; Martinek AcP 188, 573 (598).

[224] Martinek AcP 188, 573 (604, 610); v. Caemmerer JZ 63, 586 (588);Wadle JZ 74, 689 (690).

dern in Bezug auf die fremde Übereignung erfolgt[225]. Erst die Unterwerfung der Geheißperson lässt den durch den Veräußerer veranlassten Erfolg auch eintreten, indem die Geheißperson ihm die Dispositionsbefugnis über den Besitz gewährt. Die Geheißperson auf Erwerberseite erlangt durch den Geheiß des Erwerbers den unmittelbaren Besitz an der Sache, ohne bereits Besitzmittler zu sein[226]. Allerdings soll der Erwerber Eigentümer der Sache sein, so dass die Unterwerfung unter den Geheiß darin besteht, das Eigentum des Erwerbers anzuerkennen. Dies setzt einen Fremdbesitzerwillen voraus[227].

In beiden Fällen erfolgt die Übergabe zwischen Veräußerer und Erwerber[228]. Werden beide Erscheinungsformen des Geheißerwerbs wie beim Kettengeschäft kombiniert, führt die Besitzaufgabe beim Erstveräußerer und die Besitzbegründung beim Zweiterwerber in rechtlicher Hinsicht zu zwei getrennten Übergaben entlang der Kausalbeziehungen, wenn die Besitzübertragung durch einen jeweiligen Geheiß der Geschäftsherren veranlasst wurde und die Unterwerfung der jeweiligen Geheißpersonen eine Zurechung zu deren Gunsten ermöglicht. Nur für diese beiden Übergabevorgänge besteht der Bezug zu einer auf Übereignung gerichteten Einigung. Der Besitzübertragung zwischen Erstveräußerer und Zweiterwerber fehlt dieser Bezug, so dass zwischen ihnen keine Übergabe iSd § 929 S. 1 BGB erfolgt.

Liegen die weiteren Voraussetzungen der Übereignung nach § 929 BGB vor, erwirbt der Ersterwerber für eine logische Sekunde Eigentum, das er unmittelbar danach auf den Zweiterwerber überträgt[229].

bb) Schuldrechtliche Entsprechung bei Leistung auf Anweisung

Losgelöst von der sachenrechtlichen Ebene[230] stellt sich auf schuldrechtlicher Ebene die Problematik, wer an wen leistet, wenn mehrere Schuldverhältnisse hintereinander geschaltet werden[231]. Um die Abwicklung der geschuldeten

---

[225] Wadle JZ 74, 689 (693).

[226] Wolf Sachenrecht S. 221.

[227] Darunter soll lediglich die Verneinung eines Eigenbesitzerwillens verstanden werden, Martinek AcP 188, 573 (610).

[228] Wolf Sachenrecht S. 222.

[229] Wilhelm Sachenrecht Rn. 805; MüKo-Quack § 929 Rn. 146.

[230] Die sachenrechtliche Frage nach einem Durchgangserwerb des Ersterwerbers oder eines Direkterwerbs des Zweiterwerbers vom Erstveräußerer ist von der schuldrechtlichen Frage nach dem Leistenden bei Anweisungsfällen zu trennen. Auf schuldrechtlicher Ebene wird geklärt, ob der Empfänger zum Behaltendürfen einer Leistung berechtigt ist. Die sachenrechtliche Übereignung beurteilt dagegen die Eigentumsverhältnisse an einer Sache. Vgl. dazu Kupisch WM 99, 2381 ff, der zwischen der sachenrechtlichen Direktübereignung und dem wirtschaftlichen Durchgangserwerb unterscheidet. Er sieht in der Anweisung allein eine Abkürzung der sachenrechtlichen Übertragungsvorgänge.

[231] s. Beispiel aus Fn. 208.

Leistungen zu beschleunigen, wird der Erstgläubiger (K, Anweisender A) seinen Schuldner (V, Angewiesener AW) anweisen, die geschuldete Leistung nicht ihm, sondern dem Zweitgläubiger (D, Anweisungsempfänger AE) zu erbringen[232]. Die tatsächlich nach außen wahrnehmbare Güterverschiebung findet daher zwischen Angewiesenem und Anweisungsempfänger statt, ohne dass zwischen ihnen eine vertragliche Beziehung besteht[233].

(1) Zuwendungsvoraussetzungen

Verpflichtet sich eine Partei zu einer Leistung, so muss sie diese nicht notwendig selbst erbringen, es sei denn, es handelt sich um eine höchstpersönliche Schuld, § 267 I BGB. Andererseits stellt nicht bereits die bloße Güterverschiebung durch den Dritten zugunsten des Gläubigers eine Leistung im rechtlichen Sinn dar. Leistung ist die bewusste und zweckgerichtete Mehrung fremden Vermögens[234] oder kürzer die zweckgerichtete Zuwendung[235]. Der Leistungsbegriff ist daher zweigliedrig[236]. Vorläufig soll nur geklärt werden, welche Voraussetzungen an eine Zuwendung gestellt werden, insbesondere ob diese unter Einschaltung eines Dritten möglich ist.

Wie bei der Übergabe diskutiert, könnte die Zuwendung nur solche Handlungen erfassen, bei denen der Schuldner selbst einen Vermögensverlust erleidet, und das Vermögen des Gläubigers dadurch vermehrt wird[237]. Die Einschaltung Dritter in den Zuwendungsvorgang wäre dann ausgeschlossen. Schon bei der Übergabe wird diese enge Auffassung abgelehnt, da sie nach heutiger Auf-

---

[232] Esser/Weyers SchR II/1 § 43 I 1 a; die Rechtsverhältnisse zwischen Anweisendem und Angewiesenem und zwischen Anweisendem und Anweisungsempfänger werden als Deckungs- und Valutaverhältnisse bezeichnet, Kupisch WM 79 Sonderbeilage 3, S. 4; Palandt-Sprau § 783 Rn. 5 f; Larenz/Canaris SchuldR II/2 § 62 I 2.

[233] Die Beziehung zwischen den beiden wird als Vollzugsverhältnis bezeichnet, um es so von Valuta- und Deckungsverhältnis abzugrenzen, Kupisch WM 79 Sonderbeilage 3, S. 4; Palandt-Sprau § 783 Rn. 5 f; Larenz/Canaris SchuldR II/2 § 62 I 2; Palandt-Heinrichs Einf 5 vor § 328.

[234] Staudinger-Lorenz § 812 Rn. 4 f; Esser/Weyers SchR II/2 § 48 II; Reuter/Martinek Ungerechtfertigte Bereicherung § 4 II 1 a; Koppensteiner-Kramer Ungerechtfertigte Bereicherung § 4 I 3; der BGH bezeichnet diese als „gefestigte Rechtsprechung" BGHZ 40, 272 (276 ff); BGH NJW 72, 864 (865); gegen den finalen Leistungsbegriff Canaris FS Larenz S. 799 ff.

[235] Weitnauer FS v. Caemmerer S. 255 (257); ders. NJW 79, 2008; Schnauder Grundfragen zur Leistungskondiktion bei Drittbeziehungen S. 71 ff, 124 ff; Wilhelm JuS 73, 1; Berg AcP 160, 505 (507); Scheying AcP 157 371, (379), der insbesondere auf die Erfüllung abstellt; dagegen Canaris FS Larenz S. 799 (857); Larenz/Canaris SchuldR II/2 § 70 vor I, V 1 a, VI 2; Kupisch Gesetzespositivismus im Bereicherungsrecht S. 14 ff, 63 ff.

[236] So auch Weitnauer FS v. Caemmerer S. 255 (259).

[237] Dies drückte früher das Merkmal der Unmittelbarkeit aus, Reuter/Martinek Ungerechtfertigte Bereicherung § 4 II 5 a.

fassung weder im Publizitäts- noch im Traditionsprinzip eine Stütze findet[238]. Zuwendungen sind Handlungen mit rein schuldrechtlicher Bedeutung, so dass für sie sachenrechtliche Grundsätze nicht anwendbar sind. Andererseits ist eine Leistung ohne Zuwendung nicht denkbar, so dass der Leistende auch stets Zuwendender in rechtlicher Hinsicht sein muss[239]. Durch Aufgabe des Unmittelbarkeitsprinzips[240] kann in die tatsächliche Güterverschiebung sowohl auf Empfängerseite als auch auf Seiten des Zuwendenden ein Dritter eingeschaltet werden. Zuwendender in rechtlicher Hinsicht ist, wem die Güterverschiebung eines Dritten als eigene zugerechnet werden kann[241].

Ebenso wie es beim Geheißerwerb auf Veräußererseite genügt, dass der Veräußerer die Besitzverschaffungsmacht ausübt, indem er einen Dritten veranlassen kann, dem Erwerber den Besitz an einer Sache einzuräumen, so muss es für die Vornahme einer Zuwendung genügen, wenn der Schuldner einen Dritten dazu veranlassen kann, eine Vermögensverschiebung zugunsten seines Gläubigers vorzunehmen. Bei der Übergabe kommt es nicht darauf an, wer eine Sache in Besitz hat. Entscheidend ist vielmehr, wer darüber entscheiden kann, ob es zu einem Besitzwechsel kommt. Die Besitzverschaffungsmacht weist den Herrn des Geschehens aus, so dass sie einer tatsächlichen Besitzposition gleich gestellt wird. Werden diese Kriterien auf die Zuwendung übertragen, kommt es nicht darauf an, wer eine Güterverschiebung in Person vornimmt, sondern auf wessen Veranlassung sie vorgenommen wird. Die Zuwendungsverschaffungsmacht muss der Innehabung eines Zuwendungsgegenstandes gleichgestellt werden[242].

Für die Besitzerlangung bei der Übergabe genügt es, wenn der Erwerber bestimmen kann, wer Besitzer der Sache werden soll. Dies kann auch ein Dritter sein. Im Hinblick auf die schuldrechtliche Zuwendung ist Zuwendungsempfänger, wer bestimmt, bei wem die Vermögensmehrung eintreten soll. Dies muss nicht notwendig beim Gläubiger einer Leistung, sondern kann auch bei einem Dritter geschehen, da dessen Vermögensmehrung dann allein durch die Veran-

---

[238] Westermann Sachenrecht 7. Aufl. § 40 III 3; MüKo-Quack § 929 Rn. 111.

[239] Beuthien JZ 68, 323 (324).

[240] Das früher vorherrschende Merkmal der Unmittelbarkeit bei der Abwicklung fehlgegangener Leistungen, d. h. der Verlust beim Bereicherungsgläubiger und der Erwerb beim Bereicherungsschuldner wurde aufgegeben zugunsten des finalen Leistungsbegriffs, der auf die Zweckbestimmtheit der Zuwendung als entscheidendes Merkmal abstellt. Die tatsächliche Güterbewegung hat nur noch zweitrangige Bedeutung, Reuter/Martinek Ungerechtfertigte Bereicherung § 4 II 5 a; Koppensteiner-Kramer Ungerechtfertigte Bereicherung § 9 I 5 c; Esser/Weyers SchR II/2 § 48 II.

[241] Beuthien JZ 68, 323 (324), der auf eine Trennung von tatsächlichem und rechtlichem Vorgang hinweist.

[242] Schnauder AcP 187, 142 (162 f) spricht von Dispositionsbefugnis; dazu siehe auch v. Caemmerer FS Rabel I S. 333 (350); Wilhelm Rechtsverletzung und Vermögensverschiebung als Grundlage und Grenzen des Anspruchs aus ungerechtfertigter Bereicherung S. 133.

lassung des Gläubigers eintritt[243]. Der tatsächlichen Erlangung des Zuwendungsgegenstandes steht daher die Macht, den Empfänger der Güterverschiebung zu
bestimmen, gleich.

Es ist daher festzuhalten, dass Zuwendungen auch unter Einschaltung eines
Dritten möglich sind, so dass eine Zuwendung des Angewiesenen an den Anweisenden und eine Zuwendung des Anweisenden an den Anweisungsempfänger nicht allein daran scheitern, dass zwischen ihnen keine nach außen erkenn-
bare Güterverschiebung statt findet.

(2) Zurechnungserfordernis

Dabei reicht die bloße Güterverschiebung durch einen Dritten oder an einen Dritten nicht aus, um Zuwendungen entlang der hintereinandergeschalteten
Kausalverhältnisse zu begründen. Die Güterverschiebung muss dem jeweiligen
Schuldner und dem jeweiligen Gläubiger zurechenbar sein. Dabei stellt die sachenrechtliche Übergabe der zu übereignenden Sache eine besondere Ausfor-
mung der Zuwendung dar, so dass man hinsichtlich des Zurechnungserforder-
nisses eine Parallele zum sachenrechtlichen Geheißerwerb ziehen kann. Danach
kann fremdes Handeln auf Schuldnerseite oder fremdes Empfangen auf Gläubigerseite nur zugerechnet werden, wenn dieses auf Veranlassung des Schuldners
oder des Gläubigers erfolgt und der Dritte die Herrschaft des Veranlassenden
anerkennt.

Die Veranlassung des Dritten, für die Partei eines Schuldverhältnisses zu
handeln, erfolgt technisch durch eine Anweisung, § 783 BGB.

Bedient sich der Schuldner zur Erbringung der geschuldeten Leistung eines Dritten, so weist er ihn an, eine Güterverschiebung zugunsten des Gläubigers vorzunehmen. Benennt der Gläubiger einen Dritten als Empfänger der vom
Schuldner zu erbringenden Leistung, so wird er zum einen seinen Schuldner
anweisen, den Leistungsgegenstand an diesen zu bewirken, zum anderen wird er
den Gläubiger anweisen, den Leistungsgegenstand für ihn zu empfangen[244]. Die
Anweisung ist eine einseitige Willenserklärung, die für den Anweisungsempfänger eine schlichte Empfangsermächtigung begründet, ohne den Angewiesenen zur Leistung an den Dritten zu verpflichten[245], so dass es ihm grundsätzlich

---

[243] v. Caemmerer FS Rabel I S. 333 (350), der dabei auf die Dispositionsbefugnis abstellt;
Schnauder AcP 187, 142 (162 ff).

[244] Esser/Weyers SchR II/1 § 43 I 1.

[245] Gernhuber Erfüllung § 23, 4; Larenz/Canaris SchuldR II/2 § 67 2 c; Palandt-Sprau
Einf 1 vor § 783; MüKo-Hüffer § 783 Rn. 32; Enneccerus/Lehmann Recht der Schuldverhältnisse § 203 I 1; Kupisch WM 79Sonderbeilage 3, S. 5; Medicus Schuldrecht BT Rn. 583.

frei steht, ob er der Anweisung Folge leistet. Inhalt der Anweisung ist eine doppelte Ermächtigung[246].

Werden beide Ausgestaltungen aneinander geknüpft[247], wird auf Schuldnerseite des Valutaverhältnisses und auf Gläubigerseite des Deckungsverhältnisses ein Dritter als Mittelsperson eingeschaltet. In rechtlicher Hinsicht enthält die Anweisung eine doppelte Ermächtigung, indem mit ihr der Schuldner des Deckungsverhältnisses (Angewiesener) ermächtigt wird, die geschuldete Leistung statt an den Gläubiger (Anweisender) an einen Dritten (Anweisungsempfänger) zu erbringen und der Gläubiger des Valutaverhältnisses (Anweisungsempfänger) ermächtigt wird, die Leistung statt vom Schuldner (Anweisenden) von einem Dritten (Angewiesener) verlangen zu können[248]. Die Ermächtigung allein reicht wie die objektiv feststellbare Befolgung der Anweisung nicht für die Zurechnung aus, so dass für diese ein weiterer Umstand hinzutreten muss. Die Übergabe einer Sache führt nur dann zur Übereignung, wenn sie mit Einigungsbezug erfolgt[249]. Die Unterwerfung unter das Geheiß, ohne die die tatsächliche Besitzverschaffung nicht zugerechnet werden kann, besteht in der Überlassung der Befugnis, den Einigungsbezug herzustellen[250]. Verfolgt die Geheißperson mit der Besitzverschaffung eine eigene Übereignung, so scheitert daran die Zurechnung des fremden Handelns für den Veranlassenden.

Im Hinblick auf die Zuwendung kommt es daher entscheidend für die Zurechnung an, ob der Dritte einen eigenen Leistungszweck verfolgt oder die reale Güterverschaffung in den Dienst des Veranlassenden stellt und ihm dadurch die Zwecksetzungsbefugnis überlässt. Da Zuwendungen nie um ihrer selbst vorgenommen werden[251], ist Herr der Zuwendung, wer bestimmen darf, welcher Zweck mit ihr verfolgt wird. Bedient sich daher der Schuldner für die Leistungserbringung eines Dritten, so wird ihm dessen Güterverschiebung zugunsten des Gläubigers zugerechnet, wenn der Dritte dem Schuldner die Zuwendung derart überlässt, dass letzterer den Zweckbezug herstellt. Der Schuldner übt dann die Zwecksetzungsmacht aus, die ihm vom Dritten infolge der Unterwerfung unter die Anweisung zugewendet wird[252]. Eine Zurechnung scheitert aber dann, wenn der Dritte mit der Güterverschiebung selbst einen Zweck verfolgt,

---

[246] Enneccerus/Lehmann Recht der Schuldverhältnisse § 203 I 2; Larenz/Canaris SchuldR II/2 § 67 I 2 b; Esser/Weyers SchR II/1 § 43 I 1.

[247] sog. Anweisungsfälle, vgl. MüKo-Lieb § 812 Rn. 30 ff; Palandt-Sprau § 812 Rn. 49 ff.

[248] Enneccerus/Lehmann Recht der Schuldverhältnisse § 203 I 2; Larenz/Canaris SchuldR II/2 § 67 I 2 b; Esser/Weyers SchR II/1 § 43 I 1.

[249] Wadle JZ 74, 689 (691); MüKo-Quack § 929 Rn. 125; Martinek AcP 188, 573 (598).

[250] zum Vergleich von Übergabe/Übereignung und Zuwendung/Zwecksetzung Reuter/Martinek Ungerechtfertigte Bereicherung § 10 I 2 a.

[251] s. o. Fn. 55.

[252] Schnauder AcP 187, 142 (163) bezeichnet dies als Dispositionsbefugnis; der Dritte handelt dabei nicht als Bote oder Stellvertreter des Schuldners hinsichtlich der Zwecksetzung.

der eine Übertragung der Zwecksetzungsbefugnis auf den Schuldner unmöglich macht und dadurch eine Zweckverfolgung durch den Schuldner ausschließt [253]. Insbesondere darf der Schuldner nicht als Dritter iSd § 267 BGB die geschuldete Leistung bewirken, da hier der Dritte zwar nicht auf eine eigene Verbindlichkeit leistet, aber er selbst den Leistungszweck, d. h. Tilgung der fremden Schuld, bestimmt[254]. Bei Leistung auf Anweisung überlässt es der Dritte dem Schuldner, den Leistungszweck zu bestimmen. Der vom Schuldner verfolgte Zweck ist dann für die Zuwendung maßgeblich, wenn der Gläubiger von der in der Anweisung enthaltenen Ermächtigung Gebrauch macht und so die Güterverschiebung als solche des Schuldners behandelt.

Handelt der Dritte auf Gläubigerseite, indem er als Empfänger der Güterverschiebung eingeschaltet wird, wird dem Gläubiger die Vermögensmehrung des Dritten als eigene zugerechnet, wenn der Schuldner keine Leistung gegenüber dem Dritten vornehmen wollte, und dieser den Vermögenszuwachs als solchen des Gläubigers ansieht. Dabei enthält die Anweisung die Ermächtigung an den Schuldner, die geschuldete Leistung an den Dritten zu erbringen[255], wobei nach der Intention des Anweisenden die selben Rechtsfolgen eintreten sollen, wie wenn der Schuldner die Leistung unmittelbar an ihn bewirkt hätte[256].

Im Ergebnis ist festzuhalten, dass die auf Anweisung erfolgte, tatsächlich nach außen wahrnehmbare Güterverschiebung zwischen Erstschuldner (Angewiesener) und Zweitgläubiger (Anweisungsempfänger) in rechtlicher Hinsicht so zu behandeln ist, wie wenn die Güterverschiebung entlang der Kausalverhältnisse erfolgt wäre[257], so dass neben der tatsächlichen Güterverschiebung im Vollzugsverhältnis je eine Zuwendung über den geschuldeten Gegenstand im Deckungs- und im Valutaverhältnis vorliegt. Die Anweisung soll einzig zur Abkürzung der Güterverschiebung dienen, hat aber keinen Einfluss auf die Rechtslage hinsichtlich der hintereinander geschalteten Kausalverhältnisse.

---

[253] Schnauder AcP 187, 142 (163) schließt dann stets eine Zurechnung aus, da „ das ... nur einmal übertragene Gut ... dem Empfänger gegenüber nur ein einziges Mal rechtlich durch Zweckbestimmung genutzt werden (kann)." Ob nicht der Dritte doch einen eigenen Zweck mit der Güterverschiebung gegenüber dem Gläubiger verfolgen kann, ohne dass es dadurch zu einer Ausschlusswirkung gegenüber dem Schuldner kommt, soll erst zu einem späteren Zeitpunkt geklärt werden.

[254] Beuthien JZ 68, 323 (326).

[255] Esser/Weyers SchR II/1 § 43 I 1.

[256] nur insoweit kommt es zu einer „als-ob" Annahme, vgl. auch Esser/Weyers SchR II/2 § 48 III Fn. 29.

[257] Lieb spricht von Simultanleistung, MüKo-Lieb § 812 Rn. 30; doppelte Wertbewegung in Palandt-Sprau § 812 Rn. 49, BGH NJW 01, 2880.

b) Zweckbestimmungselement

Die Zuwendung allein genügt nicht, um ein Leistungsverhältnis zu begründen. Erst die Zweckgerichtetheit lässt die Zuwendung zur Leistung werden. Ein Leistungsverhältnis besteht zwischen demjenigen, der eine Zuwendung vornimmt und diese mit einem bestimmten Zweck versieht, und demjenigen, dessen Vermögen dadurch unmittelbar oder zurechenbar gemehrt wird und die Zweckgebundenheit erkennt oder erkennen kann (Auslegung nach dem objektiven Empfängerhorizont[258]). Ob der verfolgte Zweck auch eintritt, hat keinen Einfluss auf die Bestimmung des Leistungsverhältnisses.

Wie gesehen beinhaltet die reale Güterverschiebung bei den Anweisungsfällen zwischen Anweisungsempfänger und Angewiesenem je eine Zuwendung zwischen den Parteien des Deckungs- und des Valutaverhältnisses. Zur Einordnung als Leistungsverhältnisse müssten die jeweiligen Schuldner einen Zweck gegenüber dem jeweiligen Gläubiger verfolgen. Der Angewiesene will mit der Güterverschiebung die Befreiung von seiner Verpflichtung aus dem Deckungsverhältnis erreichen[259]. Die wirksame Anweisung seines Gläubigers (Anweisender) ermächtigt ihn dabei, die schuldbefreiende Leistung an einen Dritten zu erbringen, so dass das Leistungsverhältnis zwischen den Parteien des Deckungsverhältnisses besteht.

Der Schuldner im Valutaverhältnis (Anweisender) bezweckt mit der Anweisung des Dritten (Angewiesener) seinerseits die Erfüllung seiner Verpflichtung gegenüber seinem Gläubiger (Anweisungsempfänger)[260]. Der Dritte stellt ihm dazu seine Güterverschiebung zur Verfügung, so dass der Schuldner über deren Verwendung gegenüber seinem Gläubiger bestimmen kann. Das Leistungsverhältnis besteht zwischen den Parteien des Valutaverhältnisses. Der Angewiesene vollzieht mit der Güterverschiebung zwei aneinander gereihte Kausalverhältnisse. Einen eigenen Zweck verfolgt er gegenüber dem Anweisungsempfänger nicht, so dass zwischen ihnen kein Leistungsverhältnis besteht.

4. Drittsicherungsfälle

Soll nun im folgenden die Rechtslage bei Drittsicherungsfällen betrachtet werden, besteht deren Besonderheit darin, dass es sich bei der wahrnehmbaren Güterverschiebung zwischen Drittsicherer und Gläubiger um den Erwerb einer Rechtsposition handelt, i. e. das Sicherungsmittel. Daher muss getrennt werden zwischen den Rechtsfolgen, die sich für die zugrunde liegenden Kausalverhältnisse (Vollzugsebene) ergeben und der neuen Rechtsbeziehung, die durch die Gewährung des Sicherungsmittels erst geschaffen wird.

---

[258] BGHZ 40, 272 (277 f); 72, 246 (249); Gernhuber Die Erfüllung § 5 III 4 m. w. N.
[259] Esser/Weyers SchR II/2 § 48 III 1 c.
[260] Esser/Weyers SchR II/2 § 48 III 1 c.

a) Vollzugsebene

Drittsicherungsfälle weichen von den obigen Anweisungsfällen in mehrerer Hinsicht ab. Zum einen fehlt es an einer Anweisung des Schuldners. Der Drittsicherer ist schon aufgrund des Geschäftsbesorgungsvertrags mit dem Schuldner zur alleinigen Leistung an den Gläubiger verpflichtet. Einer gesonderten Anweisung bedarf es nicht mehr.

Der wesentliche Unterschied zwischen diesen beiden Rechtsinstituten besteht darin, dass die Anweisung keine eigenständige Verpflichtung des Angewiesenen zur Leistung an den Anweisungsempfänger begründet[261]. Die Anweisung schafft lediglich die Ermächtigung an einen anderen als den Gläubiger mit leistungsbefreiender Wirkung gegenüber dem Gläubiger zu leisten. Wirtschaftlicher Zweck der Anweisung ist die Abkürzung der Güterbewegung[262], indem sie zwei selbständige Rechtsgeschäfte, die auf die selbe Leistung gerichtet sind, miteinander verknüpft und zu einer unmittelbaren Güterverschiebung des Angewiesenen an den Anweisungsempfänger führt. Dabei besteht die Empfangszuständigkeit des Anweisungsempfängers aber nur alternativ neben der Empfangszuständigkeit des Anweisenden[263]. Beim unechten Vertrag zugunsten Dritter verpflichtet sich der Versprechende dagegen allein zur Leistung an den Dritten, so dass die Leistung an den Dritten Inhalt der Schuld ist[264]. Der Dritte ist exklusiv empfangszuständig[265].

Dennoch besteht eine Gemeinsamkeit von Anweisungsfällen und unechten Verträgen zugunsten Dritter darin, dass weder der Anweisungsempfänger noch der begünstigte Dritte einen Leistungsanspruch gegen den Schuldner im Deckungsverhältnis erwirbt[266]. Gläubiger bleibt in beiden Fällen der Vertragspartner aus dem Deckungsverhältnis, so dass auch die Intention des aus dem unechten Vertrag zugunsten Dritter Verpflichteten auf die Tilgung seiner Verbindlichkeit gegenüber dem Gläubiger besteht. Daran ändert die exklusive Empfangszuständigkeit des Dritten nichts, da diese allein zur Verstärkung der Rechtsposition des Dritten beiträgt[267]. Die Drittbegünstigung ist lediglich eine atypische Ver-

---

[261] MüKo-Hüffer § 783 Rn. 32.

[262] Reuter/Martinek Ungerechtfertigte Bereicherung § 10 I 1.

[263] der Angewiesene verpflichtet sich gerade nicht, die Leistung beim Dritten zu bewirken, so dass ihm auch der Gläubiger als Empfangszuständiger zur Verfügung steht, MüKo-Hüffer § 783 Rn. 34.

[264] Enneccerus/Lehmann Recht der Schuldverhältnisse § 34 IV 1.

[265] Gernhuber Die Erfüllung § 23, 3 b bezeichnet diese in Abgrenzung zum ermächtigenden Vertrag zugunsten Dritter als Drittgläubigerleistungsverträge, bei denen im Gegensatz zu ersteren sich der Schuldner zur Leistung an den Dritten verpflichtet.

[266] Enneccerus/Lehmann Recht der Schuldverhältnisse § 203 I 1; Palandt-Heinrichs Einf 1 vor § 328.

[267] MüKo-Lieb § 812 Rn. 111, 117 für den berechtigten Vertrag zugunsten Dritter.

tragsgestaltung[268]. Der Versprechensempfänger, i. e. der Gläubiger im Deckungsverhältnis, will seinerseits mit der Drittleistung eine eigene Verbindlichkeit gegenüber dem begünstigten Dritten tilgen. Bedient er sich dazu eines Dritten, macht es keinen Unterschied, ob er diesen lediglich anweist oder mit ihm
einen unechten Vertrag zugunsten Dritter schließt, wenn der Versprechende die
Leistungsbewirkung in den Dienst des Versprechensempfängers stellt. In beiden
Fällen dient die Einschaltung des Dritten der Leistungsabkürzung[269], so dass die
beiden Situationen vergleichbar sind[270].

Das Rechtsgeschäft zwischen Drittsicherer und Gläubiger über die Sicherheit stellt damit eine Leistung des Drittsicherers an den Schuldner zur Tilgung
seiner Verpflichtung aus dem Geschäftsbesorgungsvertrag mit diesem und eine
Leistung des Schuldners an den Gläubiger zur Tilgung seiner Verpflichtung aus
der Sicherungsverschaffungsabrede[271] mit diesem dar.

b)   Durchgangserwerb des Sicherungsmittels beim Schuldner?

An die schuldrechtliche Betrachtung schließt sich die Frage an, ob der
Schuldner das Sicherungsmittel zumindest für eine logische Sekunde erwirbt.

Gegen einen Durchgangserwerb des Schuldners spricht, dass sich der
Drittsicherer im Geschäftsbesorgungsvertrag mit dem Schuldner verpflichtet,
dem Gläubiger eine Sicherheit zu gewähren. Der Schuldner sollte nie Inhaber
der Sicherheit werden. Die Verpflichtung besteht gerade nicht darin, dem
Schuldner eine Sicherheit zu eigenen Finanzierungszwecken zu überlassen, so
wie die Verpflichtung des Schuldners gegenüber dem Gläubiger auf Verschaffung nicht auf Bestellung einer Sicherheit lautet. Die Verschaffungsleistung des
Schuldners erfolgt bereits durch die Vermittlung eines Drittsicherers, der dann
die Sicherheit erstmalig dem Gläubiger gewährt (sog. derivativer Erwerb)[272].

c)   Erwerb des Sicherungsmittels zur Sicherung

In den meisten Anweisungsfällen besteht die geschuldete Leistung im Va-
luta- und Deckungsverhältnis in einer realen Leistung, so dass mit ihrer Bewirkung keine weiterführenden Rechtsbeziehungen entstehen[273]. Auch Verträge
zugunsten Dritter sind meist auf die Erbringung einer realen Leistung gerichtet.
Andererseits ist dies nicht zwingend. Die geschuldete Leistung kann z. B. auch

---

[268] s. o. 3. a) bb).
[269] MüKo-Lieb § 812 Rn. 111.
[270] MüKo-Lieb § 812 Rn. 117.
[271] für die Bürgschaft besteht die Leistung des Schuldners in der Beschaffung der Verpflichtung des Bürgen, Wilhelm NJW 99, 3519 (3523 Fn. 31).
[272] Reinicke/Tiedtke WM 91 Sonderbeilage 5, S. 2.
[273] So z. B. bei der Übereignung einer Sache oder der Erbringung einer Dienstleistung.

im Abschluss eines obligatorischen Vertrags bestehen[274], so dass die Drittbegünstigung auf den Erwerb einer Forderung gerichtet ist. Die weitere Abwicklung des in Ausführung des Vertrags zugunsten Dritter abgeschlossenen Vertrags erfolgt dann zwischen Versprechendem als Schuldner und dem begünstigten Dritten als Gläubiger, wovon der Versprechensempfänger unberührt
bleibt[275]. Deckungs- und Valutaverhältnis sind bereits mit dem Abschluss des
Vertrags abgeschlossen[276].

Durch das Rechtsgeschäft zwischen Drittsicherer und Gläubiger über die
Gewährung eines Sicherungsmittels erwirbt der Gläubiger eine Rechtsposition,
die in einer obligatorischen Forderung[277], einem Vollrecht[278] oder in einem dinglichen Verwertungsrecht[279] besteht. Dadurch soll das Risiko des Gläubigers, mit
der Forderung gegen den Schuldner auszufallen, abgesichert werden. Der Drittsicherer verfolgt dabei einen Sicherungszweck. Bei den akzessorischen Sicherungsmitteln ergibt sich der Sicherungszweck bereits aus dem Umstand, dass
diese stets eine Forderung voraussetzen, zu deren Sicherung sie dienen, §§ 765,
1113, 1204, 1273 BGB. Auch wenn die Rechtsformen der nichtakzessorischen
Sicherungsmittel in ihrer ursprünglichen Form nicht als Sicherungsmittel vorgesehen waren[280], können nach heutiger Auffassung die Gewährung einer Grundschuld, die Übereignung einer Sache und die Abtretung einer Forderung auch
zur Sicherung einer Forderung eingesetzt werden, indem dieser in einer sog. Sicherungszweckabrede vereinbart wird[281]. Für die Garantie folgt der Sicherungszweck bereits daraus, dass der Garant den Begünstigten schadlos halten will für
das Ausbleiben eines bestimmten Erfolgs[282].

Ob der Sicherungszweck ein eigener Leistungszweck ist, soll erst im späteren Verlauf erörtert werden. Hier muss zunächst die Feststellung genügen, dass
der Gewährung jeden Sicherungsmittels ein Sicherungszweck zugrunde liegt[283].

---

[274] Esser/Schmidt SchR I/2 § 36 II 3.

[275] Schmalzel AcP 164, 446 (450).

[276] Schmalzel AcP 164, 446 (451).

[277] Bei Bürgschaft und Garantie.

[278] Bei Sicherungsübereignung und Sicherungszession.

[279] Bei den Pfandrechten.

[280] Buchholz Jura 90, 300 (304).

[281] MüKo-Quack Anh 13 zu §§ 929 – 936; MüKo-Eickmann § 1191 Rn. 5; MüKo-Roth
§ 398 Rn. 100.

[282] MüKo-Habersack Rn. 13 vor § 765; Scholz/Lwowski Das Recht der Kreditsicherung
Rn. 385; BGH WM 61, 204 (206); RGZ 137, 83 (85).

[283] Schnauder WM 00, 2073 (2075 f); v. Tuhr AT II/2 § 73 I Fn. 6, der den Sicherungszweck auch bei nichtakzessorischen Sicherungsrechten annimmt; Baur/Stürner Sachenrecht
§ 36 II 1 Rn. 59.

V. Verwertung der Sicherheit

Will der Drittsicherer mit der Überlassung der Sicherheit dem Gläubiger eine Möglichkeit zur Befriedigung für seine Forderung gegen den Schuldner verschaffen, wenn dieser die Forderung nicht erfüllt, obwohl er dies müsste[284], ist die Verwertung der Sicherheit an bestimmte Voraussetzungen geknüpft. Bis diese eintreten, verhält sich die durch die Sicherheitenbestellung erworbene Rechtsposition des Gläubigers subsidiär zur Inanspruchnahme des Schuldners[285]. Die Verwertung der Sicherheit stellt den letzten Schritt im mehrgliedrigen Sicherungsgeschäft dar.

1. Voraussetzungen für die Verwertung

Zunächst soll geklärt werden, welche Voraussetzungen an die Verwertung einer wirksam erworbenen Sicherheit gestellt werden. Folgt die Subsidiarität der Zugriffsmöglichkeit auf den Drittsicherer aus dem Sicherungszweck, so muss sich das mit der Sicherheit abgedeckte Risiko verwirklicht haben, d. h. der Gläubiger muss mit seiner fälligen und einredefreien Forderung gegen den Schuldner ausfallen[286]. Dies bezeichnet man auch als (materiellen) Sicherungsfall[287]. Für die Pfandrechte bezeichnet man dies als Pfandreife, die mit Fälligkeit der Forderung eintritt[288].

Dabei ist die Beantwortung der Frage nach der Anwendbarkeit der Regelungen für die akzessorischen Pfandrechte auf die nichtakzessorische Sicherungsgrundschuld, Sicherungsübereignung und die Sicherungszession hier nur zweitrangig[289], da es genügt festzustellen, dass sich auch für deren Verwertung

---

[284] Bülow ZIP 99, 985.

[285] Bülow ZIP 99, 985; ähnlich auch Lopau NJW 72, 2253 (2254), der es dem Gläubiger nicht freistellt, ob er die Forderung oder das Sicherungsmittel geltend macht.

[286] Bülow ZIP 99, 985.

[287] Canaris ZIP 98, 493; Canaris Bankvertragsrecht Rn. 1129; Wilhelm NJW 99, 3519; Horn FS Brandner S. 623 (625 f); BGH ZIP 84, 685 (687); Bülow ZIP 99, 985; für die Sicherungsübereignung MüKo-Quack Anh. 73 zu §§ 929 – 936.

[288] Baur/Stürner Sachenrecht § 40 I Rn. 1 (für die Hypothek; setzt die Fälligkeit der gesicherten Forderung eine Kündigung voraus, so muss die Kündigung der Hypothek getrennt vom Gläubiger gegenüber dem Eigentümer erklärt werden, § 1141 BGB), § 55 Rn. 20 (für das Pfandrecht an beweglichen Sachen), § 62 Rn. 27 (für das Pfandrecht an Forderungen); Wieling Sachenrecht S. 706 (Pfandrecht an beweglichen Sachen, für das zusätzlich die gesicherte Forderung in eine Geldforderung übergegangen sein muss, § 1228 II 2 BGB), 816 (Sicherungsübereignung); für die Sicherungsgrundschuld ohne Nennung der Pfandreife als Begriff Wilhelm Sachenrecht Rn. 1599; Palandt-Bassenge § 1277 Rn. 1, der auf § 1273 II, 1228 II BGB verweist.

[289] str. vgl. dazu für freihändigen Verkauf Trinkner BB 62, 80 f; Selb NJW 62, 1952; Serick III § 38 I 2 c; MüKo-Quack Anh. 75 zu §§ 929 – 936; für Pfandrechtsvorschriften Gaul AcP 168, 351 (352 ff); v. Tuhr AT II/2 § 77 II.

das abgedeckte Risiko verwirklicht haben muss, wenn sie zur Sicherung einer Forderung eingesetzt werden[290].

2. Beweislastverteilung bei Sicherungsverwertung

In prozessualer Hinsicht folgt die Darlegungs- und Beweislastverteilung den allgemeinen Grundsätzen, so dass der Gläubiger die anspruchsbegründenden Tatsachen und der Drittsicherer als Anspruchsgegner die rechtshindernden, rechtsvernichtenden und rechtshemmenden Merkmale darzulegen und zu beweisen hat[291]. Der Gläubiger trägt die Beweislast für die Entstehung des Sicherungsmittels und den Eintritt des materiellen Sicherungsfalls[292]. Dazu gehört bei den akzessorischen Sicherungsmitteln auch das Entstehen der gesicherten Forderung, da diese Wirksamkeitsvoraussetzung für den Bestand des Sicherungsmittels ist, §§ 767 I, 1163 I, 1252 BGB[293]. Beruft sich der Drittsicherer auf den Wegfall der gesicherten Forderung, ist er dafür beweispflichtig, da dies eine rechtshemmende oder rechtsvernichtende Tatsache ist[294].

3. Verwertung als Befriedigung des Gläubigers

Mit der Verwertung der Sicherheit soll der Gläubiger befriedigt werden, so dass sich die Frage stellt, wie die Befriedung erfolgt. In Betracht kommt die Herbeiführung des Erfolges, für dessen Eintritt die Sicherheit eingegangen wurde, oder aber die Befriedigung des Erfüllungsinteresses.

Die Personalsicherheiten begründen für den Drittsicherer eine Leistungsverpflichtung, die aber nicht auf die Herbeiführung des gesicherten Erfolgs gerichtet ist, sondern auf Schadloshaltung des Gläubigers[295]. Im Ergebnis wird das Erfüllungsinteresse[296] des Gläubigers abgedeckt. Es handelt sich nicht um einen Schuldbeitritt.

---

[290] MüKo-Quack Anh. 74 zu §§ 929 – 936.

[291] Baumbach/Lauterbach/Hartmann/Albers Anh. 10 zu § 286; MüKoZPO -Prütting § 286 Rn. 108 f.

[292] MüKo-Eickmann § 1147 Rn. 26; für die Garantie MüKo-Habersack Rn. 19 vor § 765.

[293] Baumbach/Lauterbach/Hartmann/Albers Anh 79 zu § 286; Palandt-Bassenge § 1147 Rn. 3, § 1204 Rn. 15; MüKo-Habersack § 765 Rn. 64.

[294] für nichtakzessorische Grundschuld BGH NJW 00, 1108; BGH WM 74, 47; BGH KTS 92, 497; für akzessorische Sicherungsmittel BGH NJW 95, 2161; Palandt-Bassenge § 1147 Rn. 3.

[295] MüKo-Habersack Rn. 13 vor § 765; Palandt-Sprau Rn. 18 v § 765; Staudinger-Horn Vorbem 194 zu §§ 765 ff; RGZ 137, 85; BGH WM 68, 680.

[296] MüKo-Habersack § 765 Rn. 79, Palandt-Sprau § 765 Rn. 25; Esser/Weyers SchR II/1 § 40 II 2 sprechen vom Schadenersatzinteresse.

Bei den Realsicherheiten erfolgt die Befriedigung des Gläubigers aus dem Erlös, der durch die Verwertung des Sicherungsgegenstandes erzielt wird[297]. Um die Verwertung abzuwenden, kann der Drittsicherer freiwillig an den Gläubiger die Geldsumme zahlen und damit die Sicherheit ablösen[298].

4. Befriedigung des Gläubigers als Leistung

Befriedigt der Drittsicherer den Gläubiger nach Inanspruchnahme aus der Sicherheit, so nimmt er zu dessen Gunsten eine Vermögensverschiebung vor. Wie oben schon ausgeführt, lässt sich daraus noch nicht auf eine Zuwendung oder eine Leistung im rechtliche Sinn schließen. Es soll im Folgenden zunächst geklärt werden, ob der Drittsicherer eine eigene Leistung zugunsten des Gläubigers vornimmt, oder, ob die Vermögensverschiebung dem Schuldner zugerechnet werden kann, der sie dann zu eigenen Zwecken verwenden könnte. Handelt es sich aber um eine eigene Leistung des Drittsicherers, soll anschließend der Leistungszweck bestimmt werden.

a)   Eigene Leistung des Drittsicherers zugunsten des Gläubigers

Der Drittsicherer nimmt durch die Befriedigung des Gläubigers eine eigene Leistung zu dessen Gunsten vor, wenn er mit ihr einen eigenen Leistungszweck verfolgt[299].

aa)   Leistung auf die Sicherheit

Bei den Personalsicherheiten macht der Gläubiger eine obligatorische Forderung und bei den Realsicherheiten einen Duldungsanspruch auf Verwertung des Sicherungsgegenstandes geltend. Mit der Zahlung der Bürgschafts- oder Garantiesumme will der Drittsicherer seine Verbindlichkeit aus der entsprechenden Personalsicherheit erfüllen. Die Zuwendung erfolgt mit causa solvendi[300].

Auch wenn es an einer solchen obligatorischen Verpflichtung bei den Realsicherheiten fehlt, erfolgt die Befriedigung des Gläubigers durch den mit dem Schuldner nicht identischen Eigentümer im Hinblick auf die übernommene Sicherheit[301]. Dabei muss die Interessenlage berücksichtigt werden, wenn ein ausdrücklich erklärter Wille nicht erkennbar ist[302]. Der Drittsicherer räumt dem

---

[297] MüKo-Quack Anh. 79 zu §§ 929 – 936; § 1247 BGB für das Pfandrecht an beweglichen Sachen; für Hypothek und Sicherungsgrundschuld, §§ 1147 BGB, 866 ZPO, 105 ZVG.

[298] §§ 1143 I 1, 1153 BGB für die Hypothek, § 1249 BGB für das Pfandrecht an beweglichen Sachen und über § 1273 II BGB auch für das Pfandrecht an Rechten und Forderungen.

[299] Zum Leistungsbegriff s. o. IV 3.

[300] Canaris für die Garantie ZIP 98,493 (496); Michalski ZBB 94, 289 für die Bürgschaft; Köndgen FS Esser S. 55 (67).

[301] für die Grundschuld Palandt-Bassenge § 1191 Rn. 48; BGH NJW 87, 838.

[302] Palandt-Bassenge § 1191 Rn. 47.

Gläubiger mit der dinglichen Sicherung ein Verwertungsrecht ein, dessen Verwirklichung er entweder duldet, oder zu dessen Verhinderung er eine freiwillige Zahlung an den Gläubiger in Höhe der gesicherten Forderung vornimmt. Die Zahlung auf die Sicherheit stellt für ihn die günstigste Lage dar, da dann bei den akzessorischen Sicherungsmitteln das Pfandrecht erlischt, §§ 1249,1256 I, 1273 II BGB oder die Hypothek auf den Eigentümer als Eigentümergrundschuld übergeht, §§ 1142 I, 1143 I, 1153 I, 1177 I BGB. Für die nichtakzessorischen Sicherungsmittel ergibt sich der Anspruch auf Rückübertragung der Sicherheit aus der Sicherungszweckabrede[303].

bb) Leistung auf die Hauptschuld

Handelt es sich bei der gesicherten Forderung um eine Geldforderung, könnte die Leistung des Drittsicherers statt auf die Sicherheit zur Tilgung der Hauptforderung erfolgen, § 267 BGB. Dritter iSd § 267 BGB ist, wer auf eine fremde Schuld eine eigene Leistung erbringt[304]. Der Drittsicherer müsste daher mit Fremdtilgungswillen handeln[305].

Sofern die Figur der doppelten Tilgungsbestimmung existiert[306], würde es genügen, wenn er zumindest auch die fremde Schuld tilgen will, d. h. der Drittsicherer könnte gleichzeitig auf die Schuld des Schuldners und auf die Sicherheit leisten. Eine Entscheidung darüber kann unterbleiben, wenn der Drittsicherer gar keinen Tilgungswillen hinsichtlich der fremden Schuld hat. Dabei kann dann auch offen bleiben, ob bei einer Leistung auf fremde Schuld der Dritte oder der Schuldner Leistender ist[307].

Wie schon gezeigt, entspricht es der Interessenlage des Drittsicherers, allein auf die Sicherheit zu leisten. Zwar erlöschen Bürgenverpflichtung und das Pfandrecht und geht die Hypothek auf den Eigentümer als Eigentümergrundschuld über, wenn die gesicherte Forderung erlischt, §§ 767 I, 1163 I 2, 1252, 1177 I BGB. Ebenso entsteht der Rückforderungsanspruch bei den nichtakzessorischen Sicherungsmitteln auch, wenn die gesicherte Forderung erlischt[308], so dass es scheinbar keinen Unterschied macht, ob der Drittsicherer auf die Sicher-

---

[303] Palandt-Bassenge § 1191 Rn. 32 ff für die Sicherungsgrundschuld, § 930 Rn. 28 für die Sicherungsübereignung.

[304] Palandt-Heinrichs § 267 Rn. 2; MüKo-Krüger § 267 Rn. 9; Staudinger-Bittner § 267 Rn. 5; Gernhuber Die Erfüllung § 21 I 4; MüKo-Krüger § 267 Rn. 10.

[305] Palandt-Heinrichs § 267 Rn. 3; MüKo-Krüger § 267 Rn. 11; Castellvi WM 95, 868 (869); Staudinger-Bittner § 267 Rn. 6 ff.

[306] Castellvi WM 95, 868 (869), Einsele Anmerkung zu BGH JZ 99, 464 (467); Horn FS Brandner S. 623 (628); Bülow Recht der Kreditsicherheiten Rn. 1359.

[307] vgl. zu dieser Streitfrage v. Caemmerer JZ 62, 385 (386); Reuter/Martinek Ungerechtfertigte Bereicherung § 11 III 2 a; für die Gegenmeinung Schmidt JZ 71, 601 (606 f); Wieling JuS 78, 801 ff.

[308] Palandt-Bassenge § 1191 Rn. 45.

heit oder auf die Hauptschuld leistet. Die Befriedigung des Gläubigers durch den Drittsicherer führt aber bei den akzessorischen Sicherungsmitteln zum Übergang der gesicherten Forderung, §§ 774 I, 1143 I, 1225 I BGB. Bei den nichtakzessorischen Sicherungsmitteln könnte der Drittsicherer deren Abtretung aus der Sicherungszweckabrede verlangen[309]. Diese Besserstellung des Drittsicherers bei Befriedigung des Gläubigers in Hinblick auf die Sicherheit lässt einen Fremdtilgungswillen als die Ausnahme erscheinen[310].

Gegen eine Drittleistung iSd § 267 BGB spricht auch, dass der Drittsicherer für gewöhnlich nicht den vom Schuldner geschuldeten Erfolg herbeiführen will, sondern das Erfüllungsinteresse des Gläubigers befriedigen will. Aus der Identität der Leistungsgegenstände kann noch nicht auf die Tilgung der fremden Schuld geschlossen werden.

b)   Leistung des Schuldners zugunsten des Gläubigers durch Zurechnung

Abweichend von der vorherigen Einordnung der Gläubigerbefriedigung nach Inanspruchnahme aus der Sicherheit als Leistung des Drittsicherers an den Gläubiger könnte es sich um eine Leistung des Schuldners an den Gläubiger handeln, wenn ihm die Güterverschiebung des Drittsicherers zurechenbar ist, er einen eigenen Zweck verfolgt, und die Zweckverfolgung des Drittsicherers ohne rechtliche Bedeutung ist. Dazu soll zunächst die Rechtslage bei Dreipersonenbeziehungen dargestellt werden, bei denen der Dritte einen Anspruch auf die Erbringung der Drittleistung[311] hat, insbesondere die Leistung beim echten Vertrag zugunsten Dritter und bei der angenommenen Anweisung.

aa)   Rechtslage bei angenommener Anweisung

Wie dargestellt erwirbt der Anweisungsempfänger aufgrund der Anweisung lediglich die Ermächtigung vom Angewiesenen eine Leistung zu erheben, ohne dass ihm dafür ein Anspruch zustünde[312]. Dies ändert sich durch die Annahme der Anweisung, da sich mit ihr der Angewiesene verpflichtet, dem Anweisungsempfänger die bezeichnete Leistung zu erbringen, § 784 I 1 BGB.

(1)   Rechtsnatur der Annahme

Auch wenn die Rechtsnatur der Annahme nach wie vor umstritten ist, wird sie heute nach herrschender Auffassung als Angebot zu einem abstrakten

---

[309] BGH ZfIR 99, 155.

[310] So auch MüKo-Krüger § 267 Rn. 13 für die cessio legis.

[311] Erstmalige Verwendung dieses Begriffs bei Stampe AcP 107, 274 (287).

[312] MüKo-Hüffer § 783 Rn. 32.

Schuldversprechen iSd § 780 BGB angesehen[313]. Die Abstraktheit der Annahme drückt sich in ihrer Unabhängigkeit von der Wirksamkeit der Anweisung und der zugrunde liegenden Kausalverhältnisse (Valuta- und Deckungsverhältnis) aus, so dass deren mögliche Mängel nicht auf die Wirksamkeit der Annahme durchschlagen [314].

(2) Rechtswirkung der wahrnehmbaren Güterverschiebung bei angenommener Anweisung

Wie bei der einfachen Anweisung erfolgt bei der angenommenen Anweisung die real wahrnehmbare Güterverschiebung zwischen dem Angewiesenen und dem Anweisungsempfänger. Allerdings bezweckt der Angewiesene nun mit der Güterverschiebung die Erfüllung seiner Verpflichtung gegenüber dem Anweisungsempfänger aus der Annahme[315], so dass er gegenüber dem Anweisungsempfänger eine eigene Leistung vornimmt.

Dabei entstehen zwei Problemkreise. Zunächst ist fraglich, ob trotz der Verfolgung eines eigenen Zwecks durch den Angewiesenen gegenüber dem Anweisungsempfänger die Güterverschiebung Rechtswirkungen für die zugrunde liegenden Kausalverhältnisse entfalten kann. Dies ist nach obigen Ausführungen dann ausgeschlossen, wenn der Angewiesene die Zwecksetzungsbefugnis hinsichtlich der Güterverschiebung derartig ausübt, dass er damit eine Übertragung auf den Anweisenden ausschließt. Andererseits scheint der Anweisungsempfänger durch die Annahme der Anweisung schlechter gestellt, als wenn die Annahme nicht erfolgt wäre, da er aufgrund der eigenen Leistung des Angewiesenen diesem zur Rückgabe verpflichtet erscheint, wenn die Annahme fehlerhaft war, und damit der verfolgte Zweck nicht eintreten konnte.

Ausgangspunkt für die Beantwortung beider Fragen muss die Funktion der Annahme sein. Diese gewährt dem Anweisungsempfänger eine Besserstellung gegenüber der nicht angenommenen Anweisung, da er nun einen eigenen Anspruch gegen den Angewiesenen durchsetzen kann[316]. Daher wird die Annahme auch als „Durchsetzungsmittel" charakterisiert[317], das nur Hilfsfunktion aus-

---

[313] MüKo-Hüffer § 784 Rn. 6; Staudinger-Marburger § 784 Rn.9; Larenz/Canaris SchuldR II/2 § 62 II 1.

[314] Weitnauer FS v. Caemmerer S. 255 (286); Enneccerus/Lehmann Recht der Schuldverhältnisse § 204 I 2 a; MüKo-Hüffer § 784 Rn. 6.

[315] Canaris FS Larenz S. 799 (805), der u. a. darauf seine Kritik am finalen Leistungsbegriff aufbaut; Weitnauer FS v. Caemmerer S. 255 (286).

[316] Canaris FS Larenz S. 799 (806); Staudinger-Lorenz § 812 Rn. 56; Medicus Bürgerliches Recht Rn. 679; Koppensteiner/Kramer Ungerechtfertigte Bereicherung S. 30 ff; MüKo-Lieb § 812 Rn. 43; Pinger AcP 179, 301 (320 f).

[317] Pinger AcP 179, 301 (321 f), der zwischen dem Anspruch als Mittel zur Erreichung eines Zwecks und dem Anspruch als der zu erreichende Zweck selbst unterscheidet. Bei der angenommenen Anweisung erhält der Anweisungsempfänger gegen den Angewiesenen einen An-

68

übt[318]. *Hassold* sieht in der Annahme dagegen eine Verpflichtung des Angewiesenen zur Leistung „für Rechnung" des Anweisenden, so dass jener sich nur dazu verpflichtet, wozu ihn die Anweisung ermächtigt, d. h. zum simultanen Vollzug von Valuta- und Deckungsverhältnis[319]. Eine Leistung auf eigenen Rechnung sei davon nicht abgedeckt[320]. Nach anderer Auffassung verfolgt der Angewiesene mit seiner Leistung an den Empfänger keinen Leistungszweck im Sinn des Bereicherungsrecht, so dass er von diesem auch keine Rückabwicklung bei Zweckverfehlung verlangen kann[321].

Entscheidend für die Rückforderung einer Leistung ist, ob sie ohne Rechtsgrund erfolgt ist, § 812 I 1 Fall 1 BGB. Ist die Annahme der Anweisung fehlerhaft, konnte der Erfüllungszweck hinsichtlich der Verpflichtung aus dem abstrakten Schuldverhältnis nicht erreicht werden. Die Leistung wäre im Verhältnis Angewiesener – Anweisungsempfänger kondizierbar. Dies stünde im Kontrast zu den sonstigen Anweisungsfällen, in denen der Durchgriff grundsätzlich nicht zugelassen wird[322], da es bei ihnen an einer Leistung des Angewiesenen an den Anweisungsempfänger fehlt. Der Kontrast besteht aber nur scheinbar, da auch bei angenommener Anweisung der Angewiesene mit seiner Güterverschiebung - neben der Erfüllung seiner Verpflichtung aus der Annahme - die Anweisung vollziehen will[323]. Die Annahme der Anweisung hat noch keine Wirkung auf die zugrunde liegenden Kausalverhältnisse zwischen Angewiesenem und Anweisendem und zwischen Anweisendem und Anweisungsempfänger, insbesondere wird die Leistung auf das Valutaverhältnis nicht bereits mit der Annahme bewirkt. Schuldbefreiende Wirkung im Valutaverhältnis hat erst die Vornahme der Güterverschiebung durch den Angewiesenen in Befolgung der Anweisung, § 788 BGB.

Der Angewiesene verfolgt wie in den Fällen ohne Annahme die Erfüllung seiner Verpflichtung aus dem Deckungsverhältnis und gewährt dem Anweisenden mit Befolgung der Anweisung eine Zwecksetzungsbefugnis hinsichtlich der Güterverschiebung zu eigenen Zwecken, so dass der Anweisende damit seine Verpflichtung aus dem Valutaverhältnis gegenüber dem Empfänger erfüllen

---

spruch zur Durchsetzung seines Gläubigerinteresses, das seinerseits aus der Forderung gegen den Schuldner stammt. Leistung ist dabei nur eine Zuwendung zur Befriedigung einer Forderung, so dass der Angewiesene mangels Forderung des Anweisungsempfänger diesem gegenüber keine Leistung vornimmt. Die Leistung erfolgt im Deckungs- und im Valutaverhältnis.

[318] Reuter/Martinek Ungerechtfertigte Bereicherung § 12 V; zustimmend Staudinger-Lorenz § 812 Rn. 56.

[319] Hassold Zur Leistung im Dreipersonenverhältnis S. 227.

[320] Hassold Zur Leistung im Dreipersonenverhältnis S. 227.

[321] Koppensteiner/Kramer Ungerechtfertigte Bereicherung S. 30.

[322] statt vieler Larenz/Canaris SchuldR II/2 § 69 III 3; 70 II 5, IV 5, der die Rückabwicklung in der fehlerhaften Kausalbeziehung als den Regelfall bezeichnet; der Durchgriff ist nur ausnahmsweise zugelassen.

[323] Weitnauer FS v. Caemmerer S. 255 (286).

kann[324]. Die Verfolgung eines eigenen Erfüllungszwecks durch den Angewiesenen gegenüber dem Anweisungsempfänger steht dem nicht entgegen, da sich diese Zwecke nicht gegenseitig ausschließen. Bei einer fehlerhaften Annahme üben Deckungs- und Valutaverhältnis die Wirkung eines „Auffangnetzes" aus, das eine Direktkondiktion ausschließt[325].

Die Verfolgung eines eigenen Erfüllungszwecks durch den Angewiesenen hindert nicht die Zurechnung seiner Güterverschiebung zugunsten des Anweisenden, so dass dieser eine eigene Leistung gegenüber dem Anweisungsempfänger vornehmen kann.

bb) Rechtslage beim echten Vertrag zugunsten Dritter

Beim echten Vertrag zugunsten Dritter hat der begünstigte Dritte ein eigenes Forderungsrecht auf die Leistung gegen den Versprechensempfänger, § 328 I BGB. Dabei werden zwei verschiedene Fallgruppen unterschieden, zum einen die Fälle der Befriedigung von Vorsorgebedürfnissen und zum anderen die Fälle, die der abgekürzten Leistung entsprechen[326]. Von Interesse ist hier nur die letztere Fallgruppe, da diese sich von der Anweisung nur insoweit unterscheidet, als dem Dritten zur Verstärkung seiner Rechtsstellung ein eigenes Forderungsrecht gegen den Versprechenden eingeräumt wird[327].

Wie bei der Leistung auf die angenommene Anweisung verfolgt der Versprechende mit der Güterverschiebung zugunsten des Dritten die Erfüllung seiner Verpflichtung aus dem abgespaltenen Forderungsrecht, so dass er eine eigene Leistung zugunsten des Dritten vornimmt[328]. Dabei erscheint der Dritte wie schon bei der angenommenen Anweisung im Vergleich zum unechten Vertrag zugunsten Dritter schlechter gestellt, wenn der Vertrag zugunsten Dritter unwirksam ist, da dann der Erfüllungszweck für die abgespaltene Forderung nicht eintreten konnte, und der Dritte einem Rückforderungsanspruch des Versprechenden ausgesetzt sein könnte[329].

Diese Schlechterstellung widerspricht wie bei der angenommenen Anweisung der mit der Abspaltung des Forderungsrechts gewollten Verbesserung der Stellung des Dritten[330]. Der Dritte als Gläubiger der abgespaltenen Forderung

---

[324] zur Zurechnung der Leistung auf die Kausalverhältnisse wie bei Anweisung ohne Annahme MüKo-Lieb § 812 Rn. 43.

[325] Koziol ZBB 89, 16 (21).

[326] MüKo-Lieb § 812 Rn. 111 ff; MüKo-Gottwald § 334 Rn. 14 ff; Lorenz hält den Vertrag zugunsten Dritter für diese Fälle ungeeignet, AcP 168, 286 (296); Köndgen FS Esser S. 55 (68 f); Hadding Der Bereicherungsausgleich beim Vertrag zu Rechten Dritter unterscheidet zwischen unentgeltlicher und entgeltlicher Erlangung der Drittbegünstigung S. 93 ff.

[327] Canaris FS Larenz S. 799 (832); MüKo-Lieb § 812 Rn. 111.

[328] Lorenz AcP 168, 286 (291); Köndgen FS Esser S. 55 (68).

[329] zum Widerspruch dieser Schlechterstellung Schmidt JZ 71, 601 (606).

[330] dazu auch Canaris FS Larenz S. 799 (832).

sollte das von ihm zu Erlangende lediglich leichter durchsetzen können, indem er es direkt vom Versprechenden fordern kann[331]. Dabei verfolgt der Versprechende mit der Güterverschiebung die Tilgung seiner eigenen Verpflichtung gegenüber dem Versprechensempfänger und stellt diesem wie bei der Anweisung die Güterverschiebung zur Verfolgung eigener Zwecke im Hinblick auf das Valutaverhältnis zur Verfügung[332]. Diese Zweckverfolgung des Versprechensempfängers gegenüber dem Dritten zeigt sich darin, dass der Anspruch des Dritten aus dem Valutaverhältnis noch nicht durch die Verschaffung des abgespaltenen Forderungsrechts gegen den Versprechenden getilgt wurde. Wie bei der angenommenen Anweisung ist dazu noch die Erbringung des Leistungsgegenstandes erforderlich[333]. Der echte Vertrag zugunsten Dritter unterscheidet sich von der angenommenen Anweisung lediglich dahin, dass die Drittleistung bereits Inhalt des Deckungsverhältnisses war, so dass Erfüllung in diesem Verhältnis nur mit der Güterverschiebung zugunsten des Dritten eintreten konnte[334]. Der Dritte war exklusiv empfangszuständig. Auch hier wird die Güterverschiebung über die Kausalverhältnisse im Deckungs- und im Valutaverhältnis gerechtfertigt, wenn die Güterverschiebung der Leistungsabkürzung dient.

cc) Übertragbarkeit auf die Gläubigerbefriedigung durch den Drittsicherer

Im Anschluss stellt sich die Frage, ob die Güterverschiebung, die der Drittsicherer zur Befriedigung des Gläubigers vornimmt, eine Leistung des Schuldners an den Gläubiger darstellt. Dazu müsste der Schuldner den Drittsicherer zur Vornahme der Güterverschiebung veranlasst haben, und der Drittsicherer müsste dem Schuldner trotz eigener Zweckverfolgung eine Zwecksetzungsbefugnis eingeräumt haben[335]. Dies ist insbesondere der Fall, wenn die Befriedigung des Gläubigers mit der Leistung auf die angenommene Anweisung oder mit der Konstellation eines echten Vertrags zugunsten Dritter vergleichbar ist.

Die Befriedigung des Gläubigers aus dem Sicherungsmittel scheint zumindest soweit mit der Leistung des Angewiesenen auf die Annahme oder das abgespaltene Forderungsrecht des Gläubigers vergleichbar, als dass in jedem Fall der Gläubiger bzw. der Empfänger eine selbständig durchsetzbare Rechtsposition gegen den Drittsicherer bzw. den Angewiesenen/Versprechenden hat. Das abstrakte Schuldverhältnis aufgrund der Annahme ist ebenso wie das Siche-

---

[331] Schmidt JZ 71, 601 (606); Pinger AcP 179, 301 (324).

[332] daher spricht man auch von einer simultanen Leistung in drei Richtungen, Lorenz AcP 168, 286 (291); Lorenz JuS 68, 441 (443 f); Hadding Der Bereicherungsausgleich beim Vertrag zu Rechten Dritter S. 77 ff, Hassold Zur Leistung im Dreipersonenverhältnis S. 269.

[333] Pinger AcP 179, 301 (325).

[334] Pinger Ac) 179, 301 (325).

[335] Vgl. IV. 3. a) bb) (2).

rungsmittel hinsichtlich seiner Wirksamkeit unabhängig von den zugrunde liegenden Kausalverhältnissen[336].

Eine Zurechnung der Befriedung des Gläubigers zugunsten des Schuldners ist dann möglich, wenn er sie dem Gläubiger durch die Beauftragung des Drittsicherers beschafft hat[337]. Geht der Beauftragte gegenüber dem Empfänger eine selbständige Verpflichtung über den Auftragsgegenstand ein, so will er mit seiner anschließenden Leistung diese Verpflichtung erfüllen. Gleichzeitig soll es sich dabei aber auch um eine Leistung des Auftraggebers an den Empfänger handeln, da jener sie ihm durch die Beauftragung beschafft hat[338]. Ob diese Konstellation auf die Befriedigung des Gläubigers aus der Sicherheit anwendbar ist, scheint zweifelhaft. Der Drittsicherer geht die Sicherheit ein, um seine Verpflichtung aus dem Geschäftsbesorgungsvertrag mit dem Schuldner zu erfüllen. Insoweit handelt es sich um eine Beschaffungsleistung des Schuldners an den Gläubiger, da der Drittsicherer seinerseits dem Schuldner die Befugnis einräumt, mit der Überlassung der Sicherheit seine Verpflichtung aus der Sicherungsverschaffungsabrede mit dem Gläubiger zu erfüllen[339].

Darüber hinaus müsste der Drittsicherer mit seiner Leistung auf die Sicherheit seine Verpflichtung aus dem Geschäftsbesorgungsvertrag mit dem Schuldner erfüllen wollen. Der Bürge oder Garant zahlt an den Gläubiger nur zur Erfüllung der Verpflichtung aus dem Bürgschafts- oder Garantievertrag. Ebenso will der Drittsicherer einer Realsicherheit nur auf die Sicherheit leisten[340]. Die zur Befriedigung des Gläubigers rechtfertigende Rechtsposition entsteht erst durch die Überlassung der Sicherheit[341].

Insoweit unterscheidet sich die Sicherungsüberlassung auch von der angenommenen Anweisung und dem echten Vertrag zugunsten Dritter. Bei den letzten beiden begründet zwar die Annahme der Anweisung und der Vertrag zugunsten Dritter einen selbständig durchsetzbaren Anspruch des Dritten gegen den Angewiesenen/Versprechenden, aber der Angewiesene/Versprechende will bei Bewirkung des Leistungsgegenstandes zumindest auch die Anweisung ausführen, d. h. auf die Verpflichtung aus dem Deckungsverhältnis leisten und dem Anweisenden die Güterverschiebung zu eigenen Tilgungszwecken gegenüber dem Anweisungsempfänger überlassen.

---

[336] bei der Sicherheit sind dies Sicherungsverschaffungsabrede und Geschäftsbesorgungsvertrag.

[337] so Wilhelm NJW 99, 3519 (3522 f).

[338] so Wilhelm NJW 99, 3519 (3523).

[339] Vgl. IV. 4. a).

[340] Vgl. d) aa) (2).

[341] So kann der Gläubiger Zahlung der Bürgschaftssumme erst mit Abschluss des Bürgschaftsvertrags verlangen, § 765 BGB und nicht schon aufgrund der hintereinander geschalteten Kausalverhältnisse von Sicherungsverschaffungsabrede und Geschäftsbesorgungsvertrag.

Dies gilt auch für den echten Vertrag zugunsten Dritter, mit dem eine Leistungsabkürzung bezweckt wird, da die Verschaffung der abgespaltenen Forderung gegen den Versprechenden nicht bereits zur Tilgung der Forderung des Dritten gegen den Versprechensempfänger aus dem Valutaverhältnis führt[342] Bei einer fehlerhaften Annahme stellen die zugrunde liegenden Kausalverhältnisse eine Rechtfertigung für die Leistung des Angewiesenen dar. An diesem Auffangnetz fehlt es bei einer fehlenden Sicherheit, da nur diese einen Rechtfertigungsgrund für die Befriedigung des Gläubigers begründet[343].

Anders als bei den Fällen der Leistungsabkürzung durch Anweisung oder Vertrag zugunsten Dritter wird die Verpflichtung des Schuldners gegenüber dem Gläubiger aus dem Valutaverhältnis (Sicherungsverschaffungsabrede) und die Verpflichtung des Drittsicherers gegenüber dem Schuldner aus dem Deckungsverhältnis (Geschäftsbesorgungsvertrag) bereits mit der Verschaffung der Sicherheit erfüllt. Weder dem Geschäftsbesorgungsvertrag noch der Sicherungsverschaffungsabrede kann ein weitergehender Inhalt entnommen werden. Die Befriedigung des Gläubigers folgt erst bei Verwertung des Sicherungsmittels, das aufgrund eines Rechtsgeschäfts zwischen Gläubiger und Drittsicherer entsteht. Eine Rechtfertigung der Befriedigungsleistung durch die Sicherungsverschaffungsabrede und den Geschäftsbesorgungsvertrag analog zur Anweisung oder dem Vertrag zugunsten Dritter scheitert daran, dass diese Rechtsgeschäfte durch die Sicherungsüberlassung bereits abgewickelt sind. Eine Zurechnung der Befriedigungsleistung des Drittsicherers zugunsten des Schuldners scheitert schon an der fehlenden Veranlassung durch den Geschäftsbesorgungsvertrag[344].

c) **Zwischenergebnis**

Daher handelt es sich bei der Befriedigung des Gläubigers durch den Drittsicherer nach Inanspruchnahme aus der Sicherheit um eine Leistung des Drittsicherers. Eine Leistung des Schuldners scheidet aus.

---

[342] Vgl. bb) Fn. 335.
[343] Koziol ZBB 89, 16 (21).
[344] anders Wilhelm NJW 99, 3519 (3522 f), der die Befriedung als Verschaffungsleistung des Schuldners an den Gläubiger sieht.

2. Kapitel: **Rückforderungsanspruch des Drittsicherers bei unberechtigter Inanspruchnahme der Sicherheit**

Fällt der Gläubiger mit der gesicherten Forderung gegen den persönlichen Schuldner aus, realisiert sich das mit der Sicherheit abgedeckte Risiko. Der Gläubiger wird anschließend die Sicherheit verwerten und sich so Befriedigung für sein Erfüllungsinteresse verschaffen. Der Drittsicherer hat dann zumindest einen Regressanspruch aus dem Geschäftsbesorgungsvertrag gegen den Schuldner, § 670 BGB, wenn er die Leistung auf die Sicherheit für erforderlich halten durfte[345]. Ob er diesen verwirklichen kann, hängt von der Liquidität des Schuldners ab. Ein Rückgriff auf den Gläubiger scheidet aus, da dieser berechtigt war, die Sicherheit zu verwerten, und der Drittsicherer für das Risiko der Leistungsfähigkeit des Schuldners haftet.

Davon abweichend sind aber Konstellationen denkbar, in denen der Gläubiger den Drittsicherer aus der Sicherheit in Anspruch nimmt, obwohl er dazu nach den obigen Verwertungsvoraussetzungen nicht berechtigt war, sei es, dass der Sicherheitenbestellungsakt schon fehlerhaft war, oder dass sich das abgedeckte Risiko nicht verwirklicht hat. Da der Drittsicherer einen Regressanspruch gegen den Schuldner nur hat, wenn er die Leistung auf die Sicherheit an den Gläubiger für erforderlich halten durfte, und er dabei zusätzlich das Insolvenzrisiko des Schuldners trägt, ist er v. a. beim Ausfall des Regressanspruchs gegen den Schuldner daran interessiert, einen Rückforderungsanspruch gegen den Gläubiger wegen der unberechtigten Inanspruchnahme aus der Sicherheit geltend zu machen[346].

Dazu sollen im Folgenden zunächst die einzelnen Störfälle dargestellt werden, um dann für diese einzeln zu klären, ob der Drittsicherer einen Rückgewähranspruch hat und auf welche Rechtsgrundlage er ihn stützen kann.

A. Störfälle

Die Störungen, die im Zusammenhang mit der Inanspruchnahme der Sicherheit auftreten können, lassen sich aufgrund der Störungsursachen in folgende Kategorien aufteilen.

- Zunächst kann der Sicherheitenbestellungsakt selbst fehlerhaft sein, etwa weil die Einigung unwirksam war oder bei den Grundpfandrechten die Ein-

---

[345] MüKo-Habersack § 774 Rn. 19; bei den akzessorischen Sicherungsmitteln hat der Drittsicherer daneben auch einen Anspruch aus der übergegangenen Forderung des Gläubigers, §§ 774 I 1, 1143 I 1, 1225 S. 1 BGB, wobei der Drittsicherer die freie Wahl zwischen den beiden Ansprüchen hat, Palandt-Sprau § 774 Rn. 4.

[346] Vgl. dazu Pleyer WM 73 Sonderbeilage 2, S. 18.

tragung in das Grundbuch unterblieb[347] (Störfall 1). Nicht erfasst von dieser Gruppe werden Fälle, in denen die Sicherheitenbestellung unwirksam ist, weil die gesicherte Forderung nicht entstanden ist.

- Diese Fälle, in denen das Kausalverhältnis zwischen Schuldner und Gläubiger, dem die gesicherte Forderung entstammt, gestört ist, sind Gegenstand der Störfälle 2. Dabei kann die Forderung entweder gar nicht entstanden sein oder aber zu einem späteren Zeitpunkt wegfallen. Fällt die gesicherte Forderung zu einem späteren Zeitpunkt weg, kommt es noch auf den Zeitpunkt der Inanspruchnahme der Sicherheit an, die entweder vor oder nach dem Wegfall der gesicherten Forderung erfolgen kann.

- Schließlich kann die Inanspruchnahme der Sicherheit rechtsmissbräuchlich sein, wobei dieser Störfall erst bei den Sicherungsmitteln auf erstes Anforderung von Bedeutung ist und daher auch erst dort behandelt werden soll.

B. Anspruchsgrundlage für die Rückforderung

Mit Rückabwicklungsansprüchen sollen fehlgeschlagene Leistungen korrigiert werden, so dass diese Ansprüche das Recht der Güterbewegung ergänzen[348]. Rückabwicklungsansprüche können sich daher bereits in den Schuldverhältnissen finden, auf denen die Güterbewegung beruht, und nur, wenn es an spezialgesetzlichen oder vertraglichen Rückforderungsansprüchen mangelt, enthält das Gesetz ersatzweise Ansprüche im Recht der ungerechtfertigten Bereicherung, §§ 812 ff BGB[349].

Dabei ist weder den Vereinbarungen über die akzessorischen noch über die nichtakzessorischen Sicherungsmittel eine Regelung zu entnehmen, nach der sich ein Rückforderungsanspruch bei ungerechtfertigter Inanspruchnahme der Sicherheit ergibt[350]. Auch spezialgesetzliche Anspruchsgrundlagen sind nicht gegeben, so dass für einen Rückforderungsanspruch des Drittsicherers nur das Bereicherungsrecht in Betracht kommt. Im Folgenden ist zu klären, ob für die einzelnen Störfälle die Voraussetzungen eines Rückforderungsanspruchs aus §§ 812 ff BGB zugunsten des Drittsicherers gegeben sind.

---

[347] Nicht erfasst werden sollen von dieser Gruppe Fälle, in denen die Sicherheitenbestellung unwirksam ist, weil die gesicherte Forderung nicht bestand oder später wegfällt, da sich hier die Rechtsfolge für akzessorische und nichtakzessorische Sicherungsmittel unterscheidet. Diese Fälle sind Gegenstand einer gesonderten Kategorie von Störfällen, vgl. sogleich.

[348] v. Caemmerer FS Rabel I S. 333 (342).

[349] v. Caemmerer FS Rabel I S. 333 (342).

[350] Dieser Rückforderungsanspruch darf nicht verwechselt werden mit dem Anspruch auf Rückgabe der Sicherheit, da es dann noch nicht zur Inanspruchnahme der Sicherheit gekommen ist. Für diese folgen Ausführungen zu einem späteren Zeitpunkt.

C. Störfall 1: fehlerhafter Sicherungsbestellungsakt

Ist der Sicherungsbestellungsakt bereits fehlerhaft, fehlt es an einem wirksamen Zustandekommen des Sicherungsmittels[351]. Der Gläubiger wird nicht Inhaber des Sicherungsmittels, so dass ihm auch keine verwertbare Rechtsposition zusteht.

Will der Bürge oder Garant mit der Leistung seine Verpflichtung aus dem Bürgschafts- oder Garantievertrag erfüllen, wird dieser Zweck verfehlt, so dass seine Leistung an den Gläubiger ohne Rechtsgrund erfolgt. Er kann sie nach § 812 I 1 Fall 1 BGB zurückfordern. Eine Rechtfertigung zum Behaltendürfen der Leistung über die zugrunde liegenden Schuldverhältnisse im Valuta- und im Deckungsverhältnisse, ähnlich wie bei der angenommenen Anweisung, scheidet aus, da der Bürge oder Garant ausschließlich auf die eigene Verpflichtung gegenüber dem Gläubiger leisten wollte[352]. Der Bürge oder Garant ist der alleinige Inhaber eines Rückforderungsanspruchs aus § 812 I 1 Fall 1 BGB[353].

Zum selben Ergebnis kommt man für den vermeintlichen Hypotheken- oder Pfandrechtsschuldner, wenn dieser den Gläubiger befriedigen, obwohl die Hypotheken- oder Pfandrechtsbestellung selbst fehlerhaft waren[354].

Für die nichtakzessorischen Sicherungsmittel besteht insoweit kein Unterschied, da es bei den Störungen der Gruppe 1 um Einwendungen gegen den Bestand des dinglichen Rechts handelt[355]. Mangelt es an der wirksamen Entstehung eines nichtakzessorischen Sicherungsmittels, hat der Drittsicherer gegen den Gläubiger einen Rückforderungsanspruch hinsichtlich des zur Befriedigung Geleisteten aus § 812 I 1 Fall 1 BGB.

D. Störfall 2: Störungen der gesicherten Forderung vor oder nach Inanspruchnahme der Sicherheit

Im Folgenden sollen die Fälle diskutiert werden, bei denen eine Störung im Verhältnis des Schuldners mit dem Gläubiger eintritt, die dazu führt, dass die gesicherte Forderung entweder gar nicht entsteht, mit Wirkung ex tunc – etwa durch Anfechtung – erlischt oder aber zu einem späteren Zeitpunkt mit Wirkung

---

[351] Z. B. Verstoß gegen §§ 134, 138 BGB; Anfechtung wegen Irrtums § 119 BGB oder Geschäftsunfähigkeit einer Partei, §§ 104, 105 I BGB.

[352] Dazu bereits unter 1. Kapitel D. V. 4. b) bb).

[353] So die überwiegende Meinung Canaris FS Larenz S. 799 (838); Reuter/Martinek Ungerechtfertigte Bereicherung § 12 VII 1; v. Caemmerer FS Dölle I S. 135 (143); Köndgen FS Esser S. 55 (67); Kupisch Gesetzespositivismus S. 89 f; MüKo-Habersack Rn. 17 vor § 765 für die Garantie.

[354] Reuter/Martinek Ungerechtfertigte Bereicherung § 12 VII 1.

[355] MüKo-Eickmann § 1191 Rn. 43.

ex nunc wegfällt[356], z. B. wegen Eintritts einer auflösenden Bedingung oder durch Tilgung. Im Hinblick auf einen möglichen Rückforderungsanspruch des Drittsicherers nach Inanspruchnahme interessiert dabei, welche Auswirkungen die Störungen der gesicherten Forderung auf das Sicherungsmittel haben, insbesondere ob dies zu einem kondiktionsrelevanten Zweckfortfall oder einer ebensolchen Zweckverfehlung im Verhältnis des Drittsicherers zum Gläubiger führt. Dazu soll zunächst die Bedeutung der gesicherten Forderung für das Sicherungsmittel dargestellt werden (I.). Anschließend wird das Wesen des Sicherungszwecks (II.), sein Verhältnis zu den anderen mit der Überlassung des Sicherungsmittels verfolgten Zwecken (III.) erörtert, um dann die Auswirkungen der Verfehlung des Sicherungszwecks auf das Sicherungsmittel selbst (IV.1.) und die Rechtsfolgen bei ungerechtfertigter Inanspruchnahme der Sicherheit (IV.2.) darzustellen.

I. Bedeutung der gesicherten Forderung

Schuldverhältnisse berechtigen und verpflichten grundsätzlich nur die an ihnen Beteiligten, so dass sich deren Mängel auch nur auf die Beteiligten auswirken, die sie als Einreden oder Einwendungen geltend machen können[357]. Diese Beschränkung der Rechtswirkungen für Schuldverhältnisse beruht auf dem Grundsatz der Relativität der Schuldverhältnisse[358]. Ein Schuldverhältnis entfaltet daher nur Rechtswirkungen für diejenigen, die sich durch Abschluss eines Schuldverhältnisses gebunden haben[359]. Der Drittsicherer ist von den Rechtswirkungen aus dem Kausalverhältnis zwischen Gläubiger und Schuldner, dem die gesicherte Forderung entstammt, ausgeschlossen[360]. Die Forderung muss daher eine andere Bedeutung für die Überlassung der Sicherheit haben.

1. Bestimmung des Sicherungsbedürfnisses

Der Gläubiger, der aufgrund des Schuldverhältnisses gegen den Schuldner einen Anspruch auf Leistung hat, trägt das Risiko, mit der Forderung auszufallen. Um dem damit verbundenen Vermögensverlust entgegen zu wirken, gewährt das BGB in § 320 dem Schuldner aus einem gegenseitigen Vertrag, der selbst einen Anspruch auf Leistung gegen den Vertragspartner hat, bis zur Bewirkung der Gegenleistung ein Zurückbehaltungsrecht für seine eigene Leistung. Kommt das Zurückbehaltungsrecht aber nicht zur Geltung, weil – wie

---

[356] Hinsichtlich der möglichen Störungen der gesicherten Forderung vgl. auch Buchholz ZIP 87, 891 (893); Jäckle JZ 82, 50 Fn. 10.

[357] Palandt-Heinrichs Einl 3 v § 241; Dritten sind Einreden daraus ausgeschlossen („exceptio ex iure tertii non datur"), MüKo-Kramer Einl Schuldrecht AT Rn. 14.

[358] MüKo-Kramer Einl Schuldrecht AT Rn.14; Neuner JZ 99, 126 f.

[359] Krasser Der Schutz vertraglicher Rechte gegen Eingriff Dritter S. 299.

[360] MüKo-Kramer Einl Schuldrecht AT Rn. 14.

beim Darlehen – der Gläubiger mit seiner Leistung – der Darlehensvalutierung – vorleistungspflichtig ist, besteht für ihn ein nur schwer kalkulierbares Risiko, die Forderung – den Rückforderungsanspruch aus §§ 609, 607 BGB – zum späteren Zeitpunkt auch realisieren zu können, da auch zunächst solvente Schuldner aufgrund nicht vorhersehbarer Umstände insolvent werden können.

Aus dieser Unsicherheit entsteht für den Schuldner ein Bedürfnis, die Realisierung des Anspruchs gegen den Schuldner sicher zu stellen, indem er auf die Überlassung einer Sicherheit bestehen wird. Das Sicherungsbedürfnis beruht auf der entstandenen und fortbestehenden offenen Forderung des Gläubigers gegen den Schuldner. Störungen der gesicherten Forderung, die dazu führen, dass sie entweder erst gar nicht entsteht oder aber zu einem späteren Zeitpunkt entfällt, wirken sich unmittelbar auf das Sicherungsbedürfnis aus, das dann entweder auch nicht besteht oder eben später entfällt.

2. Erreichbarkeit des Sicherungszwecks

Besteht der Gläubiger aufgrund seines Sicherungsbedürfnisses auf die Überlassung der Sicherheit, verfolgt der Drittsicherer mit dieser die Kompensation des Sicherungsbedürfnisses, indem er dem Gläubiger dazu die obligatorische Forderung bei Bürgschaft und Garantie, das dingliche Verwertungsrecht bei den Pfandrechten oder das Vollrecht bei Sicherungsübereignung und -zession gewährt. Dabei hat der Drittsicherer kein Interesse daran, den Gläubiger tatsächlich zu befriedigen. Vielmehr will er ihm nur die *Möglichkeit* zur Befriedigung überlassen, falls der Gläubiger mit der Forderung gegen den Schuldner ausfällt, obwohl dieser einredefrei zur Leistung verpflichtet war[361]. Kürzer gesprochen bezweckt er die Sicherung der Forderung[362]. Insoweit unterscheiden sich Sicherungsmittel von den abstrakten Schuldversprechen iSd § 780 BGB. Bei diesen verspricht der Schuldner Leistung schlechthin, ohne dass erkennbar wäre, weshalb die Verpflichtung eingegangen wurde[363].

Bedeutet Sicherung, dass durch die Überlassung eines Sicherungsmittels das Sicherungsbedürfnis des Gläubigers befriedigt werden soll, ist Sicherung nur solange und soweit möglich, wie für den Gläubiger ein Sicherungsbedürfnis be-

---

[361] Bülow ZIP 99, 985; dem entspricht es auch, wenn Bülow von der Bestellung einer Kreditsicherheit als Hilfsgeschäft zum Hauptgeschäft der Kreditgewährung spricht, Recht der Kreditsicherheiten Rn. 1.

[362] Palandt-Sprau Einf 2 vor § 765; Palandt-Bassenge § 1113 Rn. 1 und § 1191 Rn. 13.

[363] Canaris Bankvertragsrecht Rn. 1125; MüKo-Habersack Rn. 15 v § 765. Wenn der Drittsicherer neben der Vereinbarung des Sicherungsmittels zusätzlich ein abstraktes Schuldversprechen, § 780 BGB zugunsten des Gläubigers abgibt, handelt es sich dabei nicht um ein Sicherungsmittel, da es an dem dazu erforderlichen Sicherungszweck fehlt. Der Versprechende i. S. d. § 780 BGB verspricht nicht das Einstehen für den Eintritt eines bestimmten Erfolges, sondern Leistung selbst. Ein Sicherungszweck haftet dem abstrakten Schuldversprechen nicht an. Eleftheriadis Die Bürgschaft auf erstes Anfordern S. 35.

steht. Der Bestand des Sicherungsbedürfnisses beim Gläubiger ist daher Voraussetzung für die Verwirklichbarkeit des Sicherungszwecks. Das Sicherungsbedürfnis hängt vom Bestand der zu sichernden Forderung des Gläubigers gegen den Schuldner ab. Ist eine solche Forderung nicht zustande gekommen, oder fällt diese später weg, muss der Gläubiger nicht oder nicht mehr den Ausfall hinsichtlich dieser Forderung befürchten[364], so dass er auch kein Sicherungsbedürfnis hat. Der Sicherungszweck geht ins Leere. Er kann nicht mehr verwirklicht werden[365]. Störungen der gesicherten Forderung führen zur Verfehlung des Sicherungszwecks[366]. Die Erreichbarkeit des Sicherungszwecks steht daher mit der gesicherten Forderung in einer temporären Abhängigkeit, da der Drittsicherer das Sicherungsmittel nur solange dem Gläubiger zur Verfügung stellen will, wie dieser ein Sicherungsbedürfnis hat, d. h. der Sicherungszweck erreichbar ist. Mit Beendigung des Sicherungsbedürfnisses endet auch die Bereitschaft des Drittsicherers, dem Gläubiger das Sicherungsmittel als weitere Befriedigungsmöglichkeit zu überlassen.

Welche Rechtsfolgen sich an diese Feststellung knüpfen, ergibt sich aus dem bloßen Zusammenhang von gesicherter Forderung und Erreichbarkeit des Sicherungszwecks noch nicht.

3. Zwischenergebnis

Die gesicherte Forderung hat insoweit in zweierlei Hinsicht Bedeutung für das Sicherungsgeschäft im Ganzen, als sie einmal Ursache des Sicherungsbedürfnisses des Gläubigers ist. Zum anderen ist sie Voraussetzung für die Erreichbarkeit des Sicherungszwecks, der mit der Überlassung des Sicherungsmittels verfolgt wird.

II. Wesen des Sicherungszwecks

Um die möglichen Folgen, die sich aus der Verfehlung des Sicherungszwecks ergeben, zu bestimmen, muss zunächst geklärt werden, welcher Art der Sicherungszweck ist. Schon an anderem Ort wurde auf verschiedenartige Zwecke, die mit einer Zuwendung verfolgt werden, hingewiesen[367]. Das Wesen des Sicherungszwecks soll nun über eine Abgrenzung der verschiedenen Arten von Zwecken, die mit einem Rechtsgeschäft verbunden werden können, bestimmt werden. Erst dann, wenn feststeht, welcher Art der Sicherungszweck ist, können die Rechtsfolgen bestimmt werden, die sich an seine Verfehlung anknüpfen.

---

[364] Bülow Das Recht der Kreditsicherheiten Rn. 1 bezeichnet das Verlangen nach einer Sicherheit als Ausdruck des Misstrauens in die Solvenz des Kreditnehmers. Besteht keine Forderung, kann die befürchtete Krise nicht eintreten.

[365] Schmidt FS Serick S. 329 (338); Weber AcP 169, 237 (243); Zeiss AcP 164, 50 (66).

[366] Mühl FS Serick S. 285 (289), der dabei die Tilgung der Forderung als Regelfall nennt.

[367] vgl. 1. Kapitel D. II. 4. b) zu Motiv, Geschäftszweck und typischen Leistungszwecken.

1. Sicherungszweck als Motiv?

Jede Partei wird, bis es zum Abschluss eines Rechtsgeschäfts kommt, einen gewissen Prozess durchlaufen, in dem sie die mit dem Geschäft verbundenen Vorstellungen und Erwartungen abwägt[368]. Motive sind daher all die einseitigen Beweggründe, die die Partei dazu veranlassen, das Rechtsgeschäft vorzunehmen[369]. Eine Einigung über diese einseitigen Beweggründe findet nicht statt, sodass sie nicht Inhalt des Rechtsgeschäfts werden[370]. Aufgrund der Einseitigkeit bleiben Motive unbeachtlich für das Rechtsgeschäft, so dass die Partei, die mit dem Rechtsgeschäft ein bestimmtes Motiv verfolgte, dessen Verfehlung dem anderen Teil nicht aufbürden kann (Gedanke der vertraglichen Risikotragung[371]).

Der Sicherungszweck ist somit ein unbeachtliches Motiv, wenn es sich bei ihm um einen bloß einseitigen Beweggrund einer Partei handelt, welcher fördernd dazu beigetragen hat, dass der Drittsicherer das Rechtsgeschäft über die Überlassung des Sicherungsmittels abgeschlossen hat[372].

Die Einordnung des Sicherungszwecks als einseitiges Motiv scheitert bereits daran, dass es sich bei ihm um einen beiderseitig von Drittsicherer und Gläubiger verfolgten Zweck handelt. Dies ergibt sich für die akzessorischen Sicherungsmittel schon daraus, dass sie nur zur Sicherung einer Forderung eingegangen werden können. Aber auch für die Rechtsformen der nichtakzessorischen Sicherungsmittel ist der Sicherungszweck nicht ein einseitiges Motiv. Der Drittsicherer will mit Überlassung des Sicherungsmittels lediglich ein ganz bestimmtes Risiko des Gläubigers abdecken und ihn für dessen Realisierung schadlos halten[373]. Diese Risikoabdeckung erfolgt nicht einseitig, sondern bedarf einer Einigung der Parteien, die bestimmen, welche Forderung gesichert werden soll. Erst aus der Bezugnahme auf die gesicherte Forderung wird ersichtlich, dass es sich um ein Sicherungsmittel handelt.

2. Sicherungszweck als Geschäftszweck oder Artzweck?

Ohne weiterführende Bedeutung wäre der Sicherungszweck auch dann, wenn es sich bei ihm um einen bloßen Geschäfts- oder Artzweck handeln würde.

---

[368] Medicus AT Rn. 739; zum Motivationsprozess auch MüKo-Westermann § 158 Rn. 50.

[369] v. Tuhr AT II/2 § 72 I und AT II/1 § 52 III; Kegel FS Mann S. 57 (60).

[370] Leohard AT § 87 VI; Flume AT II § 12 I 5.

[371] MüKo-Kramer § 119 Rn. 110; Leonhard AT § 87 VI; dazu wäre vielmehr die Erhebung des Motivs zur Bedingung erforderlich, Soergel-Wolf Rn. 14 vor § 158.

[372] v. Tuhr AT II/1 § 49 Fn. 7.

[373] Für die Garantie MüKo-Habersack Rn. 13 vor § 765.

a) Geschäftszweck

Geschäftszwecke beschreiben die Rechtsgeschäfte nach ihrer wirtschaftlichen Zielrichtung. Dabei kam der Gesetzgeber dem Bedürfnis der Wirtschaft nach, häufig auftretende Güterverschiebungen in Vertragstypen einheitlich zu regeln, von denen im Rahmen der Vertragsfreiheit abgewichen werden kann[374]. Der Geschäftszweck konkretisiert die Leistungspflichten der an dem Rechtsgeschäft Beteiligten[375]. Gegen den Sicherungszweck als Geschäftszweck spricht, dass es keinen einheitlichen Vertragstyp des Sicherungsgeschäfts gibt, unter das alle Ausformungen der Sicherungsmittel gefasst werden können. Obwohl Leih- und Mietvertrag auf die Gebrauchsüberlassung an einer Sache gerichtet sind, sind ihre Geschäftszwecke nicht identisch[376]. Ihre wirtschaftliche Zielrichtung unterscheidet sich wesentlich voneinander. Um ihren Geschäftszweck zu ermitteln, genügt es daher nicht auf das ihnen gemeinsame Merkmal der Gebrauchsüberlassung abzustellen. Ihre charakteristische Prägung als Vertragstyp erhalten sie erst dadurch, dass der Vermieter im Gegensatz zum Verleiher für die Gebrauchsüberlassung eine Gegenleistung – die Miete – erhält.

Für die Sicherungsmittel besteht insoweit eine Gemeinsamkeit, als sie alle auf die Sicherung einer Forderung gerichtet sind. Wie bei den Rechtsgeschäften über die Gebrauchsüberlassung unterscheiden sich die einzelnen Sicherungsmittel aber wesentlich nach Haftungsmasse[377] und der Abhängigkeit des Sicherungsmittels von der gesicherten Forderung[378], so dass der wirtschaftlich verfolgte Zweck sich nicht bereits aus der Sicherung ergibt. Die Rechtsordnung gewährt den Parteien eine Vielzahl von Sicherungsmitteln, die unterschiedlich ausgestaltet sind, um den individuellen Bedürfnisse gerecht zu werden. Dies zeigt sich auch in der Zulassung von Sicherungsübereignung, Sicherungszession und Sicherungsgrundschuld, die die gesetzlich geregelten Sicherungsrechte der Pfandrechte weitgehend abgelöst haben.

Versteht man den Geschäftszweck als die wirtschaftliche Zielrichtung eines bestimmten Rechtsgeschäfts, so kann der Sicherungszweck, der einer Viel-

---

[374] Vgl. 1. Kapitel D. II. 4. b) aa).

[375] Vgl. 1. Kapitel D. II. 4. b) aa).

[376] Die Miete ist auf die entgeltliche und die Leihe auf die unentgeltliche Gebrauchsüberlassung gerichtet.

[377] Bei Realsicherheiten erstreckt sich die Haftung nur auf den bestimmten Vermögensgegenstand. Bei Personalsicherheiten, bei denen der Drittsicherer mit seinem gesamten Vermögen einzustehen hat (dabei handelt es sich nicht um Haftung im eigentlichen Sinn, da der Bürge oder Garant eine eigene Verpflichtung eingeht, Palandt-Heinrichs Einl 14 v § 241; zur Unterscheidung Haftung und Schuld vgl. auch MüKo-Kramer Einl Schuldrecht AT Rn. 45 ff.

[378] Akzessorietät / Nichtakzessorietät; dazu noch später.

zahl von Rechtsgeschäften gemein ist, ohne die einzelnen Ausprägungen genügend zu berücksichtigen, nicht als Geschäftszweck bezeichnet werden[379].

b) Artzweck

Von den Geschäftszwecken, die auf den wirtschaftlichen Erfolg eines Rechtsgeschäfts gerichtet sind, werden von Leonhard sog. Artzwecke unterschieden[380]. Darunter versteht er den Zweck, der mit einer ganzen Geschäftsart und nicht nur mit einem einzelnen Geschäft verfolgt wird[381]. Darunter fallen nach seiner Ansicht die Rechtsgeschäfte der Titel 18 – 22 des Siebten Abschnitts des BGB, deren Artzweck in der Sicherung, Klärung und Vereinfachung besteht.

Von besonderem Interesse ist dabei, ob die Qualifizierung des Sicherungszwecks als Artzweck Bedeutung für den Rechtsgrund von Sicherungsmitteln hat. Leonhard lehnt den Sicherungszweck als Rechtsgrund ab, indem er Artzwecken die Eignung als Rechtsgrund abspricht[382]. Dies soll näher betrachtet werden.

Der Artzweck unterscheidet sich nach Leonhard vom Leistungszweck iSd Rechtsgrundes dahingehend, dass Rechtsgrund nur der Grund sein kann, von dem das Rechtsgeschäft gelöst werden kann[383]. Eine Unterscheidung eines Geschäfts von seinem Grund sei nur dann möglich, wenn das Geschäft mehreren Zwecken dienen könne (sog. farblose Geschäfte). Diesen müsse deshalb eine besondere Zweckbestimmung beigelegt werden. Seien die Geschäfte hinsichtlich ihrer Zweckverfolgung bereits eindeutig festgelegt, könne eine Trennung nicht mehr vorgenommen werden, so dass sie auch keinen besonderen Rechtsgrund aufweisen. Die Frage nach kausaler oder abstrakter Gestaltung erübrige sich dann für Geschäfte dieser Art[384]. Da auch der Artzweck nicht vom Vertragstyp getrennt werden könne, sei dieser nicht identisch mit dem Rechtsgrund, v. a.

---

[379] Geschäftstypen sind dagegen die einzelnen Sicherungsmittel wie Bürgschaft, Pfandrecht, Sicherungsübereignung usw. anzusehen, dazu auch v. Tuhr AT II/2 § 76 I.
[380] Leonhard Allgemeines Schuldrecht S. 321 ff.
[381] Leonhard Allgemeines Schuldrecht S. 322; dabei ist nicht verständlich, inwieweit sich der Artzweck von dem wirtschaftlichen Zweck (Geschäftszweck) eines Rechtsgeschäfts unterscheidet, außer dass er sich nicht auf ein konkretes Rechtsgeschäft bezieht, sondern auf eine ganze Geschäftsart. Andererseits soll der Artzweck nicht identisch mit den Leistungszwecken sein, so dass er den Geschäftszwecken näher stehen müsste. Es wurde aber bereits oben unter a) ausgeführt, dass der Sicherungszweck nicht bloßer Geschäftszweck der Sicherungsmittel ist.
[382] Leonhard Allgemeines Schuldrecht S. 380.
[383] Zum Folgenden vgl. Leonhard Allgemeines Schuldrecht S. 378 ff.
[384] Leonhard nennt ausdrücklich Miete und Kauf, die deshalb auch nicht als kausal bezeichnet werden könnten, Allgemeines Schuldrecht S. 378.

ergebe sich nicht bereits aus der Unmöglichkeit der Trennung, dass das Geschäft kausaler Art sei.

Gegen die Beschränkung des Rechtsgrundes auf farblose Rechtsgeschäfte wie die Übereignung spricht, dass alle Zuwendungen, und damit auch die Hingabe einer Forderung, durch Abschluss eines Kausalgeschäfts zweckgebunden sind. Der Käufer, der mit dem Verkäufer einen Kaufvertrag schließt, wendet seinem Vertragspartner eine Forderung auf Zahlung des Kaufpreises zu, um im Gegenzug die Forderung auf die Gegenleistung zu erhalten. Rechtsgrund ist daher der Austausch von Leistungen[385]. Die Übereignung der Kaufsache und die Zahlung des Kaufpreises erfolgen nicht zum Austausch, sondern zur Erfüllung der Verpflichtungen aus dem Kaufvertrag. Dass der Austauschzweck dem Kaufvertrag innewohnt und nicht von ihm abgelöst werden kann, resultiert aus der synallagmatischen Ausgestaltung des Kaufvertrags. Dies ändert aber nichts daran, dass die Parteien mit dem Eingehen eines Kaufvertrags den Erwerb der Gegenforderung bezwecken[386]. Versteht man unter Rechtsgrund die Erreichung des mit einer Zuwendung verfolgten Zwecks[387], so erfolgt entgegen der Auffassung von Leonhard auch der Abschluss eines Kaufvertrags mit einem Rechtsgrund. Ob das Rechtsgeschäft kausaler oder abstrakter Art ist, entscheidet sich erst auf einer zweiten Stufe und hat keinen Einfluss auf den Rechtsgrund an sich.

Auf die Sicherungsmittel übertragen bedeutet dies, dass sich nicht allein aus dem Umstand, dass Sicherungsmittel zur Sicherung dienen und von diesem Zweck nicht getrennt werden können, schließen lässt, dass der Sicherungszweck nicht Rechtsgrund der Sicherungsmittel sein kann[388].

3. Sicherungszweck im Hinblick auf die typischen Leistungszwecke

Der Sicherungszweck ist jedenfalls dann typischer Leistungszweck, wenn er sich in den schon zu einem früheren Zeitpunkt dargestellten Kanon der Leistungszwecke einordnen lässt[389].

a) Sicherungszweck als Austauschzweck oder als Liberationszweck

Sollte der Sicherungszweck unter die Kategorie des Austauschzwecks fallen, müsste der Drittsicherer mit der Überlassung des Sicherungsmittels die Erlangung eines eigenen Vorteils bezwecken, wobei der Vorteil auch in einem Rückforderungsanspruch bestehen kann[390]. Eine Zuwendung zum Zweck der Liberation, d. h. Freigebigkeit, setzt dagegen voraus, dass sie einzig dazu vorge-

---

[385] Leistungsgegenstand des Rechtsgeschäfts „Kaufvertrag" sind Forderungen.
[386] Kegel FS Mann S. 57
[387] Vgl. 1. Kapitel D. II. 4. d) bb).
[388] So aber Leonhard Allgemeines Schuldrecht S. 380.
[389] Vgl. 1. Kapitel D. II.4. b) bb).
[390] v. Tuhr AT II/2 § 72 II 2; Kegel FS Mann S. 57 (62 f).

nommen wird, um das Vermögen des Empfängers dauerhaft zu mehren[391]. Der Vermögensverlust des Zuwendenden darf nicht die Erlangung irgendeines Vorteils bezwecken, da es sich sonst um Austausch handelt, der konträr zum Liberationszweck steht[392].

Die Überlassung des Sicherungsmittels erfolgt allein dazu, dem Gläubiger eine weitere Möglichkeit zu verschaffen, Befriedigung seines Erfüllungsinteresses aus der gesicherten Forderung zu erlangen[393]. Der Drittsicherer scheint dabei keinen eigenen Vorteil anzustreben, so dass der Sicherungszweck eine Art Freigebigkeitszweck sein könnte. Allerdings soll der Gläubiger das Sicherungsmittel nur solange behalten dürfen, wie er ein Sicherungsbedürfnis hat. Der Sicherungszweck begrenzt daher den Erwerb des Sicherungsmittels, so dass eine dauerhafte Überlassung der Sicherung nicht bezweckt ist. Insoweit erfolgt die Sicherungsüberlassung nicht aus Freigebigkeit.

Soll dem Gläubiger das Sicherungsmittel nicht unbegrenzt zur Verfügung stehen, so könnte die Sicherungsüberlassung im Austausch gegen einen Rückgabeanspruch erfolgen. Dann wäre die causa acquirendi Leistungszweck, ähnlich wie beim Leihvertrag, bei dem die Gebrauchsüberlassung zwar unentgeltlich, aber im Austausch gegen einen Rückforderungsanspruch, erfolgt. Die Gleichsetzung der Sicherungsüberlassung und der leihweisen Gebrauchsüberlassung ist aber nicht angebracht. Bei näherer Betrachtung der Leistungszwecke bei der Leihe ist zwischen der schuldrechtlichen Ebene und dem Vollzug zu unterscheiden. Nur die Eingehung der Schuldverpflichtung zur Gebrauchsüberlassung einer Sache erfolgt zur Erlangung des Rückforderungsanspruchs und damit mit causa acquirendi. Mit der Übergabe der Sache bezweckt der Verleiher die Abwicklung, i. e. die Erfüllung der Verpflichtung, nicht aber den Austausch[394]. Die Überlassung der Sicherheit steht dabei auf der Ebene der Übergabe der Sache, d. h. der Leistungsbewirkung. Diese erfolgt aber nicht zum Austausch[395], sondern zur Abwicklung eines anderen Kausalverhältnisses, hier der zu sichernden Forderung. Der Sicherungszweck ist daher nicht ein Unterfall von Austausch- oder Liberationszweck.

---

[391] v. Tuhr AT II/2 § 72 II 3; Leonhard Allgemeines Schuldrecht S. 387.

[392] Huber JuS 72, 57 (58).

[393] Bülow ZIP 99, 985.

[394] Zu dieser Unterscheidung von schuldrechtlicher Verpflichtung und Leistung vgl. auch Weitnauer JZ 85, 555 (557); dagegen Kupisch JZ 85, 101 ff, der auch für die Leistungsbewirkung einen Austauschzweck annimmt.

[395] Missverständlich dagegen v. Tuhr AT II/2 § 76 I, der zunächst für die Sicherungsleistung eine causa acquirendi annimmt, wenn diese als Gegenleistung für eine Leistung des Gläubigers erfolgt, um sogleich das Versprechen, die Sicherheit zu leisten, in den Austauschzweck stellt.

b) Sicherungszweck als Abwicklungszweck[396]

Um zu klären, ob die Überlassung von Sicherungsmitteln zur Abwicklung von Schuldverhältnissen dienen, und damit der Sicherungszweck ein Abwicklungszweck ist, soll zunächst geklärt werden, was unter Abwicklung zu verstehen ist.

aa) Begriff der Abwicklung

Hauptfall der Abwicklung von Verpflichtungen ist die Erfüllung, § 362 I BGB. Dabei bewirkt im Normalfall der Schuldner die geschuldete Leistung, d. h. der Schuldinhalt verwirklicht sich, indem der Gläubiger den Leistungsgegenstand erhält[397]. Das Schuldverhältnis erlischt, § 362 BGB. Der Erfüllung gleichgestellt ist die Leistung an Erfüllungs Statt, § 364 I BGB, bei der zwar ein anderer als der geschuldete Gegenstand bewirkt wird, den der Gläubiger aber als den geschuldeten annimmt[398]. Bei einer Leistung erfüllungshalber, bei der dem Gläubiger ein anderer Gegenstand zur Verfügung gestellt wird mit der Abrede, zunächst dessen Verwertung anzustreben und aus dem Erlös Befriedigung zu erlangen, erlischt das Schuldverhältnis dann, wenn die Verwertung erfolgreich ist[399]. Andernfalls kann der Gläubiger wieder auf die Forderung gegen den Schuldner zurückgreifen[400].

Als Abwicklung eines Schuldverhältnisses wird weiter die Aufhebung und die Änderung eines Schuldverhältnisses angesehen[401]. Während der Aufhebungsvertrag auf die Beseitigung eines Vertrages gerichtet ist[402], soll mit einem Änderungsvertrag der Inhalt eines Vertrags geändert werden, wobei das Schuldverhältnis dasselbe bleibt[403]. Zuwendungen mit Abwicklungszwecken unterscheiden sich von Zuwendungen zum Austausch oder aus Freigebigkeit dadurch, dass mit ihnen auf ein bestehendes Rechtsverhältnis eingewirkt wird, ohne dass die Einwirkung stets in der Erfüllung der Leistungspflicht liegen muss[404].

---

[396] Vgl. dazu bereits die Literaturangaben in 1. Kapitel D. II. 4. b) bb) (3).

[397] Gernhuber Die Erfüllung § 5 I 1 a; Larenz SchuldR I § 18 I; Palandt-Heinrichs § 362 Rn. 2; ob es sich dabei um einen realen Gegenstand oder aber die Eingehung einer erneuten Verpflichtung handelt, spielt keine Rolle, Kress AS § 5, 1.

[398] Larenz SchuldR I § 18 IV; Gernhuber Die Erfüllung § 10; dabei soll hier nicht geklärt werden, wie die Leistung an Erfüllungs Statt rechtlich zu beurteilen ist, dazu die Vorgenannten m. w. N.

[399] Gernhuber Die Erfüllung § 9 I 1; Larenz SchuldR I § 18 IV.

[400] Gernhuber Die Erfüllung § 9 I 13.

[401] Kress AS § 5, 1 b; Weitnauer FS v. Caemmerer S. 255 (261).

[402] Larenz SchuldR I §19 II b; Flume AT II § 33, 5.

[403] Larenz SchuldR I § 7 II; zur Unterscheidung von Änderung und Aufhebung auch Kress AS § 9 , 1.

[404] Jung Festgabe Reichsgericht Bd. III S. 143 (158 f).

Gemeinsam ist den Abwicklungshandlungen, dass der mit ihnen verfolgte Zweck nur erreicht werden kann, wenn das Schuldverhältnis, auf das sie sich beziehen, auch wirksam ist. Die Verpflichtung kann nur erfüllt werden, wenn sie besteht, § 362 I BGB. Ein Schuldverhältnis kann nur aufgehoben oder geändert werden, wenn es zunächst entstanden ist. Die Abwicklungsgeschäfte werden daher auch als Hilfsgeschäfte bezeichnet, da sie stets in Bezug auf ein anderes Schuldverhältnis erfolgen und daher unselbständiger Art sind[405]. Dem Abwicklungszweck als subjektiven Rechtsgrund entspricht daher stets ein abzuwickelndes Schuldverhältnis als objektiver Rechtsgrund[406].

bb) Abwicklung durch Sicherung

Die Einordnung des Sicherungszwecks als Abwicklungszweck könnte daran scheitern, dass ihm ein objektiver Rechtsgrund, d. h. ein abzuwickelndes Schuldverhältnis, fehlt.

(1) Sicherungszweck als Unterfall des Erfüllungs-, Änderungs- oder Aufhebungszwecks?

Zunächst ist zu klären, ob der Sicherungszweck nicht unter einen der schon angeführten Abwicklungszwecke der Erfüllung, Änderung oder Aufhebung fällt. Objektiver Rechtsgrund wäre dann das zu erfüllende, zu ändernde oder auf zu hebende Schuldverhältnis.

Die Überlassung einer Sicherheit weist gewisse Ähnlichkeiten zur Leistung erfüllungshalber auf, da in beiden Fällen dem Gläubiger etwas anderes als der ursprünglich geschuldete Gegenstand zugewandt wird, aus dem er Befriedigung erlangen kann[407]. Der wesentliche Unterschied besteht aber hinsichtlich der Intention, die an die Überlassung des Gegenstandes bei der Leistung erfüllungshalber und der Leistung sicherungshalber geknüpft wird. Der Drittsicherer will dem Gläubiger eine weitere Befriedigungsmöglichkeit verschaffen. Die Verwertung der Sicherheit ist von ihm aber, im Gegensatz zur Leistung erfüllungshalber, bei der der Gläubiger vorrangig aus der Verwertung des Ersatzgegenstandes Befriedigung erlangen soll, nicht gewollt[408]. Kommt es doch

---

[405] Kress AS § 5, 1 b; Stampe Das Causa-Problem, S. 30 ff.

[406] zu den Begriffen vgl. 1. Kapitel D. II. d) bb) (1); zur Kongruenz von objektivem und subjektivem Rechtsgrund Buchholz ZIP 87, 891 (895).

[407] Gernhuber Die Erfüllung § 9 I 7; v. Tuhr AT II/2 § 76 I nennt die Sicherung einen mit der solvendi causa verwandten Zweck, wobei die Sicherung oft Vorstufe der Erfüllung sei. Aber auch die Verwertung der Sicherheit führt nicht zur Erfüllung der gesicherten Forderung. Die Befriedigung des Gläubigers erfolgt nur hinsichtlich dessen Erfüllungsinteresses, indem der Drittsicherer ihn für die Verwirklichung des abgedeckten Risikos schadlos halten will, nicht aber den ausgebliebenen Erfolg selbst schuldet.

[408] Gernhuber Die Erfüllung § 9 I 7; anders Serick III § 39 I 5.

zur Befriedigung des Gläubigers durch Verwertung des Sicherungsmittels, bezweckt der Drittsicherer mit der Befriedigung nicht die Erfüllung der gesicherten Forderung, sondern eine Leistung auf die Sicherheit[409].

Mit der Überlassung einer Sicherheit wird das ursprüngliche Schuldverhältnis des Gläubigers mit dem Schuldner, dem die gesicherte Forderung entstammt, auch nicht geändert oder aufgehoben. Es besteht unverändert fort.

(2) Korrespondierender objektiver Rechtsgrund des subjektiven Sicherungszwecks

Objektiver Rechtsgrund einer Leistung ist das Schuldverhältnis, auf das sie sich bezieht[410]. Im Normalfall will der Leistende mit der Leistung eine Verpflichtung aus einem Schuldverhältnis erfüllen. Das zu erfüllende Schuldverhältnis ist dann objektiver Rechtsgrund.

Mit dem Sicherungsmittel soll dem Gläubiger dagegen eine weitere Möglichkeit überlassen werden, Befriedigung für eine Forderung gegen den Schuldner zu erlangen. Sicherung unterscheidet sich von Erfüllung dahin, dass nicht der geschuldete Gegenstand selbst bewirkt wird, sondern der Gläubiger lediglich schadlos gehalten werden soll, wenn ein bestimmter Erfolg nicht eintritt. Der Sicherungszweck bezieht sich daher auf ein anderes Schuldverhältnis, ohne dass dieses einen Grund dafür gibt, warum der Drittsicherer dem Gläubiger das Sicherungsmittel überlassen hat[411]. Der dem subjektiven Sicherungszweck entsprechende objektive Rechtsgrund kann daher nicht in einer Verpflichtung zur Leistung selbst bestehen, da diese der Erfüllung bedarf.

Ziel der Sicherung ist vielmehr die Abdeckung eines Risikos. Ohne dieses macht Sicherung weder Sinn, noch wäre eine solche nötig. Bezugspunkt eines Sicherungsmittels ist daher der Umstand, aus dem das Risiko stammt. Die Überlassung der Sicherungsmittel dient dazu, den potentiellen Ausfall des Gläubigers mit einer Forderung gegen den Schuldner abzudecken. Die Sicherungsmittel beziehen sich daher auf die gesicherte Forderung, die nach obiger Begrifflichkeit dann objektiver Rechtsgrund der Sicherungsmittel ist.

Die Einordnung der gesicherten Forderung als objektiver Rechtsgrund des Sicherungsmittels ist nur insoweit von Bedeutung, als dass diese mit dem Sicherungsmittel gesichert werden soll. Sie enthält weder eine Verpflichtung zur

---

[409] s. o. 1. Kapitel D. V. 4. a) bb); anders Gernhuber Die Erfüllung § 5 I 2 b; zur Unterschiedlichkeit der Absicht, eine Verbindlichkeit zu erfüllen und eine Verbindlichkeit zu sichern auch Buchholz ZIP 87, 891 (896).

[410] Vgl. 1. Kapitel D. II. 4. a) bb) (1).

[411] Letzteres ist einem anderen Schuldverhältnis zu entnehmen, etwa dem Geschäftsbesorgungsvertrag zwischen Schuldner und Drittsicherer, in dem sich dieser zur Überlassung des Sicherungsmittels verpflichtet.

Überlassung des Sicherungsmittels noch handelt es sich bei ihr um die innere causa des Sicherungsmittels[412].

Der Sicherungszweck ist daher ein eigenständiger Abwicklungszweck[413].

III. Verhältnis der beiden mit der Überlassung der Sicherheit verfolgten Zwecke

Der Drittsicherer verfolgt mit der Überlassung des Sicherungsmittels neben der Sicherung der Forderung des Gläubigers gegen den Schuldner die Erfüllung seiner Verbindlichkeit aus dem Geschäftsbesorgungsvertrag. Dabei drängt sich die Frage auf, ob der Drittsicherer mit derselben real wahrnehmbaren Güterverschiebung zugunsten des Gläubigers zwei Leistungszwecke verfolgen kann. Dazu soll im Folgenden zunächst allgemein geklärt werden, ob eine Güterverschiebung mit mehreren Zwecken versehen werden kann und welcher Art diese sein können. Anschließend stellt sich die Frage, wie sich die verschiedenen Zwecke für die Güterverschiebung zueinander verhalten, insbesondere mit welchen Mitteln eine Kombination von Zwecken vorgenommen werden kann.

1. Mehrere Zwecke einer Güterverschiebung

Eine Kombination von Zwecken, die mit einer Güterverschiebung verfolgt werden, kommt in zweierlei Hinsicht in Betracht.

a) Typische und atypische Zwecke

Jede Partei knüpft an die Vornahme von Güterverschiebungen bestimmte Erwartungen und Vorstellungen, die mit ihr verwirklicht werden sollen. Unter den typischen Zwecken versteht man den begrenzten Katalog von Zwecken, dem jede Güterverschiebung unterfällt. Die Zweckgebundenheit menschlichen Handelns unterteilt Leistungen nach ihrem Ziel. Dabei lassen sich die mit allen Handlungen erstrebten Zwecke unter die Kategorien des Austauschs, der Freigebigkeit und der Abwicklung von Verpflichtungen einteilen[414]. Von diesen typischen Zwecken unterscheidet man die atypischen Zwecke, mit denen alle Beweggründe erfasst werden, die die Parteien an eine Güterverschiebung knüp-

---

[412] So Buchholz ZIP 87, 891 (896). Dessen Ausführungen dazu sind insoweit nicht nachvollziehbar, als dass bei dem Erfüllungszweck die zu erfüllende Verpflichtung auch nicht innere causa der Erfüllungsleistung ist. Warum das bei dem Sicherungsmittel der Fall sein soll, bleibt unklar. Dabei wird auch die Schwäche des objektiven Rechtsgrundbegriffs deutlich, da der objektiven Forderung nicht entnommen werden kann, dass das Rechtsgeschäft zwischen Gläubiger und Drittsicherer zu deren Sicherung dienen soll. Erst der subjektive Wille lässt erkennen, zu welchem Zweck die Zuwendung vorgenommen wurde.

[413] So auch Schnauder WM 00, 2073 (2075).

[414] Vgl. 1. Kapitel D. II. 4. b).

fen[415]. Darunter fallen alle individuellen Erwartungen und Gründe, die in ihrer Zahl unbegrenzt sind.

Jeder menschlichen Handlung werden im Rechtsinn typische und atypische Zwecke zugrunde liegen, so dass diese stets zusammen fallen.

b) Nebeneinander von zwei Leistungszwecken?

Von den obigen Fällen zu unterscheiden sind Fälle, in denen mit einer Güterverschiebung verschiedene typische Leistungszwecke verfolgt werden[416].

Darunter können zum einen solche Güterbewegungen fallen, durch die die Rechtsverhältnisse mehrerer Personen betroffen sind, wie etwa die schon oben genannten Fälle der Leistung auf Anweisung und Leistung beim Vertrag zugunsten Dritter. Bei näherer Betrachtung wurde dabei festgestellt, dass abseits der real wahrnehmbaren Güterverschiebung im Vollzugsverhältnis zwei Zuwendungen im rechtlichen Sinn vorliegen, nämlich eine Zuwendung des Angewiesenen/Versprechenden an den Anweisenden / Versprechensempfänger und eine Zuwendung des Anweisenden / Versprechensempfängers an den Anweisungsempfänger / Dritten[417]. Diesen Zuwendungen wurden vom jeweiligen Zuwendenden jeweils nur ein Leistungszweck zugeordnet[418], so dass keine Kumulierung von Leistungszwecken für eine Zuwendung vorlag[419].

Ein Nebeneinander von zwei Leistungszwecken tritt daher nur auf, wenn der Zuwendende mit derselben Güterverschiebung verschiedene Leistungszwecke verfolgt.

Zur Veranschaulichen soll folgendes Beispiel dienen[420]: K sucht Mieträume und lernt dabei B kennen, der ein Haus baut, dessen Räume er anschließend vermieten will. Um sich die Räume im 1. Stock zu sichern, schließen K und B eine Vereinbarung, dass sie bei Bezugsfertigkeit einen Mietvertrag abschließen wollen.

Kommt es im Anschluss zum Abschluss des Mietvertrags, bezwecken K und B zunächst, ihre Verpflichtungen aus dem vorher geschlossenen Vorvertrag zu erfüllen (Primärverpflichtung)[421]. Die Besonderheit besteht darin, dass

---

[415] Kress AS § 5, 2 a.

[416] Zeiss AcP 164, 50 (64).

[417] Vgl. 1. Kapitel D. V. 4.

[418] Die Erfüllung der entsprechenden Verpflichtung aus dem Deckungs- bzw. aus dem Valutaverhältnis.

[419] vgl. auch Zeiss AcP 164, 50 (64), der von einer nur scheinbaren Kumulation spricht für diese Fälle.

[420] Entnommen aus Köhler Prüfe dein Wissen BGB AT Fall 103 S. 161.

[421] Zur Erfüllung der Verpflichtung aus dem Vorvertrag durch Abschluss des Hauptvertrags Staudinger-Bork Vorbem 68 zu §§ 145 ff; Brüggemann JZ 68, 201 (206) sieht im Vorvertrag den Rechtsgrund für den Hauptvertrag. Überträgt man dies auf einen subjektiven Rechts-

Leistungsgegenstand der vorvertraglichen Verpflichtung der Abschluss eines weiteren Vertrags ist. Dies ändert aber zunächst nichts daran, dass die Bewirkung der geschuldeten Leistung (Abschluss des Mietvertrags) zur Erfüllung der Verpflichtung und damit mit causa solvendi vorgenommen wird. Mit dem Abschluss des Mietvertrags (Sekundärverpflichtung) bezwecken K und B aber noch etwas anderes als die Erfüllung der Primärverpflichtung aus dem Vorvertrag. Wie bei jedem anderen Mietvertrag auch wollen K und B mit der Begründung ihrer eigenen Verpflichtung die Forderung auf die Gegenleistung erwerben. Daher bezwecken beide mit der Hingabe ihrer Verpflichtungen gegen die Erlangung einer Forderung einen Austausch von Vermögensteilen. Leistungszweck der Zuwendungen (Verpflichtung aus dem Mietvertrag) ist auch die causa acquirendi[422].

Zum selben Ergebnis kommt, wer die Rechtsfigur der doppelten Tilgungsbestimmung anerkennt[423], da in diesen Fällen derjenige, der die tatsächlich wahrnehmbare Güterverschiebung vornimmt, nicht nur eine eigene Verpflichtung sondern auch eine fremde Verpflichtung tilgt. Die Güterverschiebung ist dann Leistung auf eigene und auf fremde Schuld. Besteht der Gegenstand der Güterverschiebung in der Begründung eines weiteren Schuldverhältnisses, etwa eines Mietvertrags, bezweckt der Zuwendende mit der Hingabe seiner Verpflichtung die Erlangung der Forderung auf die Gegenleistung, so dass sogar noch ein dritter Zweck – der Austauschzweck – mit der Güterverschiebung verbunden wird.

Unter diese Kombinationsmöglichkeit fällt auch das Zusammentreffen von Sicherungszweck und Erfüllungszweck bei der Überlassung des Sicherungsmittels, da der Drittsicherer zum einen seine Verpflichtung aus dem Geschäftsbesorgungsvertrag mit dem Schuldner erfüllen will. Zum anderen bezweckt er die Sicherung der Forderung des Gläubigers aus dessen Schuldverhältnis mit dem Schuldner. Hier werden daher zwei Abwicklungszwecke kombiniert.

---

grundbegriff, so besteht der Rechtsgrund für den Abschluss des Hauptvertrags im Erfüllungszweck hinsichtlich der Verpflichtungen aus dem Vorvertrag.

[422] v. Tuhr AT II/2 § 72 II 3 unterscheidet zwischen dem ersten, unmittelbaren Zweck (primäre causa) und anderen weiter entfernt liegenden Beweggründen für die Vornahme einer Leistung. Letztere sind grundsätzlich als Motive unbeachtlich. In der Abwicklung soll es aber neben den primären Zwecken auch Motive geben, die rechtlichen Charakter für die Zuwendung haben (sog. sekundäre causa), v. a. bei Zuwendungen sicherheitshalber, deckungshalber und zahlungshalber. Auf das obige Beispiel angewandt wäre primäre causa der Austauschzweck und sekundäre, weil weiter entferntere causa der Erfüllungszweck.

[423] Castellvi WM 95, 868 (869), Einsele Anmerkung zu BGH JZ 99, 464 (467); Horn FS Brandner S. 623 (628); Bülow Recht der Kreditsicherheiten Rn. 1359; problematisch erscheint dabei vor allem, ob es genügt, dass der Zuwendende a u c h eine fremde Schuld tilgen will oder ob der Fremdtilgungswille ausschließlich sein muss; für ersteres BGHZ 70, 389 (396); BGH NJW 64, 1898 (1899).

2. Rechtliche Mittel zur Zweckkombination

Verfolgt der Zuwendende mit der Güterverschiebung mehrere Zwecke, so drängt sich die Frage auf, wie die Zwecke zueinander stehen, insbesondere welche Bedeutung ihre Verfehlung für die Zuwendung hat. Dazu sollen die verschiedenen Möglichkeiten der Zweckkombination dargestellt werden.

a) Bedingung

Wie schon gesagt, knüpfen die an einer Güterverschiebung Beteiligten an diese eine Unzahl von individuellen Erwartungen und Vorstellungen. In der Regel bestehen diese Beweggründe, die jemanden zum Handeln veranlassen, nur einseitig, da jeder verschiedene Erwartungen an die Güterverschiebung stellt. Dabei will der Partner, selbst wenn er von ihnen Kenntnis hat, in den wenigsten Fällen das Risiko für die Verwirklichung der einseitigen Beweggründe des anderen Teils übernehmen, da sie meist den eigenen Interessen konträr gegenüber stehen, wie sich leicht nachvollziehen lässt, wenn man sich die Beweggründe des Käufers und des Verkäufers beim Abschluss eines Kaufvertrags vorstellt[424]. Die einseitigen Beweggründe stellen bloße Motive dar, deren Verfehlung ohne Auswirkung auf die Güterverschiebung bleibt[425].

Die grundsätzliche Unerheblichkeit der einseitigen Motive wird aber dann durchbrochen, wenn es durch Vereinbarung zum Inhalt des Rechtsgeschäfts gemacht wird, da dann durch die Einigung Bindungswirkung für den anderen Teil eintritt. Diesem wird das Risiko der Verfehlung aufgebürdet[426]. Hauptinstrument für die Erhebung eines atypischen Zwecks zum Inhalt des Rechtsgeschäfts ist die Vereinbarung einer aufschiebenden oder auflösenden Bedingung[427], §§ 158 BGB. Mit der Vereinbarung einer Bedingung erlangt ein Umstand Bedeutung für das Rechtsgeschäft, der nicht typischer Leistungszweck des Rechtsgeschäfts ist. Die Bedingung tritt immer zusätzlich zum typischen Leistungszweck auf, so dass im Folgenden das Zusammenspiel der Bedingung und des typischen Leistungszwecks dargestellt werden soll.

Die Vereinbarung einer Bedingung macht das Wirksamwerden (aufschiebende Bedingung) oder den Fortbestand eines Rechtsgeschäfts (auflösende Bedingung) vom Eintritt oder Nichteintritt künftiger Umstände abhängig[428], oh-

---

[424] Der Käufer will die Kaufsache vielleicht zu einem bestimmten Zweck verwenden, etwa als Geburtstagsgeschenk. Fällt die Party aus, wird der Verkäufer in den meisten Fällen nicht bereit sein, die Sache zurückzunehmen, da er das Risiko für die Verwendung der Sache zu einem bestimmten Zweck nicht übernehmen wollte. Er war möglicherweise froh, endlich einen Käufer gefunden zu haben.

[425] Vgl. 2. Kapitel D. II. 1.

[426] Kress AS § 5, 2 a; v. Tuhr AT II/1 § 52 III; Kegel FS Mann S. 57 (59 ff).

[427] v. Tuhr AT II/2 § 80 I.

[428] Medicus AT Rn. 824; v. Tuhr AT II/2 § 80 I; Flume AT II § 38, 1 a.

ne aber eine Verpflichtung zu einem bestimmten Verhalten zu begründen[429]. Die Bedingung ist Ausfluss der Privatautonomie, die den Parteien die Freiheit gibt, Bestandteile ihres Motivationsprozesses, der zum Abschluss des Rechtsgeschäfts geführt hat, zur Geltungsvoraussetzung für dieses zu machen und damit das Geschäft zukünftigen Entwicklungen anzupassen[430].

Eine Entscheidung über die Bedingung fällt, wenn sich das ungewisse Ereignis verwirklicht oder endgültig ausbleibt, d. h. die Bedingung eintritt oder ausfällt[431]. Vor Bedingungseintritt galt die vereinbarte Regelung ohne die Modalität der Bedingung, mit Bedingungseintritt ändert sich die Rechtslage entsprechend der Bedingung, und mit Bedingungsausfall festigt sich die bisherige Rechtslage in eine endgültige[432]. Die Besonderheit der Bedingung besteht darin, dass der Eintritt oder Ausfall der Bedingung die Rechtsfolgen unmittelbar (ipso iure) eintreten lässt. Ein weiterer Akt der Parteien ist nicht nötig.

Die Auswirkungen des Bedingungseintritts oder –ausfalls auf den typischen Leistungszweck sollen anhand eines Beispiels erklärt werden. Vereinbart A mit B, dessen Auto unter der aufschiebenden Bedingung zu kaufen, dass A bei der nächsten Ziehung im Lotto gewinnt, hat der noch ungewisse Lottogewinn unmittelbare Auswirkung darauf, ob der Kaufvertrag wirksam wird. Der Käufer A macht seine Zuwendung (Verpflichtung zur Zahlung des Kaufpreises) nicht allein vom Erwerb einer Gegenforderung auf Übereignung und Übergabe der Kaufsache abhängig, sondern knüpft den Austausch an eine weitere Voraussetzung, deren Verwirklichung noch ungewiss ist. Der Austauschzweck kann dabei nur erreicht werden, wenn die Bedingung eintritt. Tritt die Bedingung nicht ein, kommt es zu keinem Austausch der Verpflichtungen, so dass auch keine Vermögensmehrung stattfindet, § 158 I BGB. Wird in einem zweiten Schritt auf die vermeintlichen Verpflichtungen zu deren Erfüllung geleistet, erfolgen die Leistungen ohne Rechtsgrund, so dass sie nach § 812 I 1 Fall 1 BGB zurückgefordert werden können. Ein Rechtsgrund bestand zu keinem Zeitpunkt.

Bei der auflösenden Bedingung wird nicht die Entstehung, sondern das Fortbestehen eines Rechtsgeschäfts von einem ungewissen Ereignis abhängig gemacht, § 158 II BGB. B verkauft dem A sein Auto. A soll das Auto zurückgeben müssen, wenn er wieder Lotto spielt. Der Kaufvertrag kommt zunächst wirksam zustande, wenn der Austauschzweck erreicht wird, d. h. beide Parteien

---

[429] v. Tuhr AT II/2 § 80 I; das gilt auch dann, wenn das künftige Ereignis in einem Verhalten besteht, z. B. Schenkung unter der Bedingung, dass der Beschenkte im nächsten Jahr heiratet. Eine Pflicht zur Heirat besteht dann nicht, aber an deren Nichtvornahme knüpfen sich Rechtsfolgen an.

[430] Larenz/Wolf AT § 50 Rn. 1; MüKo-Westermann § 158 Rn. 50; Brox AT Rn. 483.

[431] Medicus AT Rn. 833; Larenz/Wolf § 50 Rn. 40; v. Tuhr AT II/2 § 82 I.

[432] MüKo-Westermann § 158 Rn. 38; zu dem Schwebezustand vor Bedingungseintritt vgl. Larenz/Wolf AT § 50 Rn. 44.

für die Hingabe ihrer Verpflichtung eine Forderung auf die Gegenleistung erlangen. Die Leistungen von A und B auf die Verpflichtungen erfolgen mit Rechtsgrund, da sie mit causa solvendi vorgenommen werden. Die vereinbarte Bedingung erlangt erst Bedeutung, wenn sie eintritt, d. h. A wieder Lotto spielt. Nach § 158 II BGB endet mit Bedingungseintritt die Wirkung des Rechtsgeschäfts ‚Kaufvertrag', d. h. der Kaufvertrag entfällt ex nunc[433]. Auch wenn hier zunächst mit dem wirksamen Kaufvertrag der Austausch der Verpflichtungen stattgefunden hat, sollte dieser nur solange bestehen bleiben, wie das ungewisse Ereignis nicht eintritt. Mit Bedingungseintritt entfällt daher der Austausch der Verpflichtungen aus dem Kaufvertrag unmittelbar, ohne dass dazu eine besondere Rückgewähr erforderlich wäre.

Problematischer gestaltet sich die Rückgewähr der Leistungen auf die Verpflichtungen, wenn diese im Schwebezustand, d. h. vor Bedingungseintritt, erfolgt sind, da der mit ihnen verfolgte Erfüllungszweck eingetreten ist. Auch wenn der Kaufvertrag mit der Erfüllung der geschuldeten Leistungen abgewickelt wurde, entfaltet er für das Behaltendürfen der Leistungen über die einmalige Vornahme der Leistungsbewirkung Bedeutung. So wie bei der Beendigung eines Dauerschuldverhältnisses, z. B. der Miete, die Berechtigung des Mieters zum Gebrauch der Mietsache entfällt, so entfällt beim auflösend bedingten Kaufvertrag mit Bedingungseintritt die Berechtigung, die Sache weiter als Eigentümer zu nutzen[434]. Der Käufer muss sich hinsichtlich der empfangenen Leistung so behandeln lassen, wie er stünde, wenn im Moment der Leistung der Kaufvertrag nicht bestanden hätte, d. h. ein Austausch der Verpflichtungen nicht stattgefunden hätte. Dann wäre der mit der Übereignung der Kaufsache verfolgte Erfüllungszweck nicht erreicht worden. Die Leistung wäre rechtsgrundlos.

Für diese Situation enthält das BGB in § 812 I 2 Fall 1 eine Vorschrift zur Rückabwicklung von Leistungen, deren Rechtsgrund aufgrund eines nachträglichen Umstandes weggefallen ist.

Abschließend ist festzustellen, dass die Vereinbarung einer Bedingung eine Wirksamkeitsvoraussetzung für die Vornahme oder den Fortbestand einer Güterverschiebung ist. Bei der *aufschiebenden* Bedingung kommt es zu gar keiner Güterverschiebung, wenn die Bedingung nicht eintritt. Der Eintritt der *auflösenden* Bedingung lässt die Güterverschiebung dagegen nachträglich entfallen. Die Bedingung hat kausale Wirkung für die Güterverschiebung. Eine Rückforderungsproblematik stellt sich nicht für das bedingte Rechtsgeschäft selbst, sondern nur für Leistungen auf das bedingte Verpflichtungsgeschäft, wenn die Bedingung nicht eintritt.

---

[433] Vgl. statt vieler Larenz/Wolf AT § 50 Rn. 48; Flume AT II § 40, 2.
[434] Larenz/Wolf § 50 Rn. 50 f.

b) Auflage

Die Auflage ist eine Rechtsfigur des Schenkungsrechts § 525 BGB und des Erbrechts §§ 2192 ff BGB, mit der anders als bei der Bedingung eine Verpflichtung des mit der Auflage Belegten zur Vornahme einer Leistung begründet wird[435]. Der Auflage soll hier als Sonderform des Schenkungs- und Erbrechts nicht weiter nach gegangen werden.

c) Zweckmischung

Unter der Zweckmischung versteht man die Vornahme einer Zuwendung zu mehreren typischen Zwecken, wobei sich diese auf gleicher Stufe gegenüber stehen[436]. Als Beispiel für eine solche Zweckmischung dient die gemischte Schenkung, bei der das einheitliche Rechtsgeschäft in einen unentgeltlichen und einen entgeltlichen Teil zerlegt wird[437]. Für die rechtliche Beurteilung wird das Rechtsgeschäft entsprechend der verfolgten Zwecke zerlegt[438]. Soweit eine Teilung nicht möglich oder nicht durchgehalten werden kann, setzt sich das Element durch, das für das Schuldverhältnis von größerer Bedeutung ist[439].

d) Zweckstaffelung

Neben der Zweckmischung, bei der die mit einer Leistung verbundenen Zwecke jeweils nur Teile der einheitlichen Zuwendung erfassen, kommt bei der Verfolgung mehrerer Zwecke mit der ganzen Zuwendung eine Zweckstaffelung in Betracht. Unter dieser versteht man Fälle, in denen dem normalen Zweck ein weiterer Zweck angestaffelt oder aufgepfropft wird, ohne jedoch Bedingung zu werden[440].

---

[435] Flume AT § 38, 4; Palandt-Putzo § 525 Rn. 1; dabei unterscheidet sich die Schenkung unter Auflage von der Zweckschenkung dadurch, dass sich bei letzterer die Parteien nicht über eine Verpflichtung des Beschenkten einigten, Westermann FS Kellermann S. 505 (514); zur Zweckschenkung auch Kohlhosser AcP 194, 231 (251 f).

[436] Kress AS § 5, 1 d, § 6, 2 C b; v. Tuhr AT II/2 § 72 II 3.

[437] Der Schenker verpflichtet sich einheitlich eine Sache zu übereignen und zu übergeben, wobei er zum einen Teil die freigebige Vermögensmehrung des Empfängers, zum anderen Teil Austausch bezweckt, Gernhuber Das Schuldverhältnis § 7 V 8; die gemischte Schenkung ist der Paradefall des Typenverschmelzungsvertrags, bei dem in einer einzigen primären Leistungspflicht verschiedene Leistungselemente verbunden werden.

[438] Kress AS § 5, 1 d; eine Ausscheidung der einzelnen Bestandteile gemäß ihrer Zwecke würde dagegen die Einheitlichkeit des Rechtsgeschäfts aufheben. Es lägen verschiedene selbständige Rechtsgeschäfte vor. Zu einer Zweckmischung käme es nicht mehr.

[439] Gernhuber Das Schuldverhältnis § 7 V 8.

[440] Reuter/Martinek Ungerechtfertigte Bereicherung § 5 III 2 a; Liebs JZ 78, 697 (700); Larenz/Canaris SchuldR II/2 § 68 I 3 d; Ehmann NJW 73, 1035; ders. Die Gesamtschuld S. 171 ff; Kress AS § 5, 1 c; Westermann Die causa im französischen und deutschen Zivilrecht S. 217; Fikentscher Schuldrecht Rn. 1108.

aa) Konstruktion der Staffelung

Hier interessiert zunächst, unter welcher Voraussetzung ein solcher weiterer Zweck zu einem angestaffelten Zweck wird. Die Rechtsfolgen, die sich aus der Verfehlung des angestaffelten Zwecks ergeben, bleiben zunächst unbehandelt. Es wurde schon an anderem Ort ausgeführt, dass der Leistende aus den unterschiedlichsten Beweggründen zur Leistung veranlasst wird[441]. Ebenso kann er weitere Erwartungen an die Vornahme der Leistung knüpfen[442]. Seinem Interesse entspräche es, wenn er das Risiko für die Verfehlung dieser Erwartungen auf den anderen Teil übertragen könnte. Davor wird der Empfänger einer Leistung geschützt, indem die Rechtsordnung grundsätzlich jedem Teil die Risikotragung für die mit einer Leistung verfolgten Erwartungen aufbürdet (Gedanke der vertraglichen Risikotragung[443]). Eine abweichende Übertragung des Risikos ist nur dann möglich, wenn die Parteien sich über die Erheblichkeit der Erwartungen oder die Beweggründe einigen, so dass diese Bestandteil des Rechtsgeschäfts werden[444]. Entsprechend verlangen die Vertreter der Anstaffelungstheorie eine Nebenabrede über den weiteren Zweck, durch die dieser Bedeutung erlangt[445]. Wird der angestaffelte Zweck verfehlt, soll dies zu einer bereicherungsrechtlichen Rückerstattung der Güterverschiebung führen, auch wenn der ,normale' Zweck erreicht wurde[446]. Daher müsste Gegenstand der Nebenabrede ein abstrakter Zweck sein, da dessen Verfehlung auf das Zustandekommen der Güterverschiebung ohne Relevanz bleibt und sich erst in dem später zu entscheidenden Stadium des Behaltendürfens auswirkt. Ob die Anstaffelung jeden weiteren Zweck erfasst oder auf atypische Zwecke beschränkt ist, ist hier noch nicht zu entscheiden[447].

---

[441] Vgl. 2. Kapitel D. II. 1. III. 1. a).

[442] Etwa dass der Empfänger die Leistung nur zu einem bestimmten Zweck verwendet oder, dass dieser durch die Leistung eine nicht einklagbare Handlung vornimmt; für Beispiele vgl. Liebs JZ 78, 697 (700); Weber JZ 89, 25.

[443] MüKo-Kramer § 119 Rn. 110.

[444] Die bloße Kenntnis reicht dagegen nicht aus, da erst durch die Einigung eine Bindungswirkung eintritt, Huber JuS 72, 57.

[445] Reuter/Martinek Ungerechtfertigte Bereicherung § 5 III 2 b; Weber JZ 89, 25; Westermann Die causa im französischen und deutschen Zivilrecht S. 215 ff; Ehmann NJW 68, 549; Kühne FamRZ 68, 356 (358); Rohhoeft AcP 163, 215 (225); Simshäuser AcP 172, 19 (35 ff); Scheying AcP 157, 371 (378); Grundlage dieser Nebenabrede ist die Vertragsfreiheit, nach der die Beteiligten jeden Zweck in den Grenzen der §§ 134, 138 BGB zum Inhalt eines Rechtsgeschäfts machen können Liebs JZ 78, 697 (700).

[446] Ehmann NJW 73, 1035; Rothoeft AcP 163, 215 (225), der dies plastisch durch eine Inkongruenz von Form und Füllung erklärt, wobei hier zwar die Form ausgefüllt wird, aber die Leistung der Zweckbestimmung nicht entspricht.

[447] Kress tritt dafür ein, jeden typischen oder atypischen Zweck zu staffeln AS § 5, 1 c.

bb) Kritik an der Zweckstaffelung

Kritik wird an der bereicherungsrechtlichen Relevanz der Zweckstaffelung in vielerlei Hinsicht geübt. Dabei wird eingewandt, mit der Zweckstaffelung würden die Grundkategorien des Schuldrechts[448] missachtet werden, indem zwischen Bedingung und unbeachtlichem Motiv mit dem angestaffelten Zweck ein Drittes eingefügt werde, für das es keinen eigenständigen Raum gebe[449]. Die angebliche Grauzone, in der sich solche Zwecke ansiedeln sollen, die für die Wirksamkeit der Zuwendung unbeachtlich seien, deren Verfehlen aber einen Kondiktionsanspruch auslösen sollen, existiere nicht[450]. Vielmehr halte das BGB mit der Bedingung das geeignete Mittel zur Verfügung, solche Zwecke zu berücksichtigen, deren Eintreten über den normalen Zweck hinaus für das Behaltendürfen der Leistung durch den Empfänger erforderlich sein sollen[451]. Schließlich wäre die Zweckstaffelung mit dem finalen Leistungsbegriff unvereinbar, da dessen Finalität nur in eine Richtung gehen könne[452]. Ausgehend von einem objektiven Rechtsgrund begründe das zugrunde liegende Kausalverhältnis den Rechtfertigungsgrund für das Behaltendürfen der Leistung. Dieser primäre Zweck[453] verliere seine Bedeutung, wenn angestaffelte Zwecke derartig berücksichtigt werden sollen, dass ihre Verfehlung zur Kondiktion führt, obwohl das Kausalverhältnis von der Zweckverfehlung unberührt – d. h. wirksam – bliebe[454]. Deshalb übe der primäre typische Leistungszweck eine Sperrwirkung für die Verfolgung weiterer Zwecke aus, so dass letztere nur über das Institut der Geschäftsgrundlage, § 313 BGB berücksichtigt werden könnten[455].

---

[448] Darunter fallen Motiv, Bedingung, Geschäftsgrundlage, Geschäftszweck und Leistungszweck, vgl. Reuter/Martinek Ungerechtfertigte Bereicherung § 5 III 2 c.

[449] Reuter/Martinek Ungerechtfertigte Bereicherung § 5 III 2 c; Batsch NJW 73, 1639 (1640), der dies mit dem Ausspruch ,tertim non datur' ausdrückt; Söllner AcP 163, 20 (44) unterscheidet zwischen Bedingung und Geschäftsgrundlage; dazu auch Larenz/Canaris SchuldR II/2 § 68 I 3 d; für diese Zwischenstellung Ehmann NJW 73, 1035.

[450] Batsch NJW 73, 1639 (1640).

[451] Reuter/Martinek Ungerechtfertigte Bereicherung § 5 III 2 c; verzichten die Parteien dagegen auf die Vereinbarung einer Bedingung, so soll der Bestand des Rechtsgeschäfts von der Erreichung eines weiteren Zwecks unabhängig sein. Die condictio indebiti ist für diese Fälle ausgeschlossen. Die bereicherungsrechtliche Berücksichtigung der Zweckstaffelung – etwa über § 812 I 2 Fall 2 BGB – würde zu den Rechtsfolgen der condictio indebiti führen, obwohl diese doch ausgeschlossen wurde. Das wäre widersprüchlich.

[452] Reuter/Martinek Ungerechtfertigte Bereicherung § 5 III 2 c; vgl. für die Verfolgung nur eines Leistungszwecks auch Zeiss AcP 164, 50 (64).

[453] Der auch als „der unmittelbar vor der Zuwendung liegende Zweck" bezeichnet wird, v. Tuhr AT II/2 § 72 I.

[454] Reuter/Martinek Ungerechtfertigte Bereicherung § 5 III 2 c.

[455] Zeiss AcP 164, 50 (54 f); v. Tuhr schließt insbesondere für die causa solvendi die Verfolgung jeden weiteren Zwecks aus, AT II/2 § 72 Fn. 80.

cc) Stellungnahme

Die Zweckstaffelung im obigen Sinn erfasst Güterverschiebungen, mit denen über den typischen Zweck hinaus ein weiterer Zweck erreicht werden soll, ohne dass dessen Verwirklichung erzwungen werden könnte. Geht man davon aus, dass die mit einem bestimmten Mittel verfolgte Zweckerreichung die Rechtfertigung für das Behaltendürfen des Mittels (das ist das Zugewendete) darstellt, würden durch die Anstaffelung weiterer Zwecke die Anforderungen an das Behaltendürfen der Zuwendung schärfere Voraussetzungen gestellt werden. Das Zustandekommen der Zuwendung bliebe von der Zweckstaffelung unberührt. Eine Staffelung ist daher nur dann möglich, wenn dadurch eine Verschärfung des Behaltensgrundes einer zunächst wirksamen Zuwendung zulässig ist. Anschließend ist zu fragen, ob bestimmte Zwecke von der Anstaffelung ausgeschlossen sind.

(1) Anstaffelung eines atypischen Zwecks durch abstrakte Zweckvereinbarungen

Abseits der typischen Leistungszwecke verfolgt jede Partei mit einer Güterverschiebung individuelle Belange, die wirtschaftlicher, sozialer oder sonstiger Art sein können, die grundsätzlich als einseitige Motive unbeachtlich bleiben[456]. Diese Beweggründe können in verschiedener Hinsicht die unbeachtliche Motivebene verlassen und Bedeutung für das Rechtsgeschäft erlangen. Ob dies auch durch eine abstrakte Zweckabrede möglich ist, soll im Folgenden geklärt werden.

Zunächst ist fraglich, ob für eine abstrakte Zweckabrede überhaupt Raum besteht, oder ob – wie von der Kritik geltend gemacht – mit der Geschäftsgrundlage und der Bedingung die Tatbestände für die Erheblichkeit von individuellen Beweggründen abschließend geregelt werden.

(a) Abgrenzung zur Geschäftsgrundlage

Unter der Geschäftsgrundlage versteht man „die nicht zum eigentlichen Vertragsinhalt erhobenen, beim Vertragsschluss aber zutage getretenen, dem Geschäftsgegner erkennbaren und von ihm nicht beanstandeten Vorstellungen des einen Vertragsteils oder die gemeinsame Vorstellung beider Teile vom Vorhandensein oder künftigen Eintritt gewisser Umstände, sofern der Geschäftswille auf diesen Vorstellungen aufbaut"[457]. Die Geschäftsgrundlage,

---

[456] Vgl. 2. Kapitel D. II. 1.

[457] S. nur BGHZ 131, 209; 133, 281 (293); BGH NJW 96, 2727; heute findet sich in § 313 BGB eine Regelung der Geschäftsgrundlage im Gesetz selbst, mit der eine gesetzliche Grundlage der bisher nur durch die Rechtsprechung entwickelten Grundsätze. Die bisherigen

die Bedingung und die abstrakte Zweckvereinbarung haben gemeinsam, dass mit ihnen Risiken verteilt werden sollen[458]. Trotz dieser gemeinsamen Intention unterscheidet sich die Geschäftsgrundlage wesentlich von der Bedingung und der abstrakten Zweckvereinbarung.

Mit Bedingungen und Zweckvereinbarungen reagieren die Parteien auf vorausgesehene künftige Veränderungen des Rechtsgeschäfts, indem sie regeln, welche Rechtsfolgen der Eintritt der Veränderung nach sich ziehen soll. Die rechtliche Relevanz der Veränderung resultiert allein aus dem Parteiwillen, mit dem ein unerhebliches Motiv zum Inhalt des Rechtsgeschäfts erhoben wurde[459].

Die Geschäftsgrundlage erfasst dagegen Umstände, die als gegeben vorausgesetzt werden. Deren Veränderung wurde nicht vorausgesehen oder war sogar nicht voraussehbar, so dass für sie auch keine rechtsgeschäftliche Regelung hinsichtlich der Rechtsfolgen getroffen wurden[460]. Um dennoch auf solche Veränderungen reagieren zu können, wurden die Grundsätze des Wegfalls der Geschäftsgrundlage entwickelt. § 313 BGB regelt, wem das Auseinanderfallen von Wirklichkeit und Rechtsgeschäft aufgebürdet werden soll. Da es an einer rechtsgeschäftlichen Regelung fehlt, muss sich die Risikoverteilung an den Kriterien der vertraglich gewollten und der objektiv gerechten Risikoverteilung orientieren[461]. Dabei kommt es nicht auf die Gemeinsamkeit der Vorstellung oder die Kenntnis von der einseitigen Vorstellung des anderen Teils an. Entscheidend für die Erhebung eines unerheblichen Motivs zur Geschäftsgrundlage sind allein objektive Maßstäbe.

Geschäftsgrundlage und Zweckvereinbarung überschneiden sich daher nicht, da mit der Geschäftsgrundlage – im Gegensatz zur Zweckvereinbarung – nur solche Umstände erfasst werden, die nicht Gegenstand des Rechtsgeschäfts geworden sind[462].

(b) Abgrenzung zur Bedingung

Bedingung und eine Zweckvereinbarung über einen angestaffelten Zweck haben zweierlei gemeinsam. Mit der Bedingung wird ebenso wie mit der Zweckvereinbarung ein grundsätzlich unerhebliches Motiv zum Inhalt des

---

Erkenntnisse zur Geschäftsgrundlage können für § 313 BGB angewendet werden, Medicus AT Rn. 857, Lorenz/Riehm Lehrbuch zum neuen Schuldrecht Rn. 388.

[458] Für die Geschäftsgrundlage Larenz/Wolf AT § 38 Rn. 5; für die vertragliche Regelung Medicus AT Rn. 862 und BR Rn. 165 a.

[459] MüKo-Westermann § 158 Rn. 51; Ulmer AcP 174, 167 (181 ff).

[460] Medicus AT Rn. 857; Flume AT II § 26, 3 sieht das Problem der Geschäftsgrundlage in dem Verhältnis von Rechtsgeschäft und Wirklichkeit, auf die es sich bezieht.

[461] MüKo-Westermann § 158 Rn. 51.

[462] Battes AcP 174, 337 (374); Kühne FamRZ 68, 356 (358 Fn. 20); zum fehlenden Überschneiden auch Liebs JZ 78, 697 (702).

Rechtsgeschäfts gemacht. Auch wenn die Vereinbarung einer Bedingung auf eine Verhaltensweise des Empfängers abzielt, wird mit ihr keine entsprechende Verpflichtung begründet, so dass die Verhaltensweise nicht einklagbar ist[463]. Wie bei der Bedingung kann es daher auch bei der Nebenabrede über einen angestaffelten Zweck nicht widersprüchlich erscheinen, dass Zweckabreden, mit denen ein bestimmtes Verhalten des Empfängers herbeigeführt werden soll, keinen einklagbaren Anspruch des Zuwendenden darauf begründen[464]. Bezweckt der Zuwendende den Erwerb einer Forderung im Austausch gegen die eigene Güterverschiebung, handelt es sich dabei um einen typischen Leistungszweck, der nicht zu den hier angesprochenen atypischen Zwecken gehört. Parteien eines Rechtsgeschäfts können aber auf die Verhaltensweise der anderen Partei einwirken wollen, ohne dass es gleich zu einer Verpflichtung kommen soll[465]. An die Vornahme oder die Nichtvornahme des Verhaltens werden dann verschiedene Rechtsfolgen geknüpft. Ein einklagbarer Anspruch auf das Verhalten besteht dagegen nicht, so dass der Zuwendende mit der Vereinbarung eines angestaffelten Zwecks keinen Anspruch auf eine Leistung erwirbt, noch sich der Empfänger zu einer bestimmten Verhaltensweise verpflichtet. Die Zweckabrede und die Bedingung stellen dagegen Umstände dar, die sich auf das Zustandekommen und den Fortbestand einer Güterverschiebung, die zu einem bestimmten typischen Leistungszweck vorgenommen wurden, auswirken. Dabei ist für beide Formen Raum, wenn sich deren Auswirkungen auf die Güterverschiebung wesentlich voneinander unterscheiden.

Die Vereinbarung einer Bedingung schafft bis zum Zeitpunkt des Bedingungseintritts einen Schwebezustand über die Gültigkeit oder Ungültigkeit des Rechtsgeschäfts, indem der Eintritt oder Ausfall der Bedingung unmittelbar auf die Wirksamkeit des Rechtsgeschäfts einwirkt[466]. Die Bedingung ist daher Geltungsvoraussetzung für das Geschäft. Fällt die Bedingung aus, kommt es entweder zu gar keiner Güterverschiebung (aufschiebende Bedingung), oder diese entfällt nachträglich (auflösende Bedingung).

Die Zweckabrede verfolgt dagegen eine andere Bedeutung für das Rechtsgeschäft. Mit ihr soll einer Güterverschiebung über den typischen Leistungszweck ein bestimmter weiterer Zweck beigeordnet werden[467], ohne dass es sich um eine Gültigkeitsvoraussetzung handelt. Die Verfehlung des weiteren Zwecks soll lediglich einen Kondiktionsanspruch auslösen[468]. Mit der Bedingung wie mit

---

[463] Vgl. 2. Kapitel D. III. 2 a).

[464] Die Zweckverfehlung würde nach den §§ 320 ff, 280 ff BGB beurteilt werden, da es sich um eine Gegenleistung für die eigene Zuwendung handelt, v. Caemmerer FS Rabel I S. 333 (346 f).

[465] Vgl. 2. Kapitel D. III. 2.a); für Beispiele Liebs JZ 78, 697 (698 f).

[466] MüKo-Westermann § 158 Rn. 50.

[467] MüKo-Westermann § 158 Rn. 50.

[468] Ehmann NJW 73, 1035.

der Zweckabrede soll auf Veränderungen reagiert werden, deren Eintritt oder Ausfall bei Abschluss des Rechtsgeschäfts und der damit verbundenen Güterverschiebungen ungewiss war. Dabei steht es den Parteien frei, ob sie die so zum Geschäftsinhalt erhobenen Beweggründe abstrakter oder kausaler Art vereinbaren. Während im letzteren Fall eine Güterverschiebung nicht zustande kommt oder entfällt, bleibt sie bei abstrakter Ausgestaltung der Abrede zunächst wirksam, löst aber einen Kondiktionsanspruch aus. Die Bedingung betrifft das wirksame Zustandekommen einer Güterverschiebung, die abstrakte Zweckabrede bezieht sich auf das Behaltendürfen einer wirksamen Güterverschiebung.

Schließen A und B einen Kaufvertrag unter einer Bedingung, erwerben A und B mit Ausfall einer aufschiebenden Bedingung keinen Anspruch, oder ihre zunächst erworbenen Ansprüche erlöschen nachträglich mit Eintritt einer auflösenden Bedingung. Wurde auf die Verpflichtungen geleistet, erfolgte dies im ersten Fall ohne Rechtsgrund. Im zweiten Fall fällt der Rechtsgrund nachträglich weg. Anspruchsgrundlage für die Rückabwicklung sind § 812 I 1 Fall 1 BGB oder § 812 I 2 Fall 1 BGB. Haben A und B dagegen nur eine abstrakte Zweckabrede über den Austauschzweck des Kaufvertrags hinaus vereinbart, wirkt sich deren Verfehlung nicht unmittelbar auf den Kaufvertrag aus. Dieser bleibt zunächst wirksam, kann aber rückabgewickelt werden, so dass die Verfehlung des angestaffelten Zwecks eine Einrede gegen den Anspruch aus dem Kaufvertrag begründet. Die Rückabwicklung der vollzogenen Leistungen erfolgt nach § 813 BGB.

Ein weiterer Unterschied ergibt sich hinsichtlich der Beweislast, falls es zum Streit kommt. Eine aufschiebende Bedingung als Geltungsvoraussetzung für das Zustandekommen des Kaufvertrags muss derjenige beweisen, der einen Anspruch daraus herleitet[469]. Die auflösende Bedingung stellt sich rechtlich als rechtsvernichtende Einwendung des Anspruchsgegners dar, so dass diesen dafür die Beweislast trifft[470]. Die Zweckstaffelung erfolgt dagegen durch die Vereinbarung einer abstrakten Nebenabrede, deren Erreichen oder Verfehlung keinen Einfluss hat auf das Zustandekommen des Kaufvertrags. Der Gläubiger kann seinen Anspruch aus dem Kaufvertrag geltend machen, ohne den Eintritt des weiteren Zwecks beweisen zu müssen. Dessen Verfehlung gewährt dem Schuldner nur eine Einrede, die anders als eine Einwendung nicht von Amts wegen zu berücksichtigen ist.

---

[469] Baumbach/Lauterbach/Albers/Hartmann Anh 77 zu § 286; BGH NJW 85, 497; MüKo-Westermann § 158 Rn. 49; Reinecke JZ 77, 159 (164) (Leugnungstheorie); a.M. Soergel-Wolf Rn. 40 vor § 158 (Einwendungstheorie); MüKo-Prütting ZPO § 286 Rn. 152.

[470] Staudinger-Bork Vorbem 50 zu §§ 158 ff; Soergel-Wolf Rn. 40 vor § 158; MüKo-Prütting ZPO § 286 Rn. 152; a. M. Reinecke JZ 77, 159 (164).

(c) Eigenständige Interessenlage für abstrakte Zweckstaffelung

Wird gegen die Zweckstaffelung vorgetragen, dass es sich dabei neben Motiv und Bedingung um ein Drittes ohne eigenständigen Raum handelt[471], kann dem die unterschiedliche Interessenlage entgegen gehalten werden. Während Motive, die nicht Inhalt des Rechtsgeschäfts geworden sind, über die Geschäftsgrundlage nur dann berücksichtigt werden können, wenn dies dem anderen Teil zumutbar ist, § 313 BGB, wirkt sich die Vereinbarung einer Bedingung unmittelbar, und ohne dass ein weiterer Rechtsakt nötig wäre, auf die Wirksamkeit der Güterverschiebung aus. Das Risiko der Verfehlung wird dem Geschäftsgegner aufgebürdet.

Die Anstaffelung abstrakter Zwecke erhebt zwar auch individuelle Beweggründe zum Geschäftsinhalt, aber, ob deren Verfehlung tatsächlich Bedeutung für die Güterverschiebung erlangt, hängt von den Parteien selbst ab. Wie bei der auflösenden Bedingung ist die Zuwendung zunächst wirksam zustande gekommen. Während diese aber mit Eintritt der Bedingung automatisch entfällt, bedarf es zur Rückabwicklung bei der Verfehlung des angestaffelten Zwecks eines Aktivwerdens durch den Zuwendenden. Dieser kann daher darüber entscheiden, ob es bei der Güterverschiebung trotz Zweckverfehlung bleibt oder nicht. Obwohl in beiden Fällen das Behaltendürfen der Güterverschiebung unter strengere Voraussetzungen gestellt wird, besteht hinsichtlich der Risikoverteilung bei Zweckverfehlung eine wesentliche Abstufung. Diese Zweckstaffelung stellt für den Empfänger eine erhebliche Vergünstigung dar, da dieser, anders als bei der auflösenden Bedingung, trotz Zweckverfehlung Inhaber der Güterverschiebung bleibt. Zu einer Risikotragung durch den Empfänger kommt es daher nur, wenn sich der Zuwendende auf die Zweckverfehlung beruft. Die materielle Interessenlage spiegelt sich prozessual wider, indem der Zuwendende bei der Rückforderung der Güterverschiebung die Beweislast für die Verfehlung des angestaffelten Zwecks trägt.

(2) Staffelung von typischen Leistungszwecken

Zweckstaffelung bedeutet, wie schon ausgeführt, dass dem typischen Leistungszweck ein weiterer Zweck aufgepfropft wird. Eine Zweckstaffelung von typischen Leistungszwecken scheidet dann aus, wenn die Verfolgung eines typischen Leistungszweck eine Ausschlusswirkung für die Verfolgung weiterer typischer Leistungszwecke hat.

Wie schon ausgeführt, stehen sich Austausch- und Liberationszweck konträr gegenüber, da eine Leistung, mit der die Erlangung eines eigenen Vermögensvorteils bezweckt wird, nicht zugleich zur einseitigen und alleinigen

---

[471] Vgl. die vorgebrachte Kritik unter bb).

Mehrung fremden Vermögens, d. h. ohne einen Ausgleich für den Vermögensverlust anzustreben, vorgenommen werden kann[472].

Auch eine Anstaffelung des Austausch- oder Liberationszwecks an einen
Abwicklungszweck ist nicht möglich. Wer mit einer Güterverschiebung ein
Schuldverhältnis abwickeln will, will nicht zugleich das Vermögen des anderen
einseitig vermehren oder einen Ausgleich für seine Güterverschiebung erlangen,
sondern bezweckt entweder die Befreiung von einer Schuld, die Sicherung einer
Forderung oder die Änderung einer Schuld.

Dies steht nicht im Widerspruch zu dem obigen Vorvertragsbeispiels[473].
Dabei bezwecken K und B mit dem Abschluss des Mietvertrags zwar neben der
Erfüllung ihrer Verpflichtungen aus dem Vorvertrag auch den Austausch von
Leistungen, aber der Austauschzweck wird dem Erfüllungszweck nicht derartig
aufgepfropft, dass der Leistende die Erfüllung in der Erwartung vornimmt, einen
Ausgleich für seine Leistung zu erlangen. Der Vollzug der Verpflichtung aus
dem Vorvertrag geschieht allein, um diese zu erfüllen. Dass die Beteiligten mit
dem Vollzug zugleich einen Austausch von Leistungen bezwecken, liegt daran,
dass der Vollzug im Abschluss eines anderen Kausalverhältnisses besteht, das
auf den Austausch von Leistungen gerichtet ist. Der Austauschzweck bezieht
sich allein auf den Abschluss des Mietvertrags. Insoweit ist die Güterverschiebung in mehrer Hinsicht finalisiert, wobei die Finalität nicht auf ein Schuldverhältnis beschränkt ist[474]. Bei der Anstaffelung von Zwecken bezieht sich der
angestaffelte weitergehende Zweck auf dasselbe Schuldverhältnis, so dass nur
ein Bezugspunkt für die Güterverschiebung besteht. Erfolgt der bezweckte Austausch von Leistungen im Hinblick auf ein anderes Schuldverhältnis als das
abzuwickelnde, ist eine Kombination der beiden Zwecke möglich, da dann
verschiedene Bezugspunkte für die jeweilige Finalität bestehen. Es liegen dann
auch zwei Leistungen vor, für die sich die Rückabwicklung bei Zweckverfehlung getrennt darstellt. Wird der Austauschzweck verfehlt, richten sich die
Rechtsfolgen nach den §§ 280 ff, 320 ff BGB. Bei Verfehlung des Abwicklungszwecks erfolgt die Rückforderung nach § 812 I 1 Fall 1 BGB.

Ausgeschlossen ist auch eine Staffelung von Abwicklungszwecken, da
eine Leistung dasselbe Schuldverhältnis nicht etwa zugleich erfüllen und sichern
kann. Sicherung und Erfüllung sind zwei völlig verschiedene Zwecke[475]. Wird

---

[472] Verpflichtet sich A, dem B eine Sache zu schenken, kann nicht zugleich die Erlangung
eines Anspruchs auf eine Gegenleistung für die Übereignung (etwa ein Entgelt, da dann Kauf
vorliegt) bezwecken. Es ist durch Auslegung der Vereinbarung zu bestimmen, was die Partei-
en vereinbart haben. Denkbar ist eine gemischte Schenkung, bei der die Leistungszwecke
Austausch und Liberation aber nicht gestaffelt werden, sondern sich jeweils auf einen Teil der
einheitlichen Leistung beziehen. Vgl. 1. Kapitel D. III. 2. c) m. w. N.

[473] Vgl. 2. Kapitel D. III. 1. b) (2).

[474] Rothoeft AcP 163, 215 (227).

[475] Buchholz ZIP 87, 891 (896).

einem Gläubiger für eine Forderung ein Sicherungsmittel überlassen, bezweckt der Überlassende nicht die Erfüllung dieser Forderung, sondern die Schadloshaltung des Gläubigers, falls dieser mit der gesicherten Forderung ausfällt. Er soll sich bei Realisierung des abgedeckten Risikos auf andere Weise, i. e. durch Verwertung des Sicherungsmittels, Befriedigung verschaffen können. Bezweckt der Leistende dagegen die Erfüllung einer Verpflichtung, so tritt bereits mit der Güterverschiebung Befriedigung beim Gläubiger ein. Sicherung und Erfüllung mittels einer Zuwendung bezogen auf dasselbe Kausalverhältnis scheiden daher aus. Im Ergebnis ist festzuhalten, dass typische Leistungszwecke nicht gestaffelt werden können.

Insoweit ist die Kritik an der Zweckstaffelung berechtigt, die eine Sperrwirkung des Primärzwecks oder besser des typischen Leistungszwecks für die Verfolgung weiterer typischer Leistungszwecke annimmt, soweit es sich um dasselbe Schuldverhältnis handelt.

3. Anwendbarkeit auf die Sicherungsüberlassung

Eine Anstaffelung von Erfüllungs- und Sicherungszweck bezogen auf dasselbe Schuldverhältnis ist ausgeschlossen. Sicherungszweck und Erfüllungszweck können aber auf andere Weise hinsichtlich einer Güterverschiebung auftreten. Hat sich der Drittsicherer verpflichtet, dem Gläubiger der persönlichen Forderung eine Sicherheit zu überlassen, bezweckt er mit der anschließenden Güterverschiebung in Form der Überlassung neben der Sicherung einer Forderung auch die Erfüllung seiner Verpflichtung.

a) Unbeachtlichkeit eines Zwecks

Die Frage nach dem Verhältnis von Sicherungs- und Erfüllungszweck stellt sich nicht, wenn einer der Zwecke unbeachtlich ist.

aa) Unbeachtlichkeit des Erfüllungszwecks

Schon an anderer Stelle wurde diskutiert, ob der Erfüllungszweck als typischer Leistungszweck abzulehnen ist[476]. Als Hauptargument für die Unbeachtlichkeit des Erfüllungszwecks wird dessen Farblosigkeit angeführt, die dazu führe, dass der Erfüllungszweck für die Frage des Behaltendürfens einer Leistung zwar bei seiner Verfehlung, nicht aber bei seiner Verwirklichung, Bedeutung hätte[477].

---

[476] Vgl. 1. Kapitel D. II 4. b) bb) (3).

[477] Kupisch JZ 85, 101 (102), der dies konsequenterweise als „kein schönes Ergebnis" bezeichnet; Kupisch führt als Beispiel die schenkweise Zuwendung einer abstrakten Forderung (Schuldversprechen gemäß § 780 BGB) auf.

Was darunter zu verstehen ist, soll an dem obigen Beispiel erläutert werden[478]. Die Eingehung des Hauptvertrags geschieht, wie schon erläutert, zur Erfüllung der Verpflichtung aus dem Vorvertrag. Dabei ist der Vorvertrag trotz Verfehlung des Erfüllungszwecks auch bei Unwirksamkeit des Hauptvertrags wirksam, da dieser abstrahiert ist von dem Erfüllungszweck. Die Verfehlung des Erfüllungszwecks führt aber zur Kondizierbarkeit des Hauptvertrags[479]. Wurden die wirksamen Verpflichtungen des Hauptvertrags erfüllt, sind diese Leistungen trotz Erreichen des Erfüllungszwecks kondizierbar, so dass der Erfüllungszweck trotz Verwirklichung unbeachtlich bleibt. Der Erfüllungszweck gibt dem Empfänger keinen Behaltensgrund für die Leistung.

Ist dagegen auch der Hauptvertrag unwirksam, so konnte der mit der Leistung auf dessen Verpflichtungen verfolgte Erfüllungszweck nicht erreicht werden. Die Verfehlung des Erfüllungszwecks führt zur Kondiktion der Leistungen. Im Ergebnis scheint der Erfüllungszweck hinsichtlich seiner Verwirklichung nicht kondiktionshemmend und hinsichtlich seiner Verfehlung kondiktionsauslösend zu sein. Darin liegt scheinbar ein Widerspruch. Allerdings wird dabei übersehen, dass die Verwirklichung des Erfüllungszwecks nach §§ 812, 813 I BGB nur dann kondiktionshemmend ist, wenn zusätzlich zum Eintritt der Erfüllung der zu erfüllende Anspruch nicht dauerhaft mit einer Einrede behaftet war. Das Gesetz hilft mit § 813 I BGB über das Bestehen eines Rechtsgrundes hinweg, indem es die Rechtsgrundlosigkeit mit der dauerhaften Hemmung der Geltendmachung des Anspruch wegen einer Einrede gleichsetzt[480]. War der Anspruch aus dem Hauptvertrag wegen der Unwirksamkeit des Vorvertrags kondizierbar, so war dessen Geltendmachung dauerhaft einredebehaftet. Wurde trotzdem auf den Anspruch geleistet, kann die Leistung nach § 813 I BGB zurückverlangt werden. Ein Widerspruch besteht nicht.

Der Erfüllungszweck ist als Leistungszweck nicht unbeachtlich.

bb) Unbeachtlichkeit des Sicherungszwecks

Ein Verhältnisproblem ergibt sich auch dann nicht, wenn der Sicherungszweck für die Überlassung des Sicherungsmittels unbeachtlich ist. Das ist aber abzulehnen. Die Beachtlichkeit des Sicherungszwecks für die akzessorischen Sicherungsmittel ergibt sich bereits aus den gesetzlichen Tatbeständen, die für diese Art von Sicherungsmittel allesamt eine zu sichernde Forderung voraus-

---

[478] Vgl. 2. Kapitel D. III. 1. b): K sucht Mieträume und lernt dabei B kennen, der ein Haus baut, dessen Räume er anschließend vermieten will. Um sich die Räume im 1. Stock zu sichern, schließen K und B eine Vereinbarung, dass sie bei Bezugsfertigkeit einen Mietvertrag abschließen wollen. Als es soweit ist, schließen sie den Mietvertrag.

[479] Dazu auch Staudinger-Bork Vorbem 68 zu §§ 145 ff; Gernhuber bezeichnet den Vorvertrag als die causa des Hauptvertrags, Das Schuldverhältnis § 27 I 5.

[480] so auch Weitnauer JZ 85, 555 (557) in seiner Kritik an Kupisch JZ 85, 101 ff.

setzen. Mit der gesetzlichen Anordnung der Akzessorietät wird das Schicksal des Sicherungsmittels an das der Forderung gebunden[481], so dass akzessorische Sicherungsmittel nur zur Sicherung einer Forderung eingesetzt werden können. Da die Akzessorietät nicht abdingbar ist[482], ist der Sicherungszweck für diese stets beachtlich.

Bei den Rechtsformen der nichtakzessorischen Sicherungsmitteln fehlt es an der gesetzlichen Anordnung der Akzessorietät. Auch wenn diese nach ihrer gesetzlichen Konzeption nicht zwingend zur Sicherung einer Forderung eingesetzt werden, so ist dies doch möglich[483]. In diesem Fall erlangt der Sicherungszweck auch für diese Rechtsformen Bedeutung. Der Sicherungszweck ist für sie nicht unbeachtlich[484].

Wie er allerdings für die nichtakzessorischen Sicherungsmittel Bedeutung erlangt und welche Konsequenzen sich daraus ergeben, soll hier noch unbeachtlich bleiben.

b)   Verhältnis von Sicherungszweck und Erfüllungszweck zueinander

Scheidet aus obigen Gründen eine Staffelung von Sicherungs- und Erfüllungszweck aus, muss noch geklärt werden, in welchem Verhältnis sie zueinander stehen. Bei genauer Betrachtung fällt auf, dass sich die beiden Zwecke auf verschiedene Schuldverhältnisse beziehen, indem einerseits eine Verpflichtung des Drittsicherers erfüllt, und eine davon getrennt bestehende Verpflichtung des Schuldners gesichert werden soll. Die doppelte Finalität der Zuwendung beruht auf zwei voneinander unabhängigen Schuldverhältnissen, so dass es sich um zwei selbständige Leistungen im rechtlichen Sinn handelt. Die Zweckstaffelung im obigen Sinn hängt dagegen einer einzigen Leistung einen weiteren Zweck an, ohne dass sich der Bezugspunkt der Finalität ändert. Aufgrund der unterschiedlichen Bezugspunkte für die mit der Überlassung eines Sicherungsmittels verfolgten Zwecke werden diese nicht gestaffelt, sondern stehen unabhängig nebeneinander.

Der Erfüllungszweck kann nur erreicht werden, wenn die Verpflichtung des Drittsicherers zur Leistung besteht. Sicherung ist dagegen nur solange und soweit möglich, wie eine zu sichernde Forderung entstanden ist und fortbesteht. Dafür ist allein das Kausalverhältnis zwischen Schuldner und Gläubiger verantwortlich, dem die gesicherte Forderung entstammt.

---

[481] Lettl WM 00. 1316 (1325); Habersack AcP 198, 152 (153); Medicus JuS 71, 497.

[482] Schmidt FS Serick S. 329 (331).

[483] Beispielhaft für die Nichtakzessorietät der Grundschuld Buchholz Jura 90, 300 (305).

[484] Schnauder WM 00, 2073 (2075 f); v. Tuhr AT II/2 § 73 I Fn. 6, der den Sicherungszweck auch bei nichtakzessorischen Sicherungsrechten annimmt; Baur/Stürner Sachenrecht § 36 Rn. 59.

Im weiteren interessiert allein, welche Rechtsfolgen an die Verfehlung des Sicherungszwecks geknüpft werden.

IV. Auswirkungen bei Verfehlung des Sicherungszwecks

Wie schon ausgeführt[485], wird der mit der Überlassung des Sicherungsmittels verfolgte Sicherungszweck verfehlt, wenn die zu sichernde Forderung zu keinem Zeitpunkt entstanden ist oder aber später wegfällt, da dann der zur Sicherung erforderliche Bezugspunkt fehlt. Im Folgenden soll der Frage nachgegangen werden, wie sich Verfehlungen des Sicherungszwecks auf das Sicherungsmittel auswirken. Anschließend werden die Rechtsfolgen der Inanspruchnahme des Drittsicherers aus dem Sicherungsmittel trotz Verfehlung des Sicherungszwecks geklärt.

1. Auswirkungen auf das Sicherungsmittel

Allein dem Umstand, dass die Überlassung der Sicherungsmittel zur Sicherung einer Forderung dient, kann nicht entnommen werden, welche Auswirkungen die Zweckverfehlung auf das Sicherungsmittel hat. Wie bei jedem anderen Rechtsgeschäft, mit dem ein bestimmter Leistungszweck verfolgt wird, besteht auch hinsichtlich des Sicherungszwecks die Alternative einer kausalen und einer abstrakten Ausgestaltung der Sicherungsgeschäfte. Um die Auswirkungen der Zweckverfehlung zu bestimmen, muss geklärt werden, ob es sich bei den einzelnen Sicherungsmittel um kausale oder abstrakte Rechtsgeschäfte handelt.

a) Vorbemerkungen

Eine Güterverschiebung trotz Zweckverfehlung findet nur dann statt, wenn die Wirksamkeit des Rechtsgeschäfts von der Zweckerreichung abstrahiert wurde. Die Abstrahierung geht aber nicht soweit, dass die Zweckerreichung für die Güterverschiebung gar keine Bedeutung mehr hätte. Vielmehr soll die Vermögensmehrung beim Empfänger nur dauerhaft eintreten, wenn der mit ihr verfolgte Zweck auch erreicht wurde[486]. Die Zweckerreichung gewährt ihm einen Behaltensgrund. Wurde der Zweck dagegen nicht erreicht, oder fällt er später weg, kann der Leistende die Leistung zurückverlangen[487]. Bei den kausalen Geschäften fehlt es dagegen bereits an einer Güterverschiebung, so dass es einer späteren Rückabwicklung nicht bedarf.

---

[485] Vgl. oben 2. Kapitel D. I. 2.

[486] Kress AS § 5, 2 c.

[487] Rechtsgrundlage ist dafür ein Anspruch aus ungerechtfertigter Bereicherung, §§ 812 ff BGB, soweit keine spezial gesetzlichen oder vertraglichen Ansprüche bestehen, v. Caemmerer FS Rabel I S. 333 (342).

Will man die Auswirkungen bestimmen, die sich aus der Verfehlung des Sicherungszwecks auf die Überlassung des Sicherungsmittels ergeben, muss geklärt werden, ob es sich bei dem Erreichen des Sicherungszwecks um eine Wirksamkeitsvoraussetzung für das jeweilige Sicherungsmittel handelt. Dabei steht es den Parteien grundsätzlich frei, ob sie die Zweckerreichung zur Wirksamkeitsvoraussetzung für die Güterverschiebung machen oder eben nicht[488]. Der Zuwendende wird regelmäßig ein gesteigertes Interesse daran haben, dass die Güterverschiebung erst eintritt, wenn der von ihm damit verfolgte Zweck auch erreicht ist. Der Gläubiger ist dagegen an der Abstrahierung des Rechtsgeschäfts von der Zweckerreichung interessiert, da es dann unabhängig von dieser zunächst zu einer Vermögensmehrung kommt. Streitigkeiten darüber werden nicht in einem Leistungsprozess, sondern in einem Rückforderungsprozess verlagert, den der Schuldner als Kläger führen muss. Dies führt zu einer für den Gläubiger günstigeren Beweislastumkehr[489].

Die freie Vereinbarkeit ist dann ausgeschlossen, wenn der Gesetzgeber selbst eine ausschließliche oder eine abschließende Regelung darüber getroffen hat.

b) Bedeutung der Akzessorietät und der Nichtakzessorietät von Sicherungsmitteln für die Rechtsgrundabhängigkeit

Eine entsprechende ausdrückliche Regelung über die kausale oder abstrakte Art des Sicherungszwecks durch den Gesetzgeber fehlt. Die Rechtsordnung unterscheidet allein zwischen akzessorischen und nichtakzessorischen Sicherungsmitteln. Fraglich ist, ob aus der Akzessorietät und der Nichtakzessorietät der Sicherungsmittel Rückschlüsse auf die Kausalheit oder Abstraktheit der Sicherungsmittel gezogen werden können. Allein aus der Sicherungsfunktion der Sicherungsmittel folgt nicht zwingend, dass sie hinsichtlich ihrer Wirksamkeit von der Erreichung des Sicherungszwecks abhängig sein müssen. Um die Abhängigkeit zu bestimmen, soll im Folgenden zunächst der Begriff der Akzessorietät erläutert werden, um ihn anschließend in einen Zusammenhang mit der Rechtsgrundabhängigkeit stellen zu können.

aa) Begriff der Akzessorietät und der Nichtakzessorietät

Unter Akzessorietät versteht man die unmittelbare Verknüpfung des Sicherungsmittels mit der gesicherten Forderung hinsichtlich Entstehung, Umfang,

---

[488] Kress AS § 5, 2 c, der annimmt, die kausale Ausgestaltung von Zuwendungen entspreche der natürlichen wirtschaftlichen Denkungsart der Menschen.

[489] Zum Effekt der Beweislastumkehr durch Abstraktion Gernhuber Das Schuldverhältnis § 18 III, 2; Schnauder WM 00, 2073 (2076); Nielsen ZIP 82, 253 (257).

Zuordnung, Durchsetzung und Erlöschen[490]. Kennzeichnend für die Akzessorietät ist die einseitige Abhängigkeit eines Rechts von einem anderen, die auch darin einen Ausdruck findet, dass die beteiligten Rechte als führendes und geführtes Recht bezeichnet werden[491]. Obwohl beide Rechte auf dasselbe Ziel, die Befriedigung des Gläubigers, gerichtet sind, bestimmt das Gesetz die Gläubigerstellung und die Voraussetzungen für die Befriedigungserlangung allein für das führende Recht und erstreckt diese Regelung durch die Anordnung der Akzessorietät auf das geführte Recht[492]. Mit der Anordnung der Akzessorietät schlagen sich Veränderungen des führenden Rechts unmittelbar auf das abhängige Recht durch, so dass aufgrund einer rechtstechnischen Vereinfachung ein Gleichlauf der beiden Rechte gewährleistet wird[493].

Die Akzessorietät findet sich für die Bürgschaft in §§ 765, 767, 768 BGB, für die Hypothek in §§ 1113 I, 1137, 1138, 1153, 1163 I BGB für das Pfandrecht in §§ 1204, 1211, 1250, 1252 BGB. Exemplarisch für die akzessorischen Sicherungsmittel kommt der Bürgschaftsvertrag nur dann wirksam zustande, wenn die gesicherte Forderung besteht. Die Forderung bestimmt unmittelbar den Haftungsumfang des Bürgen, so dass sich Veränderungen der gesicherten Forderung – Erweiterungen aber nur nach § 767 I 2 BGB – auf die Bürgenschuld auswirken, § 767 BGB. Der Bürge kann die Einreden des Schuldners als eigene Einreden dem Gläubiger entgegen halten, § 768 BGB. Die Bürgschaft und gesicherte Forderung können nicht getrennt voneinander abgetreten werden, § 404 I BGB. Die Bürgschaft hängt daher hinsichtlich ihres Schicksals an der gesicherten Forderung.

Die Nichtakzessorietät steht der Akzessorietät als Antipode konträr gegenüber, indem sie die nichtakzessorischen Sicherungsmittel hinsichtlich Entstehung, Umfang, Erlöschen, Zuständigkeit und Durchsetzbarkeit nicht von der gesicherten Forderung abhängig macht. Sie entstehen und bleiben auch dann bestehen, wenn die gesicherte Forderung nicht wirksam zustande kommt oder nachträglich wegfällt. Einreden aus dem Kausalverhältnis der gesicherten Forderung können den nichtakzessorischen Sicherungsmitteln nicht als eigene Einreden des Drittsicherers entgegengehalten werden. Ebenso ist die getrennte Abtre-

---

[490] Lettl WM 00, 1316 (1325); für die Bürgschaft Palandt-Sprau Einf 1 vor § 765; MüKo-Habersack § 765 Rn. 61; Habersack JZ 97, 857 (862); Castellvi WM 95, 868 (870); Staudinger-Seiler Einf zum Sachenrecht Rn. 60; Habersack AcP 198, 152 (153);.

[491] Medicus JuS 71, 497.

[492] Dadurch unterscheidet sich die Akzessorietät von der Gesamtschuld, bei der zwar auch zweckidentische Recht miteinander verbunden werden, aber die Abhängigkeit ist dabei wechselseitig, Medicus JuS 71, 497.

[493] Grunewald Bürgerliches Recht 5. Auflage 2002 § 38 I 2; Habersack JZ 97, 857 (862); Medicus JuS 71, 497 (498); Becker-Eberhard Die Forderungsgebundenheit der Sicherungsrechte S. 37 f; Habersack AcP 198, 152 (153) bezeichnet die Verknüpfung auch als dynamische Bezugnahme des Nebenrechts auf das Hauptrecht.

tung von Forderung und Sicherungsmittel nicht ausgeschlossen. Diese Unabhängigkeit der akzessorischen Sicherungsmittel von der gesicherten Forderung ergibt sich für die Sicherungsgrundschuld aus §§ 1191, 1192 I BGB, deren Regelungsinhalt als Grundgedanke auf alle anderen nichtakzessorischen Sicherungsmittel übertragen werden kann.

Zusammenfassend lässt sich folgendes sagen. Akzessorietät bedeutet die Abhängigkeit des sichernden Rechts vom gesicherten Recht[494]. Die Nichtakzessorietät ist der dazugehörende Gegenbegriff der Akzessorietät. Beide erfassen den Zusammenhang von Rechten, indem sie Verknüpfungstechniken beschreiben[495].

bb) Akzessorietät und Sicherungszweck

Akzessorische Sicherungsmittel können aufgrund ihrer Abhängigkeit von der zu sichernden Forderung allein zur Sicherung eingesetzt werden, so dass die Akzessorietät möglicherweise identisch ist mit der Verfolgung des Sicherungszwecks. Die Frage nach den Auswirkungen der Sicherungszweckverfehlung würde sich für nichtakzessorische Sicherungsmittel nicht mehr stellen, wenn die Nichtakzessorietät die Verfolgung des Sicherungszwecks ausschließt.

Anders als die akzessorischen Sicherungsmittel dienen die Rechtsformen der nichtakzessorischen Sicherungsmittel nach ihrer gesetzlichen Konzeption nicht zur Sicherung von Forderungen[496]. Die Übereignung von Sachen und die Abtretung von Forderungen führen grundsätzlich zur dauerhaften Übertragung von Vermögensgegenständen, mit der isolierten Grundschuld erwirbt der Erwerber ein beschränkt dingliches Recht an einem Grundstück. Diese Rechtsgeschäfte werden als farblos bezeichnet[497], da ihrer Einigung ein bestimmter Zweck nicht zu entnehmen ist (inhaltliche Abstraktion), und ihre Rechtswirkungen eintreten, ohne dass es auf die Erreichung eines bestimmten Zwecks ankommt (äußere Abstraktion)[498]. Diese Rechtsgeschäfte sind forderungslos formuliert, so dass sie nicht wie die akzessorischen Sicherungsmittel zwingend und ausschließlich zur Sicherung einer Forderung eingesetzt werden müssen.

Auch wenn den Tatbeständen über die Übereignung § 929 BGB, die Forderungsabtretung § 398 BGB und die Bestellung einer Grundschuld §§ 1191, 873 BGB nicht entnommen werden kann, welcher Zweck mit ihnen verfolgt

---

[494] Jauernig NJW 82, 268;; Staudinger-Seiler Einl zum Sachenrecht Rn. 60; Westermann Sachenrecht § 44 III 2; MüKo-Eickmann § 1191 Rn. 11; Serick I § 11 I 3.

[495] Habersack Sachenrecht Rn. 62; Wilhelm Sachenrecht Rn. 1350; Gernhuber Bürgerliches Recht § 26 I 1; nach Reischel JuS 98, 125 (127) begründet die Akzessorietät einen inneren funktionalen Zusammenhang der beiden Rechte.

[496] Buchholz Jura 90, 300 (304) für die Übereignung.

[497] Jahr AcP 168, 9 (16).

[498] Für die Begriffe Jahr AcP 168, 9 (16); Schnauder WM 00, 2073 (2076).

wird[499], werden sie doch nicht völlig zweckfrei vorgenommen. In den meisten Fällen sollen mit ihnen entsprechende Verpflichtungen erfüllt werden, ohne dass das Erreichen dieses Zwecks Wirksamkeitsvoraussetzung für die Zuwendungen sein soll. Eine Verwendung dieser Rechtsgeschäfte zur Sicherung einer Forderung war ursprünglich im Gesetz nicht vorgesehen. Dennoch entwickelte die Rechtspraxis und die Rechtsprechung mit der Sicherungsgrundschuld, der Sicherungsübereignung und der Sicherungszession abweichend von den vom Gesetzgeber zur Verfügung gestellten akzessorischen Sicherungsmitteln weitere Sicherungsmittel[500]. Auch wenn Akzessorietät und Nichtakzessorietät die Beziehung des Sicherungsmittels zum gesicherten Recht regeln, stellen sie die Beziehung nicht selbst her. Dies geschieht durch die Verfolgung des Sicherungszwecks, so dass die Frage nach der Ausgestaltung der Abhängigkeit erst beantwortet werden kann, nachdem der Sicherungszweck festgestellt wurde. Nichtakzessorietät verneint daher nicht die Verfolgung eines Sicherungszwecks, sondern gestaltet wie die Akzessorietät lediglich das Verhältnis des sichernden und des gesicherten Rechts zueinander aus.

Dass die Verfolgung des Sicherungszwecks nicht mit der Akzessorietät gleichgesetzt werden kann, zeigt sich insbesondere beim Garantievertrag, der eine nichtakzessorische Personalsicherheit darstellt. Mit dem Abschluss des Garantievertrags verpflichtet sich der Garant, den Begünstigten bei Eintritt des Garantiefalls so zu stellen, wie er ohne die Realisierung des abgedeckten Risikos stünde[501]. Gegenstand der Verpflichtung ist nicht, den garantierten Erfolg selbst herbeizuführen, sondern lediglich das Erfüllungsinteresse zu befriedigen[502]. Darin liegt der Unterschied der Garantieverpflichtung zur Verpflichtung aus einem abstrakten Schuldverhältnis, § 780 BGB. Will der Garant an den Begünstigten nur dann leisten, wenn der Garantiefall eingetreten ist, verspricht der Versprechende Leistung in jedem Fall. Der mit der Garantie verfolgte Sicherungszweck ist das Unterscheidungskriterium zum abstrakten Schuldversprechen. Der Garantievertrag grenzt sich vom abstrakten Schuldversprechen dadurch ab, dass mit ihm ein Sicherungszweck verfolgt wird. Der Sicherungszweck ist dabei der typisch verfolgte Zweck[503]. Die nichtakzessorische Ausgestaltung der Garantie ändert daran nichts.

---

[499] Staudinger-Seiler Einl zum Sachenrecht Rn. 48.

[500] Die Sicherungsübereignung ist mittlerweile gewohnheitsrechtlich anerkannt Baur/Stürner Sachenrecht § 57 A I 1 Rn. 1; Serick I § 1 I 2; Mühl FS Serick S. 285; für die Grundschuld enthält § 1192 I BGB einen Anhaltspunkt dafür, dass diese auch zur Sicherung einer Forderung verwendet werden kann.

[501] MüKo-Habersack Rn. 13 vor § 765.

[502] Palandt-Sprau Rn. 18 v § 765; MüKo-Habersack Rn. 13 vor § 765; Staudinger-Horn Vorbem 194 zu §§ 765 ff; RGZ 137, 85, BGH WM 68, 680; Einsele WM 99, 1801 (1803) spricht auch von Schadloshaltung.

[503] Staudinger-Horn Vorbem 199 zu §§ 765 ff.

Mit der Akzessorietät ordnet das Gesetz für bestimmte Sicherungsmittel den Sicherungszweck bereits an[504], ohne dass aber Akzessorietät mit der Verfolgung des Sicherungszwecks gleichgesetzt werden darf. Die Akzessorietät ist lediglich Mittel dazu, den Sicherungszweck zum Ausdruck zu bringen, ohne aber ausschließliches Mittel zu sein[505].

Haben Akzessorietät und Nichtakzessorietät keine Auswirkung darauf, dass mit allen Sicherungsmitteln ein Sicherungszweck verfolgt wird[506], stellt sich die Frage, ob sie Bedeutung haben für die Auswirkungen der Zweckverfehlung. Das soll im Folgenden untersucht werden.

cc) Bedeutung und Abgrenzung der Begriffspaare Akzessorietät/Nichtakzessorietät und Kausalheit/Abstraktheit

Die Garantie wird oftmals als abstraktes Sicherungsgeschäft bezeichnet[507]. Dabei soll die Abstraktheit den Gegensatz zur Akzessorietät der Bürgschaft ausdrücken[508]. Dies ist zumindest missverständlich, da der Begriff der Abstraktheit nach dem allgemeinen Verständnis anderweitig verstanden wird.

(1) Allgemein

Ein Rechtsgeschäft kann unter zweierlei Aspekten abstrakt sein. Ein Rechtsgeschäft ist zum einen abstrakt, wenn dem Tatbestand ein bestimmter Zweck nicht zu entnehmen ist (inhaltliche Abstraktion)[509]. Dies gilt insbesondere für die Verfügungsgeschäfte. Andererseits bedeutet die inhaltliche Abstraktion nicht, dass mit diesen Zuwendungen nicht auch ein bestimmter Zweck verfolgt wird. Die Abstraktion geht nicht soweit, die Zuwendung unabhängig von jeder

---

[504] Buchholz Jura 90, 300 (301 f); Becker-Eberhard Die Forderungsgebundenheit der Sicherungsrechte S. 60 f; Petri Akzessorietät bei der Sicherungsübereignung S. 32.

[505] Ahrens AcP 200, 123 (128).

[506] Schnauder WM 00, 2073 (2075), der den Sicherungszweck losgelöst von Akzessorietät und Nichtakzessorietät sieht; a. M. Bettermann NJW 53, 1817, der die Akzessorietät als rechtliche Folge ihrer Sicherungsfunktion ansieht; Lübtow FS Lehmann I S. 328 (336) sieht in der Akzessorietät der Pfandrechte eine unüberwindbare Schwierigkeit für die Einordnung der Grundschuld als Pfandrecht, da diese begrifflich eine Forderung sichern müsste. Die Grundschuld, die von einer Forderung unabhängig sei, könne dann kein Pfandrecht sein. Dabei vermengen sich allerdings die zu trennenden Begriffe des Sicherungszwecks und der Akzessorietät.

[507] v. Caemmerer FS Riese S. 295 (301); Liesecke WM 68, 22 (24); Pleyer WM Sonderbeilage 2, S. 13; ebenso die Grundschuld im Vergleich zur Grundschuld, Ahrens AcP 200, 123 (132).

[508] Staudinger-Horn Vorbem 202 zu §§ 765 ff; Canaris Bankvertragsrecht Rn. 1125.

[509] Jahr AcP 168, 9 (16); der Gegenbegriff der inhaltlichen Kausalität bedeutet dagegen, dass zum Tatbestand des Rechtsgeschäft auch eine Zweckbestimmung gehört, wie etwa beim Kaufvertrag der Austauschzweck.

Zweckerreichung bestehen zu lassen, da dies der Finalität menschlichen Handelns widersprechen würde[510].

Die Vereinbarung eines Zwecks besagt noch nichts darüber, ob der Empfänger einer Zuwendung dazu berechtigt sein soll, diese zu behalten. Ein Behaltensgrund besteht erst dann, wenn der vereinbarte Zweck auch erreicht wurde. Dabei steht es den Parteien grundsätzlich frei, die Zweckerreichung als Wirksamkeitsvoraussetzung für die Zuwendung zu vereinbaren. Werden die Zuwendungen trotz Zweckverfehlung wirksam, bezeichnet man sie als äußerlich abstrakt[511]. Die Zweckverfehlung führt lediglich zu einem Rückforderungsanspruch des wirksam zustande gekommenen Rechtsgeschäfts. Den Gegenbegriff bildet die äußerliche Kausalheit, bei der die Zweckverfehlung Wirksamkeitshindernis für das Zustandekommen der Zuwendung ist.

Die äußerliche Kausalheit und äußerliche Abstraktheit bezeichnen, wie die Akzessorietät und die Nichtakzessorietät, verschiedene Abhängigkeitsgrade, die jeweils das Sicherungsgeschäft betreffen. Insoweit besteht eine Gemeinsamkeit der beiden Begriffspaare[512]. Aber die Bezugspunkte der Abhängigkeit unterscheiden sich wesentlich. Abstraktheit und Kausalheit knüpfen an die Zweckgebundenheit von Zuwendungen an, so dass Gegenstand der Abhängigkeit eine Handlung ist[513]. Die Akzessorietät und die Nichtakzessorietät verknüpfen dagegen Rechte miteinander, die Ergebnisse von Handlungen sind[514]. Die Begriffe sind daher streng voneinander zu unterscheiden. Bezogen auf die Sicherungsmittel bedeutet dies, dass das Rechtsgeschäft, mit dem das Sicherungsmittel überlassen wird, abstrakt oder kausal zum Sicherungszweck und das Sicherungsmittel selbst als Ergebnis der Überlassungshandlung akzessorisch oder nichtakzessorisch zu der gesicherten Forderung sein kann.

Beabsichtigt der Drittsicherer mit der Überlassung der Sicherheit die Erfüllung einer Verpflichtung gegenüber dem Schuldner, kommt der Erwerb des Gläubigers bei allen Sicherungsmitteln unabhängig von der Zweckerreichung zustande. Insoweit ist die Überlassung der Sicherungsmittel äußerlich abstrakt.

---

[510] Dazu bereits oben 1. Kapitel D. II. 4. Übereignet A dem B sein Auto, will er damit einen bestimmten Zweck erreichen, etwa die Erfüllung seiner Verpflichtung. Eine zweckfreie, d. h. zweckisolierte Zuwendung stellt die Ausnahme dar. Darunter fallen teilweise abstrakte Schuldversprechen, § 780 BGB; Pleyer WM 73 Sonderbeilage 2, S. 13 f.

[511] Jahr AcP 168, 9 (16 f).

[512] Staudinger-Seiler Einf zum Sachenrecht Rn. 61.

[513] Cohn AcP 135, 67 (Fn. 18). Den Anwendungsbereich des Gegensatzpaars der Abstraktheit und der Kausalheit auf den Zusammenhang zweier Rechtsgeschäfte zueinander zu beschränken (so Wilhelm Sachenrecht Rn. 1350), geht zu sehr von der Abwicklung von Verpflichtungsgeschäften aus. Dies ist zu eng, da jede rechtsgeschäftliche Handlung zweckgebunden ist. Kausalheit und Abstraktheit erfassen generell die Abhängigkeit einer Handlung von dem mit ihr verfolgten Zweck.

[514] Cohn AcP 135, 67 (Fn. 18); Wilhelm Sachenrecht Rn. 1350.

(2) Hinsichtlich der Sicherungsmittel

Hinsichtlich der Entscheidung über die Kausalheit oder Abstraktheit des mit allen Sicherungsmitteln verfolgten Sicherungszwecks ergibt sich folgendes:

(a) Inhaltliche Kausalheit und Abstraktheit des Sicherungszwecks

Die gesetzlich angeordnete Akzessorietät beinhaltet nicht bereits selbst den Sicherungszweck, legt aber die einzig mögliche Verwendung dieser Rechtsgeschäfte fest[515], indem sie die akzessorischen Sicherungsmittel vom Bestand einer Forderung abhängig macht, zu deren Sicherung sie dienen. Eine andere Verwendungsmöglichkeit der akzessorischen Sicherungsmittel existiert nicht. Die akzessorischen Sicherungsmittel werden auch als geborene Sicherungsmittel bezeichnet[516]. Der Erwerb eines akzessorischen Sicherungsmittels setzt voraus, dass sich die Parteien über die Verfolgung des Sicherungszwecks einig sind. Daher ist die Überlassung der akzessorischen Sicherungsmittel inhaltlich kausal zum Sicherungszweck[517].

Die Rechtsformen der nichtakzessorischen Sicherungsmittel dagegen sind nach ihrer gesetzlichen Konzeption nicht auf die Sicherung von Forderungen ausgerichtet gewesen. In Abgrenzung zu den vom Gesetz geregelten Sicherungsmitteln bezeichnet man sie als gekorene Sicherungsmittel[518]. Werden sie dennoch zur Sicherung einer Forderung verwendet, vollzieht sich der Erwerbstatbestand immer noch unabhängig von der Vereinbarung eines Sicherungszwecks[519]. Eine Ausnahme stellt lediglich die Garantie dar, deren typischer Zweck ebenfalls die Sicherung ist[520]. Sie ist inhaltlich kausal[521]. Die Überlassung der sonstigen nichtakzessorischen Sicherungsmittel ist inhaltlich abstrakt zum Sicherungszweck.

---

[515] Ahrens AcP 200, 123 (128).

[516] Scholz/Lwowski Das Recht der Kreditsicherung Rn. 4.

[517] Staudinger-Wolfsteiner Vorbem 2 zu §§ 1191 ff für die Hypothek.

[518] Scholz/Lwowski Das Recht der Kreditsicherung Rn. 5.

[519] Die Erwerbstatbestände der Übereignung, Abtretung und der Grundschuld sind farblos; §§ 929 ff, 398, 1191 BGB; Staudinger-Seiler Einl zum Sachenrecht Rn. 48.

[520] Bei der Garantie ist ebenso wie bei der Bürgschaft der Sicherungszweck erkennbar (inhaltliche Kausalität). Zur Kausalheit der Garantie vgl. Mülbert Missbrauch von Bankgarantien und einstweiliger Rechtsschutz S. 48; Kübler Feststellung und Garantie S. 189.

[521] Kübler Feststellung und Garantie S. 189; Canaris Bankvertragsrecht Rn. 1125; Hein Bankgarantie S. 24 f; dagegen aber v. Caemmerer FS Riese S. 295 (301); Pleyer WM 73 Sonderbeilage 2, S. 13; Auhagen Die Garantie S. 44 f; Liesecke WM 68, 22 (24); Finger BB 69, 206 (208).

(b) Äußerliche Kausalheit und Abstraktheit des Sicherungszwecks

Ob die Überlassung der Sicherungsmittel äußerlich abstrakt oder kausal ist, beurteilt sich danach, ob die Verwirklichung des Sicherungszwecks Wirksamkeitsvoraussetzung für diese ist. Die Verwirklichung des Sicherungszwecks ist nur solange und soweit möglich, wie die gesicherte Forderung besteht. Fehlt es an dieser oder fällt diese nachträglich weg, wird der Sicherungszweck verfehlt.

Sicherungsgeschäfte sind Abwicklungsgeschäfte hinsichtlich des Schuldverhältnisses zwischen dem Schuldner und dem Gläubiger, dem die zu sichernde Forderung entstammt. Abwicklungsgeschäfte beziehen sich stets auf andere Schuldverhältnisse, so dass es nahe läge, das Bestehen des abzuwickelnden Schuldverhältnisses zur Wirksamkeitsvoraussetzung des Abwicklungsgeschäfts zu machen. Soweit mit der Abwicklung aber die Erfüllung einer Verpflichtung bezweckt wird, hat sich der Gesetzgeber für eine äußerlich abstrakte Gestaltung entschieden. Für Verfügungsgeschäfte, mit denen Verpflichtungsgeschäfte erfüllt werden sollen, gilt das Abstraktionsprinzip[522]. Die Verbindung zwischen Verfügungs- und Verpflichtungsgeschäft wird durch eine Zweckbestimmung hergestellt, ohne dass die Zweckerreichung aber Wirksamkeitsvoraussetzung für das Verfügungsgeschäft wäre. Dabei steht die äußerliche Abstraktion im Einklang damit, dass Verfügungsgeschäfte regelmäßig inhaltlich abstrakt sind. Sind Verfügungsgeschäfte nach ihrer Konzeption zweckneutral, kann die Zweckerreichung nur dann Wirksamkeitsvoraussetzung sein, wenn der Zweck durch Vereinbarung zum Inhalt des Rechtsgeschäfts wurde[523]. Diese äußerliche Abstraktion besteht auch für die Eingehung von Verpflichtungsgeschäften, soweit mit ihnen ein inhaltlich abstrakter Zweck erreicht werden soll[524]. Ein solcher abstrahierter Zweck wird etwa in dem vorherigen Beispiel des Vorvertrags dann verfolgt, wenn mit dem Abschluss des Hauptvertrags eine entsprechend vorgeschaltete Verpflichtung aus dem Vorvertrag erfüllt werden soll. Die Eingehung des Hauptvertrags ist inhaltlich und äußerlich abstrakt zum Erfüllungszweck. Rechtsgeschäfte, mit denen Schuldverhältnisse durch Erfüllung abgewickelt werden sollen, sind diesbezüglich inhaltlich und äußerlich abstrakt.

Verpflichtungsgeschäfte werden aber nicht nur durch Erfüllung, sondern auch durch Sicherung abgewickelt, so dass auch für diesen Zweck das Abstraktionsprinzip gelten könnte. Der Gesetzgeber hat sich aber für einen Teil der

---

[522] Habersack Sachenrecht Rn. 29; Wieling Sachenrecht § 1 III 4 c, (zum historischen Hintergrund) § 1 III 1 a.
[523] Jahr AcP 168, 9 (16 f) bezeichnet eine äußerliche Kausalheit eines inhaltlich abstrakten Geschäfts als sinnwidrig.
[524] Dies ergibt aus dem Grundsatz der Relativität von Schuldverhältnissen, nach dem Mängel eines Schuldverhältnisses nicht auf ein anderes übergreifen. Die Bindungswirkung von Schuldverhältnissen geht nur soweit, wie sich die daran Beteiligten geeinigt haben. Ein nicht zum Inhalt des Rechtsgeschäfts gewordener Zweck kann daher keine Bindungswirkung entfalten. MüKo-Kramer Einl zum Schuldrecht Rn. 14; Palandt-Heinrichs Einl 3 v § 241.

Sicherungsmittel anders entschieden. Durch die gesetzliche Anordnung der Akzessorietät wird das Schicksal des Sicherungsmittels in eine unmittelbare Abhängigkeit zu der gesicherten Forderung gestellt. Der verfolgte Sicherungszweck kann nur dann und solange verwirklicht werden, wie die Forderung entsteht und fortbesteht. Fehlt die Forderung, kann der Sicherungszweck nicht mehr erreicht werden. Die Akzessorietät führt dazu, dass mit dem Fehlen oder dem Wegfall der Forderung das Sicherungsmittel als Folge des Rechtsgeschäfts über die Überlassung des Sicherungsmittels nicht entsteht oder wegfällt. Das Rechtsgeschäft entfaltet keine Güterverschiebung, so dass aufgrund der Akzessorietät die Verfehlung des Sicherungszwecks zur Unwirksamkeit des Rechtsgeschäfts führt, mit dem das Sicherungsmittel überlassen werden sollte. Nicht die Akzessorietät lässt das Rechtsgeschäft unwirksam werden, sondern die Rechtsfolgen der Akzessorietät lassen die Verfehlung des Sicherungszwecks auf das Rechtsgeschäft durchschlagen. Die akzessorischen Sicherungsmittel sind daher äußerlich kausal bezüglich des Sicherungszwecks. Insoweit wird für die dinglichen Sicherungsmittel durch die gesetzliche Anordnung der Akzessorietät vom Abstraktionsprinzip abgewichen. Hinsichtlich des Schuldverhältnisses, das den Drittsicherer zur Überlassung der Sicherheit verpflichtet, bleibt es beim Abstraktionsprinzip, da sich die Akzessorietät der Sicherungsmittel nicht auf jenes erstreckt.

Die Nichtakzessorietät lässt das Sicherungsmittel dagegen unberührt von Veränderungen der gesicherten Forderung. Wie bei den akzessorischen Sicherungsmitteln kann der Sicherungszweck nicht oder nicht mehr erreicht werden, wenn die gesicherte Forderung nicht entsteht oder nachträglich wegfällt. Da die Nichtakzessorietät aber das Sicherungsmittel beim Gläubiger bestehen lässt, entfaltet das Rechtsgeschäft über die Überlassung des Sicherungsmittel weiter Rechtswirkung, indem die Güterverschiebung trotz Zweckverfehlung wirksam bleibt. Die nichtakzessorischen Sicherungsmittel sind äußerlich abstrakt bezüglich des Sicherungszwecks.

(3) Zwischenergebnis

Akzessorietät und Nichtakzessorietät als Verknüpfungsmodi zwischen Sicherungsmittel und gesicherter Forderung sind Instrumente, mit denen das Rechtsgeschäft über die Überlassung des Sicherungsmittels kraft Gesetz hinsichtlich des Sicherungszwecks äußerlich kausal oder abstrakt ausgestaltet wird. Dabei findet die inhaltliche Kausalität der akzessorischen Sicherungsmittel und die inhaltliche Abstraktheit der nichtakzessorischen Sicherungsmittel eine Fortsetzung in der äußeren Kausalheit der akzessorischen Sicherungsmittel und der äußeren Abstraktheit der nichtakzessorischen Sicherungsmittel.

Einzig für die Garantie, die inhaltlich kausal ist, bewirkt die Nichtakzessorietät eine Abweichung von diesem Gleichlauf. Die Nichtakzessorietät verhindert, dass die Verfehlung des Sicherungszwecks zur Unwirksamkeit der Garantie führen kann. Wäre die Garantie äußerlich kausal zum Sicherungszweck, wäre bei Zweckverfehlung der Garantievertrag unwirksam oder entfiele automatisch bei Zweckwegfall. Die Forderung des Begünstigten aus dem Garantievertrag entstünde erst gar nicht oder fiele später weg.

Die Nichtakzessorietät der Garantie lässt die Forderung des Begünstigten aber trotz Fehlen oder Wegfall der gesicherten Forderung fortbestehen. Dies setzt voraus, dass das Rechtsgeschäft, aufgrund dessen die Forderung als Folge der Güterverschiebung erworben wurde, wirksam ist. Das ist nur möglich, wenn die Verfehlung des Sicherungszwecks für die Wirksamkeit des Garantievertrags unbeachtlich ist. Dazu muss er äußerlich abstrakt sein[525].

c) Keine Dispositionsbefugnis hinsichtlich Abstraktheit oder Kausalheit der Sicherungsmittel

Aufgrund des obigen Zusammenhangs von Kausalheit und Akzessorietät bzw. Abstraktheit und Nichtakzessorietät ist eine grundsätzlich zulässige Vereinbarung der Parteien über die Bedeutung der Zweckverfehlung für die Wirksamkeit des Rechtsgeschäfts über die Sicherungsmittel nur dann möglich, wenn die Parteien gleichzeitig über den akzessorischen oder nichtakzessorischen Charakter eines Sicherungsmittels disponieren dürfen.

Eine Disposition über die Akzessorietät von Sicherungsmitteln ist dann ausgeschlossen, wenn der Gesetzgeber die Tatbestände der akzessorischen Sicherungsmittel abschließend geregelt hat. Dann könnten die Parteien weder neue akzessorische Tatbestände schaffen, noch die Akzessorietät der vorhandenen akzessorischen Sicherungsmittel durch Parteivereinbarung aufheben.

aa) Konstruktion der Akzessorietät

Wäre die Schaffung weiterer, über die gesetzlich vorgesehenen akzessorischen Sicherungsmittel möglich, müssten die Parteien den Sicherungszweck zum Inhalt des Rechtsgeschäfts über die Überlassung des Sicherungsgeschäfts machen und zusätzlich die Zweckerreichung dessen Wirksamkeitsvoraussetzung sein lassen. In Betracht kommen dabei insbesondere die Rechtsformen der nichtakzessorischen Sicherungsübereignung, Sicherungsabtretung und Sicherungsgrundschuld. Da diese nach ihrer gesetzlichen Konzeption forderungslos und damit inhaltlich abstrakt zum Sicherungszweck entstehen, würde es sich bei Aufnahme eines Sicherungszwecks in den Inhalt des Rechtsgeschäfts um selbständige Sicherungsgeschäfte handeln, die am besten mit akzessorischer Siche-

---

[525] Daher kann sich die Kausalheit des Garantievertrags nur auf die inhaltliche Kausalheit, niemals aber auf die äußere Kausalheit beziehen. Hadding/Häuser/Welter Bürgschaft und Garantie S. 571 (709); Einsele WM 99, 1801 (1804).

rungsübereignung, Sicherungsabtretung und Sicherungsgrundschuld beschrieben werden könnten. Auch die Garantie wäre dann hinsichtlich des Sicherungszwecks nicht nur inhaltlich, sondern auch äußerlich kausal, so dass es sich um eine akzessorische Sicherheit handeln müsste.

bb) Interessenlage bei nichtakzessorischen Sicherungsmittel

Die Interessenlage des Drittsicherers und des Gläubigers spricht für die Zulassung der akzessorischen Ausgestaltung der gesetzlich nicht geregelten Sicherungsübereignung, Sicherungszession und Sicherungsgrundschuld.

Sicherungsübereignung und Sicherungszession haben wirtschaftlich betrachtet die Funktion von besitzlosen Pfandrechten an beweglichen Sachen, §§ 1204 ff BGB oder an Rechten, § 1273 ff BGB[526]. Wie bei den gesetzlich geregelten Pfandrechten soll dem Gläubiger das Eigentum oder die Forderung nicht voll zur eigenen Nutzung zur Verfügung stehen, sondern ihm nur ein vorübergehendes Zugriffsrecht gewähren, das erst aktuell wird, wenn der Schuldner die gesicherte Forderung nicht erfüllt[527]. Dabei entscheiden sich die Parteien für die Zession statt eines Pfandrechts an der Forderung, um die sonst zwingende Anzeigepflicht nach § 1280 BGB zu vermeiden. Bei der Sicherungsübereignung entfällt die für Mobiliarpfandrechte erforderliche Übergabe der Pfandsache an den Gläubiger, § 1205 I BGB. Die Möglichkeit, die Übergabe wie bei der Übereignung durch die Vereinbarung eines Besitzkonstituts iSd § 930 BGB zu ersetzen, ist ausgeschlossen.

Für die sonst akzessorische Ausgestaltung der Sicherungszession und der Sicherungsübereignung spricht, dass sich der Gläubiger so behandeln lassen muss, als hätte er nur ein Pfandrecht erworben[528].

cc) Abschließende Regelung der Tatbestände der akzessorischen Sicherungsmittel durch den Gesetzgebers

Die Schaffung weiterer akzessorischer Sicherungsmittel ist aber dann ausgeschlossen, wenn der Gesetzgeber eine abschließende Regelung getroffen hat, mit der die Gestaltungsfreiheit der Parteien ausgeschlossen wird.

(1) Beschränkte Vertragsfreiheit bei der Ausgestaltung der Garantie

Die Vertragsfreiheit stellt es dem Einzelnen frei, seine Lebensverhältnisse durch Vertrag eigenverantwortlich zu gestalten, wobei der Einzelne nicht nur

---

[526] Reich AcP 169, 247 (257); Gaul AcP 168, 351 (368); Westermann Sachenrecht § 44 I 1; BGH NJW 82, 275 ff.

[527] Westermann Sachenrecht § 44 I 1; zur Subsidiarität auch Bülow ZIP 99, 985.

[528] Bähr NJW 83, 1473 (1474); Mühl FS Serick S. 285 (294);

über das ‚ob' (Abschlussfreiheit), sondern auch über das ‚wie' (Inhaltsfreiheit) der vertraglichen Bindung entscheiden kann[529].

Ein Garantievertrag verpflichtet den Garanten, den Gläubiger bei Eintritt des vertraglich vorgesehenen Garantiefall schadlos zu halten, d. h. so zu stellen, als wäre das abgedeckte Risiko nicht eingetreten[530]. Da der Garantievertrag im Gesetz nicht geregelt ist, handelt es sich um einen Vertrag sui generis, dessen Ausgestaltung der Vertragsfreiheit unterliegt[531]. Eine Vereinbarung der Parteien, die Wirksamkeit des Garantievertrags von der Erreichbarkeit des Sicherungszwecks abhängig zu machen, erscheint daher grundsätzlich möglich.

Die Gestaltungsfreiheit gewährt den Parteien die Möglichkeit, abweichend von den Vertragstypen der §§ 433 ff BGB neue Schuldverträge zu schaffen, die ihre Grenzen allein in zwingendem Recht, § 134 BGB und in den guten Sitten, § 138 BGB finden[532]. Die Garantie stellt einen neuen Schuldvertrag dar, wenn sie sich inhaltlich von den vorhandenen Schuldverträgen unterscheidet. Soweit mit der Übernahme einer Garantie eine Forderung gesichert werden soll, überschneidet sie sich hinsichtlich des verfolgten Zwecks[533] und der Einordnung als Personalsicherheit[534] mit der Bürgschaft, § 765 BGB. Ein Bedürfnis des Rechtsverkehrs für die Garantie besteht nur dann, wenn diese sich von der Bürgschaft in ihrer Ausgestaltung abgrenzt. Charakteristisches Kennzeichen der Bürgschaft ist die Akzessorietät[535], die die Bürgschaft in eine einseitige Abhängigkeit zur gesicherten Forderung stellt. Die Garantie als Personalsicherheit hat nur dann selbständige Bedeutung für den Rechtsverkehr, wenn sie nichtakzessorischer Natur ist. Nichtakzessorietät bedeutet, dass keine Abhängigkeit der Garantie von der gesicherten Forderung bestehen darf. Ist die Nichtakzessorietät Tatbestandvoraussetzung der Garantie[536], beschränkt diese die Parteien in ihrer grundsätzlichen Freiheit, Verträge äußerlich kausal oder abstrakt zu gestalten. Da die Nichtakzessorietät der Garantie nur bei äußerlicher Abstraktion des Sicherungszwecks möglich ist, würde eine äußerlich kausale Ausgestaltung der Garantie deren zwingende Nichtakzessorietät unterlaufen. Daher sind die Parteien durch die gesetzliche Anordnung der Akzessorietät für die Bürgschaft in ihrer Freiheit, die Garantie inhaltlich zu gestalten, eingeschränkt.

---

[529] Palandt-Heinrichs Einf 7 ff vor § 145; Dilcher NJW 60, 1040 ff.
[530] MüKo-Habersack Rn. 13 vor § 765; Hadding/Häuser/Welter Bürgschaft und Garantie S. 571 (688); Michalski ZBB 94, 289 (291).
[531] Michalski ZBB 94, 289 (292).
[532] MüKo-Kramer Rn. 18 f vor § 145; Palandt-Heinrichs Einf 13 vor § 145.
[533] Hadding/Häuser/Welter Bürgschaft und Garantie S. 571 (700).
[534] Vgl. 1. Kapitel B.
[535] Schon RGZ 90, 415 (17).
[536] Michalski ZBB 94, 289 (292); Weth AcP 189, 303 (309); Canaris Bankvertragsrecht Rn. 1122; Hadding/Häuser/Welter Bürgschaft und Garantie S. 571 (702); Auhagen Die Garantie S. 23; v. Westphalen Die Bankgarantie S. 55;

Eine Vereinbarung, die Garantie von dem Erreichen des Sicherungszwecks abhängig zu machen, scheitert daher an der zwingenden Nichtakzessorietät der Garantie.

(2) Numerus clausus als Beschränkung für Verfügungstatbestände und dingliche Rechte

Rechtsgeschäfte, mit denen Sachen übereignet werden, Forderungen abgetreten werden oder eine Grundschuld an einem Grundstück eingeräumt wird, wirken auf ein schon bestehendes Recht ein. Sie werden als Verfügungsgeschäfte bezeichnet[537]. Mit Verfügungen werden Änderungen in der Zuordnung von Gegenständen vorgenommen, die nicht wie bei Verpflichtungen nur zwischen den Beteiligten des Rechtgeschäfts, sondern gegenüber jedermann Geltung haben[538].

(a) Allgemein

Von den Verfügungsgeschäften als zuordnungsändernde Geschäfte sind die zugeordneten Gegenstände selbst zu unterscheiden, die sich in obligatorische und dingliche Rechte trennen lassen. Dingliche Rechte sind die Rechte einer Person zur unmittelbaren Herrschaft über eine Sache, die gegenüber jedermann wirken[539]. Auch wenn obligatorische Rechte wie dingliche Rechte dem Inhaber ausschließlich zugeordnet sind, üben sie keine unmittelbare Zuordnungsfunktion für einen Gegenstand aus[540]. Das obligatorische Recht ordnet dem Inhaber eine Sache nicht unmittelbar, sondern über eine andere Person, zu[541]. Der Unterschied ist leicht erkennbar, wenn man ein Beispiel heranzieht. Schließen A und B einen Kaufvertrag über eine Sache, erwirbt B als Käufer zunächst nur eine obligatorische Forderung auf Übereignung der Sache. Die Forderung allein ordnet die Sache noch nicht dem B zu. Eine Zuordnung der absoluten Herrschaftsmacht über die Sache übt allein das Eigentum aus, das unverändert bei A besteht. Erst mit der Übereignung als Verfügung wird die Zuordnung auf B übertragen.

Aufgrund der absoluten Wirkung von Verfügungen und dinglichen Rechten besteht im Rechtsverkehr ein Bedürfnis nach Rechtsklarheit und Rechtssicherheit hinsichtlich des Inhabers eines absoluten Rechts und dessen Inhalt. Zu diesem Zweck wird die Anzahl der möglichen absoluten Rechte und der Verfü-

---

[537] Palandt-Heinrichs Überbl 16 v § 104.

[538] Westermann Sachenrecht § 3 III 1.

[539] Canaris FS Flume I S. 371 (375); Palandt-Bassenge Einf 2 vor § 854; Wilhelm Sachenrecht Rn. 38 Fn. 84.

[540] Canaris FS Flume I S. 371 (373).

[541] Canaris FS Flume I S. 371 (373); Wilhelm Sachenrecht Rn. 48 f unterscheidet zwischen absoluter und relativer Zuordnung von Sachen. Die relative Zuordnung erfolgt auf schulrechtlicher Grundlage. Die absolute Zuordnung geschieht durch absolute Rechte.

gungstatbestände auf die gesetzlich genannten beschränkt (numerus clausus), die gleichzeitig auf den gesetzlich festgelegten Inhalt beschränkt sind (Typenzwang)[542].

Der numerus clausus der absoluten Rechte und Verfügungstatbestände ist nicht positiv im Gesetz enthalten. Er wird vielmehr vom Gesetzgeber vorausgesetzt[543]. Zusätzlich findet er eine Stütze in § 137 BGB[544]. Diese Vorschrift verhindert, dass die Verfügungsbefugnis über ein Recht durch Rechtsgeschäft beschränkt oder ausgeschlossen wird. Der Zusammenhang zwischen dem Verbot des § 137 BGB und dem numerus clausus der absoluten Rechte und der Verfügungstatbestände wird deutlich, wenn man die Bedeutung der Zuordnungsfunktion absoluter Rechte näher betrachtet. Die Zuordnung eines Gegenstandes zu einer Person gewährt diesem die Befugnis, über den Gegenstand zu verfügen. Für das Eigentum als umfassendes Herrschaftsrecht an einer Sache ergibt sich die umfassende Verfügungsbefugnis aus § 903 BGB. Die Verfügungsbefugnis fließt aus dem zugeordneten Recht selbst[545], so dass sie nur dem Inhaber des Rechts selbst zusteht. Die Abhängigkeit von dem zugeordneten Recht begrenzt aber auch den Umfang der Verfügungsbefugnis.

Schließt § 137 BGB die Beschränkung der Verfügungsbefugnis durch Rechtsgeschäft aus, verhindert dies die Abspaltung der Verfügungsbefugnis vom zuordnenden Recht. Verfügungsbefugnis und dazu gehörendes Recht können nur zusammen übertragen werden. Jedes Rechtsgeschäft, das allein die Verfügungsbefugnis beschränken würde, würde gleichzeitig den Inhalt des Rechts ändern, ohne das Recht auf einen anderen zu übertragen. Der Gegenstand würde dem Rechtsverkehr teilweise oder ganz entzogen werden. Dies wird mit § 137 BGB verhindert[546]. Hätte etwa die Vereinbarung des Sicherungszwecks für die Übereignung zur Folge, dass der Erwerber nicht Volleigentum, sondern nur ein dingliches Zugriffsrecht auf die Sache vergleichbar mit einem Pfandrecht erhielte, wäre der Umfang der Verfügungsbefugnis aus dem eigentlich un-

---

[542] Heck Grundriss des Sachenrechts § 23, 1; Staudinger-Seiler Einl zum Sachenrecht Rn. 38 f; Westermann Sachenrecht § 3 III 1; Wiegand AcP 190, 112 (117); Schön Der Nießbrauch an Sachen S. 241; Raible Vertragliche Beschränkung der Übertragbarkeit von Rechten S. 108; Müller-Freienfels Die Vertretung beim Rechtsgeschäft S 137.

[543] Mot III 3.

[544] Wiegand AcP 190, 112 (119); Thiele Die Zustimmung in der Lehre zum Rechtsgeschäft S. 196; Westermann Vertragsfreiheit und Typengesetzlichkeit im Recht der Personengesellschaften S. 422; zu § 137 BGB Liebs AcP 175, 1 ff.

[545] Darin besteht der Unterschied zur Verpflichtungsfähigkeit, Thiele Die Zustimmung in der Lehre zum Rechtsgeschäft S. 196; Enneccerus-Nipperdey AT § 144 I.

[546] Zu der Funktion, die Schaffung von „res extra commercium" zu verhindern und die Zwangsvollstreckung funktionsfähig zu erhalten Timm JZ 89, 13 (17); Wank JuS 79, 402 (403); Liebs AcP 175, 1, (23); Wiegand AcP 190, 112 (118); MüKo-Mayer-Maly/Armbrüster § 137 Rn. 2 ff; Larenz/Wolf AT § 23 Rn. 46 f; Wagner AcP 194, 451 (468 ff); a. A. Däubler NJW 68, 1117 (1118); Schlosser NJW 70, 681 (683).

beschränkten Eigentum durch Rechtsgeschäft auf die Verwertungsbefugnis beschränkt. Der Gläubiger dürfte die ihm als Eigentümer sonst zustehenden Verfügungen als Folge der Zuordnungsfunktion des Eigentums nicht ausüben. Sein Eigentum erhielte eine Inhaltsänderung. Das steht im Widerspruch zu § 137 BGB.

Eine Ausnahme besteht nur dann, wenn und soweit der Gesetzgeber selbst Beschränkungen der Verfügungsbefugnis zugelassen hat[547]. Dies hat er namentlich mit der Aufnahme verschiedener Verfügungstatbestände in das Gesetz getan[548]. Wollen die Parteien daher durch Rechtsgeschäft auf die Verfügungsbefugnis einwirken, müssen sie sich an die gesetzlich geregelten Verfügungstatbestände als zuordnungsändernde Geschäfte halten. Die Schaffung weiterer Verfügungstatbestände und damit auch die Schaffung weiterer absoluter Rechte scheitert am Verbot des § 137 BGB.

(b)   Bezogen auf die Sicherungsmittel

Für die dinglichen Sicherungsmittel bedeutet der numerus clausus zweierlei.

Wollen die Parteien dem Gläubiger als Sicherungsnehmer nur ein Verwertungsrecht an dem Gegenstand einräumen, sind sie an die gesetzlichen Verfügungstatbestände der Pfandrechte gebunden. Übereignung und Abtretung verschaffen dem Erwerber das Vollrecht an der Sache oder der Forderung. Eine rechtsgeschäftliche Beschränkung der Übereignung oder der Abtretung auf den Erwerb eines dinglichen Verwertungsrechts scheitert an § 137 BGB und dem numerus clausus der Verfügungstatbestände. Zusätzlich sind die Parteien an den gesetzlich festgelegten Inhalt der absoluten Rechte gebunden. Akzessorische Sicherungsrechte bestehen nur, soweit das Gesetz selbst die Akzessorietät anordnet[549]. Die Akzessorietät beschränkt die Zuordnung eines Gegenstandes und damit die Verwertungsbefugnis zeitlich auf den Zeitraum, in dem eine zu sichernde Forderung besteht und umfänglich, indem Veränderungen der gesicherten Forderung auf die Verwertungsbefugnis durchschlagen. Jede rechtsgeschäftliche Vereinbarung, mit der das Eigentum, die Inhaberschaft einer Forderung oder die Grundschuld akzessorisch ausgestaltet würde, würde den Inhalt dieser absoluten Rechte verändern und damit die Verfügungsbefugnis einschränken. Dies verstößt gegen § 137 BGB. Der Kreis der dinglichen akzessorischen Sicherungsmittel ist abschließend geregelt[550].

---

[547] Thiele Die Zustimmung in der Lehre zum Rechtsgeschäft S. 197.

[548] Thiele Die Zustimmung in der Lehre zum Rechtsgeschäft S. 197.

[549] MüKo-Quack Anh §§ 929 – 936 Rn. 17.

[550] A. M. Wieling Sachenrecht §18 II 3 b, der die Sicherungsübereignung für akzessorisch hält. Er begründet damit, dass die Nichtakzessorietät der Sicherungsübereignung das Recht

Für die Grundschuld, die Übereignung und die Zession ist die Nichtakzessorietät Konstruktionsprinzip[551], das nicht abgedungen werden kann. Eine Dispositionsbefugnis steht den Parteien nicht zu[552]. Die Parteien können das Rechtsgeschäft, mit dem nichtakzessorische Sicherungsmittel überlassen werden, bezüglich des verfolgten Sicherungszwecks nicht äußerlich kausal gestalten.

d) Rechtsfolgen bei Verfehlung des Sicherungszwecks

Hinsichtlich der Rechtsfolgen bei der Verfehlung des Sicherungszwecks muss zwischen den akzessorischen und den nichtakzessorischen Sicherungsmitteln unterschieden werden.

aa) Akzessorische Sicherungsmittel

Störungen der gesicherten Forderung lassen den mit der Überlassung des Sicherungsmittels verfolgten Sicherungszweck ins Leere laufen. Für akzessorische Sicherungsmittel ist durch die gesetzliche Anordnung der Akzessorietät das Erreichen des Sicherungszwecks Wirksamkeitsvoraussetzung für das Rechtsgeschäft, mit dem das Sicherungsmittel zugunsten des Gläubigers begründet wird. Die Zweckverfehlung oder der nachträgliche Zweckfortfall führen dazu, dass das Rechtsgeschäft, mit dem die Sicherung gewährt wurde, unwirksam ist oder wird. Eine Güterverschiebung findet entweder erst gar nicht statt oder entfällt nachträglich.

Das Gesetz enthält für die möglichen Störungen der gesicherten Forderung entsprechende Regelungen, die hinsichtlich des Abhängigkeitsverhältnisses konkretisierende Funktion haben. So erwirbt der Gläubiger die Bürgschaftsforderung, die Hypothek und das Pfandrecht an beweglichen Sachen oder an Rechten erst, wenn die gesicherte Forderung wirksam entstanden ist, §§ 765, 767, 1113, 1204 BGB. Entsprechend entfällt das Sicherungsmittel beim Gläubiger automatisch, wenn die gesicherte Forderung erlischt, §§ 765, 767 I, 1163 I 2, 1252 BGB. Die Hypothek geht kraft Gesetz auf den Eigentümer als Eigentümergrundschuld oder als Eigentümerhypothek über, §§ 1163 I 2, 1177 II BGB.

Daran ändert sich auch nichts, wenn sich die Parteien darüber einigen, dass eine künftige oder eine bedingte Forderung gesichert werden soll, §§ 765 II, 1113 II, 1204 II BGB, da der Gläubiger jedenfalls dann nicht mehr Inhaber der Sicherheit ist, wenn endgültig feststeht, dass die Forderung nicht zur Entstehung

---

des Sicherungsgebers grundlos gefährdet und dem Sicherungsnehmer etwas gibt, das für ihn ohne Wert ist, wenn die gesicherte Forderung nicht besteht.

[551] Buchholz Jura 90, 300 (305).
[552] Reinicke/Tiedtke DB 94, 2173 (2176); Ahrens AcP 200, 123 (129); Schmidt FS Serick S. 329 (331); Buchholz Jura 90, 30 (305).

gelangt oder mit Bedingungseintritt entfällt[553]. Nur solche endgültigen Störungsfälle werden hier diskutiert.

Störungen der gesicherten Forderung wirken sich aufgrund der gesetzlich angeordneten Akzessorietät unmittelbar auf das Sicherungsmittel aus. Der Gläubiger wird entweder erst gar nicht Inhaber eines Sicherungsmittels, oder seine Stellung als Sicherungsnehmer entfällt nachträglich.

bb) Nichtakzessorische Sicherungsmittel

Bei nichtakzessorischen Sicherungsmitteln fehlt die kraft Gesetzes unmittelbare Abhängigkeit des Sicherungsmittels von der gesicherten Forderung. Der Sicherungszweck ist nicht bereits aufgrund gesetzlicher Anordnung Wirksamkeitsvoraussetzung des Rechtsgeschäfts zwischen Gläubiger und Drittsicherer, mit dem sie sich über die Sicherungsüberlassung einigen. Dem entspricht auch die Regelung des § 1192 I BGB, der die Anwendbarkeit der hypothekenrechtlichen Vorschriften für die Grundschuld auf diejenigen beschränkt, die nicht im Zusammenhang mit der Akzessorietät der Hypothek stehen.

Da die Schaffung weiterer akzessorischer Sicherungsmittel durch Parteivereinbarung am numerus clausus der Sachenrechte und Verfügungstatbestände und an der Abgrenzbarkeit der Sicherungsmittel scheitert, bleiben Störungen der gesicherten Forderung und damit Verfehlungen des Sicherungszwecks unbeachtlich für die Entstehung und das Erlöschen der Sicherungsmittel. In Betracht kommt aber, dass das Kausalverhältnis, dem die gesicherte Forderung entstammt, und das Rechtsgeschäft, mit dem der Drittsicherer dem Gläubiger das Sicherungsmittel gewährt, durch andere Parteivereinbarungen in Zusammenhang gebracht werden. Dazu müsste die gesicherte Forderung anders als über die gesetzliche Anordnung der Akzessorietät in den Sicherungsbestellungsakt einbezogen werden.

Welche Möglichkeiten dazu bestehen, und welche Rechtsfolgen sich daran anschließen, soll im Folgenden diskutiert werden.

---

[553] Ist das Sicherungsmittel eine Hypothek, erwirbt der Eigentümer bis zum Eintritt der aufschiebenden Bedingung oder ab Eintritt der auflösenden Bedingung eine Eigentümergrundschuld, §§ 1163 I, 1177 BGB, Soergel-Konzen § 1113 Rn. 16; MüKo-Eickmann § 1113 Rn. 52, a. M. Wilhelm Sachenrecht Rn. 1322 ff. Das Pfandrecht für eine künftige oder bedingte Forderung, §§ 1204 II, 1273 BGB soll dagegen gleich entstehen, da es an einer entsprechenden Vorschrift des § 1163 I BGB für das Pfandrecht fehlt. Lediglich die Verwertungsbefugnis erlange der Gläubiger erst mit Fälligkeit der gesicherten Forderung, § 1228 II BGB, Soergel-Habersack § 1204 Rn. 23; v. Lübtow FS Lehmann I S. 328 (348); a. M. MüKo-Damrau § 1204 Rn. 22; Rüll Das Pfandrecht an Fahrnis für künftige oder bedingte Forderungen gemäß § 1204 II BGB S. 37 ff; Schellewald Die Sicherung künftiger Ansprüche im Vermögen des Schuldners S. 130 ff.

(1) Möglichkeiten für Einbeziehung des Sicherungszwecks

Es gibt verschiedene Möglichkeiten, wie die gesicherte Forderung für das Rechtsgeschäft über die Gewährung der nichtakzessorischen Sicherungsmittel Bedeutung erlangen kann.

(a) Geschäftseinheit

Das Rechtsgeschäft über die gesicherte Forderung und das Rechtsgeschäft, mit dem die Sicherung überlassen wird, könnten Teile eines einheitlichen Rechtsgeschäfts isd § 139 BGB darstellen, so dass sich die Nichtigkeit der gesicherten Forderung auf den Sicherungsbestellungsakt ausweitet.

Die Einheitlichkeit im strengen Sinn liegt nur vor, wenn es sich um einzelne Vertragsklauseln oder Vertragsteile handelt[554]. Das ist für die beiden hier zu diskutierenden Rechtsgeschäfte abzulehnen, da beide jeweils eigenständig abgeschlossen werden. Rechtsgeschäfte, insbesondere Grund- und Abwicklungsgeschäft stehen sich grundsätzlich als selbständige Rechtsgeschäfte gegenüber. Ob diese überhaupt zu einem einheitlichen Rechtsgeschäft verbunden werden können, ist auch heute noch heftig umstritten[555]. Aber auch von Befürwortern der Anwendbarkeit wird vorausgesetzt, dass äußerlich getrennte Rechtsgeschäfte nur dann ein einheitliches Rechtsgeschäft darstellen, wenn ein entsprechender Einheitlichkeitswille der Beteiligten besteht, der sich aus konkreten Anhaltspunkten ergeben muss[556]. Dazu müssen sich die Beteiligten einigen, dass die äußerlich getrennten Geschäfte „miteinander stehen und fallen sollen", d. h. dass das eine nicht ohne das andere gelten soll[557].

Im Hinblick auf die nichtakzessorischen Sicherungsmittel genügt es für die Anwendbarkeit des § 139 BGB nicht, dass mit ihnen die Sicherung einer Forderung verfolgt wird. Die Sicherungsfunktion stellt zwar einen Zusammenhang zwischen der gesicherten Forderung und dem Sicherungsmittel her, aber dieser geht nicht so weit, dass sich bereits aus dem Sicherungszweck eine unmittelbare Abhängigkeit der beiden Rechtsgeschäfte voneinander ergibt. Die unmittelbare Abhängigkeit wird erst über die gesetzliche Anordnung der Akzessorietät herge-

---

[554] Larenz/Wolf AT § 45 Rn. 5; Soergel-Hefermehl § 139 Rn. 16.

[555] Dagegen Flume AT II, § 12 III 4; Staudinger-Roth § 139 Rn. 54; Soergel-Hefermehl § 139 Rn. 20, Larenz/Wolf AT § 45 Rn. 11; Medicus AT Rn. 241; Wiegand AcP 190, 112 (122 ff); Stadler Gestaltungsfreiheit und Verkehrsschutz durch Abstraktion S. 81 ff; der Haupteinwand besteht darin, dass mit § 139 BGB das dem Schutz des Rechtsverkehrs dienende Abstraktionsprinzip nicht beseitigt werden darf. A. M. BGHZ 112, 376 (378); Palandt-Heinrichs § 139 Rn. 7 m. w. N.

[556] Palandt-Heinrichs § 139 Rn. 8, Eisenhardt JZ 91, 271 (272 ff).

[557] BGH MDR 66, 749; BGHZ 78, 346 (349); BGHZ 82, 188 (196); ein wirtschaftlicher Zusammenhang genügt nicht dazu, um äußerlich getrennte Geschäfte zu einem einheitlichen Ganzen isd § 139 BGB zu verbinden, Soergel-Hefermehl § 139 Rn. 16; RGZ 78, 41 (44); BGH NJW 87, 2004 (2007).

stellt. Außerdem würde die Anwendbarkeit des § 139 BGB die Reichweite des Zusammenhangs zwischen gesicherter Forderung und Sicherungsbestellungsakt, der sich aus dem Sicherungszweck ergibt, wesentlich überschreiten, da die Abhängigkeit der beiden äußerlich getrennten Geschäfte nicht wie bei der Akzessorietät nur einseitig, sondern beidseitig wäre. Mängel des Sicherungsbestellungsaktes, die zu dessen Nichtigkeit führen, würden auf die gesicherte Forderung durchschlagen. Wirtschaftlich betrachtet, soll der Gläubiger lediglich eine weitere Befriedigungsmöglichkeit erhalten für den Fall, dass er mit der gesicherten Forderung ausfällt.

Die Trennung der beiden Geschäfte müsste auf andere Weise aufgehoben werden.

(b) Bedingung

Dies kann geschehen, indem die Parteien das Rechtsgeschäft über die Gewährung des Sicherungsmittels, also die Übereignung §§ 929, 930 BGB, die Zession § 398 BGB oder die Grundschuldbestellung §§ 1191, 873 BGB unter die Bedingung einer bestehenden und durchsetzbaren gesicherten Forderung stellen. Das Entstehen der Forderung wäre dann aufschiebende Bedingung für den Erwerb des Sicherungsmittels, § 158 I BGB. Der Bestand des Sicherungsmittels wäre auflösend bedingt vom Fortbestehen der gesicherten Forderung, § 158 II BGB. Über den Umweg der Bedingung würde die Verfehlung des Sicherungszwecks doch noch unmittelbaren Einfluss auf die nichtakzessorischen Sicherungsmittel erhalten. Die Vereinbarung einer Bedingung hätte für das Entstehen und das Erlöschen des Sicherungsmittels eine mit der Akzessorietät vergleichbare Wirkung, so dass ihr der numerus clausus der Sachenrechte und der Verfügungstatbestände entgegen stehen könnte[558]. Danach kann Akzessorietät nur durch das Gesetz, nicht aber durch die Parteien, begründet werden[559]. Die Vereinbarung, nach der die gesicherte Forderung Bedingung der nichtakzessorischen Sicherungsmittel wird, ist ausgeschlossen, wenn damit Akzessorietät vereinbart würde.

Für die Bedingungsfeindlichkeit der nichtakzessorischen Sicherungsmittel in diesem Aspekt spricht, dass die Abhängigkeit der Sicherungsmittel von der gesicherten Forderung wesenstypisches Merkmal der akzessorischen Sicherungsmittel ist[560]. Grundlage für die Vereinbarung der Bedingung ist, das Erreichen des Sicherungszwecks Wirksamkeitsvoraussetzung für das Rechtsgeschäft über die Sicherungsmittel werden zu lassen.

---

[558] Staudinger-Wolfsteiner § 1191 Rn. 7 für die Grundschuld, da die Abhängigkeit von der Forderung Merkmal der Hypothek sei.
[559] Schmidt FS Serick S. 329 (333);
[560] zur Bedingungsfeindlichkeit insbesondere für die Grundschuld Staudinger-Wolfsteiner § 1191 Rn. 7; Jauernig NJW 82, 268 (269);

Dabei wird aber übersehen, dass die Vereinbarung einer Bedingung nur einen Teilaspekt der Akzessorietät erfasst, nämlich die Abhängigkeit der Entstehung und des Erlöschens des Sicherungsmittels von der gesicherten Forderung. Die gesetzliche Anordnung der Akzessorietät erfasst eine viel weitreichendere Abhängigkeit des Sicherungsmittels, etwa auch die Durchsetzbarkeit und das Verbot der getrennten Übertragung des Sicherungsmittels, die von der Vereinbarung einer Bedingung unberührt bleiben. Die Bedingung hat zwar Ersatzfunktion für die Akzessorietät, aber nur in einem Teilbereich[561]. Maßgebend für die Rechtsfolgen sind die Vorschriften über bedingte Rechtsgeschäfte, nicht aber die Normen, in denen die Akzessorietät geregelt ist[562]. Wird insbesondere die Bedingungsfeindlichkeit der Grundschuld auf § 1192 BGB gestützt, so ist nicht ersichtlich, warum die Nichtakzessorietät nur bei der Grundschuld dazu führen soll, dass das Bestehen der gesicherten Forderung nicht als Bedingung für die Grundschuld vereinbart werden darf. Entgegen anderen Vorschriften, nach denen ein Rechtsgeschäft bedingungsfeindlich ist, wie etwa § 925 II BGB, enthält § 1192 BGB kein ausdrückliches Bedingungsverbot[563].

Aus der bloßen Zulässigkeit einer Bedingung kann deren Vereinbarung im Zweifel nicht vermutet werden. Da es sich bei der Sicherungsübereignung und der Sicherungszession nach der wirtschaftlichen Intention um besitzlose Pfandrechte handelt, tatsächlich aber Vollrechte übertragen werden, überschreitet das Erworbene das tatsächlich als erworben Gewollte erheblich. Diese Diskrepanz könnte durch die Vermutung einer Bedingung gemildert werden. Dagegen spricht, dass der Drittsicherer zwar ein berechtigtes Interesse daran hat, dem mit der Rechtseinräumung verfolgten Sicherungszweck so weit wie möglich Geltung zu verschaffen, aber es den Parteien frei steht, ein akzessorisches oder ein nichtakzessorisches Sicherungsmittel zu vereinbaren[564]. Entscheiden sie sich dabei für ein nichtakzessorisches Sicherungsmittel, kann die daraus resultierende Unabhängigkeit des Sicherungsmittels von der gesicherten Forderung dem Gläubiger nicht per se nachteilig angelastet werden. Daher besteht keine Auslegungsregel, nach der das Entstehen und Fortbestehen der nichtakzessorischen Sicherungsmittel unter die Bedingung des Bestandes einer gesicherten Forderung steht[565]. Haben die Beteiligten eine Bedingung nicht ausdrücklich verein-

---

[561] Zur Bedeutung der Bedingung als Akzessorietätsersatz Medicus JuS 71, 497 (503); Bähr NJW 83, 1473 ff, MüKo-Quack Anh § 929 – 936 Rn. 17; Jauernig NJW 82,268 (269).
[562] Serick III § 37 I 3 e.
[563] Ahrens AcP 200. 123 (133).
[564] Pulina, NJW 84, 2872 (2873).
[565] BGH NJW 84, 1184 (1185); Schmidt FS Serick S. 329 (338); Westermann Sachenrecht § 44 III 4 b; Baur/Stürner Sachenrecht § 45 II 3 b Rn. 40; a. M. Thoma NJW, 84, 1162 (1163), der im Zweifel eine auflösende Bedingung annimmt, da er sie für interessengerechter hält; Serick III 37 I 3 c; Reinicke/Tiedtke DB 94, 2173 (2176 f); Becker-Eberhard Die Forderungsgebundenheit der Sicherungsrechte S. 615 ff;.

bart, kann diese auch nicht vermutet werden. Daher ist hier im Folgenden von einem unbedingten Rechtsgeschäft über die Gewährung der Sicherheit auszugehen.

(c) Zweckvereinbarung

Schließlich ist eine dritte Form denkbar, mit der die gesicherte Forderung in den Sicherungsbestellungsakt einbezogen wird. Für die Rechtsformen der nichtakzessorischen Sicherungsmittel ist, mit Ausnahme des Garantievertrags, nach ihrer gesetzlichen Konstruktion nicht an sich erkennbar, zu welchem Zweck sie vorgenommen werden. Das bedeutet aber nicht, dass sie von jeder Zweckverfolgung losgelöst sind[566].

Meist dienen Übereignung, Abtretung und die Bestellung einer Grundschuld der Erfüllung entsprechender Verpflichtungen. Dabei genügt in der Regel eine auch konkludent mögliche Zweckbestimmung durch den Zuwendenden, da sich die Zuordnung der Zuwendung zu dem zu erfüllenden Kausalverhältnis aus der Kongruenz von geschuldeter und erbrachter Leistung ergibt[567].

Die Beteiligten, zwischen denen Sachen übereignet, Forderungen abgetreten oder Grundschulden eingeräumt werden, sind nicht darauf festgelegt, diese Güterverschiebungen allein zur Erfüllung einer Verbindlichkeit zu verwenden[568]. Sie können sich auch darüber einigen, dass die Zuwendung zu einem anderen Zweck, namentlich zur Sicherung einer Forderung, erfolgen soll. Dieser Zweck ist weder wie bei kausalen Rechtsgeschäften aus der vorgenommenen Güterverschiebung erkennbar, noch ergibt er sich wie bei Leistungen zur Erfüllung einer Verpflichtung aus der Kongruenz[569] zwischen gesicherter Forderung und erbrachtem Sicherungsgegenstand. Es bedarf einer Parteivereinbarung, aus der hervorgeht, dass die Übereignung, die Abtretung oder die Grundschuldgewährung zur Sicherung einer Forderung dienen soll.

Wie bei der Leistung zur Erfüllung ist bei der Leistung zur Sicherung einer Forderung die Güterverschiebung von der Zweckerreichung abstrahiert. Erfül-

---

[566] Solche zweckneutralen Zuwendungen widersprechen der Natur des menschlichen Handelns, das auf die Erreichung eines Zwecks gerichtet ist, vgl. dazu Schnauder WM 00, 2073 (2077); 1. KapitelD. II. 4. a).

[567] Ob dann Erfüllung eintritt hängt zusätzlich davon ab, dass der Empfänger die Güterverschiebung zu demselben Zweck verwenden will, wie vom Zuwendenden intendiert. Übereignet A dem B sein Auto, weil er damit seine Verpflichtung aus einem Kaufvertrag mit B erfüllen will, und meint B abweichend, A würde ihm das Auto schenken, tritt keine Erfüllung ein. Die Übereignung bleibt davon aber unberührt, so dass A das Auto nur über §§ 812 ff BGB zurückverlangen kann. Die Kongruenz der aus dem Kaufvertrag geschuldeten und der erbrachten Leistung lässt auf die Intention des A schließen, reicht aber nicht aus, um den intendierten Zweck auch zu erreichen.

[568] Dazu Rehbein FS Heinsius S. 659 (661).

[569] Vgl. 1. Kapitel D. II. 4.c).

lungs- und Sicherungsgeschäfte sind Abwicklungsgeschäfte, die im Hinblick auf ein anderes Kausalgeschäft vorgenommen werden, so dass in beiden Fällen das Abstraktionsprinzip zur Anwendung kommt. Daher handelt es sich um eine abstrakte Zweckvereinbarung, in der sich die Beteiligten insbesondere einigen, welche Forderung gesichert wird. Andernfalls fehlt die Bezugnahme auf das abzuwickelnde Kausalgeschäft. Wie bei der Leistung zur Erfüllung einer Verpflichtung tritt Sicherung nur ein, wenn und soweit die gesicherte Forderung besteht[570]. Auf die Wirksamkeit der Übereignung, der Abtretung und der Grundschuldgewährung hat die Zweckerreichung keinen Einfluss.

(aa) Inhalt

Inhalt der Sicherungszweckabrede ist die Vereinbarung, dass der Erwerber den übertragenen Gegenstand nur zur Sicherung erlangt, so dass er über ihn nicht frei verfügen kann, sondern ihm, gleich einem akzessorischen Sicherungsmittel, nur für den Eintritt des Sicherungsfalls ein Verwertungsrecht an dem Gegenstand zusteht[571]. Dies setzt voraus, dass in der Zweckabrede neben dem Sicherungszweck das Sicherungsrecht, das Sicherungsgut und der Sicherungsumfang bestimmt wird[572]. Erst durch die Sicherungszweckabrede werden die Übereignung, die Abtretung und die Grundschuldgewährung mit der zu sichernden Forderung verknüpft[573], so dass ihr die Aufgabe der Akzessorietät zukommt. Da der Sicherungszweck den nichtakzessorischen Sicherungsmitteln nicht notwendig anhaftet, hat die Sicherungszweckabrede konstitutive Wirkung hinsichtlich des Sicherungszwecks[574].

Die Vereinbarung des Sicherungszwecks, mit der die Verbindung zwischen der gesicherten Forderung und dem nichtakzessorischen Sicherungsmittel geschaffen wird, muss unterschieden werden von der Abrede, mit der die Verpflichtung zur Stellung einer Sicherheit begründet wird. Die Verpflichtung zur Stellung einer Sicherheit stellt noch nicht die Verknüpfung des Sicherungsmittels zur gesicherten Forderung her, da die spätere Gewährung der Sicherheit im Hinblick auf diese Abrede zur Erfüllung der Verpflichtung dient, aber nicht zur Sicherung einer Forderung. Die Verpflichtung hat nur vorbereitenden

---

[570] Kress AS § 5, 2 c).

[571] Rehbein FS Heinsius S. 659 (661).

[572] Buchholz ZIP 87, 891 (893).

[573] Neuhof/Richrath NJW 96, 2894 (2895).

[574] Rehbein FS Heinsius S. 659 (661); Buchholz AcP 187, 107 (124, Fn. 70); darin liegt auch der Unterschied zu den akzessorischen Sicherungsmitteln, für die eine Sicherungszweckabrede keine konstitutive, sondern höchstens eine deklaratorische Wirkung hat. Die gesetzlich angeordnete Akzessorietät macht eine Parteivereinbarung überflüssig; Neuhof/Richrath NJW 96, 2894 (2895); a. A. Ahrens AcP 200, 123 (129), der die vertragliche Sicherungsabrede auch für akzessorische Sicherungsmittel voraussetzt, da durch sie bestimmt werde, welches Recht abgesichert werde.

Charakter hinsichtlich der späteren Sicherung selbst, so dass nicht bereits die Bestellungsverpflichtung, sondern erst das Sicherungsmittel selbst den Sicherungszweck gegenüber der zu sichernden Forderung verfolgt[575]. Sind der Schuldner und der Sicherungsbesteller identisch, fallen die Sicherungszweckabrede und die Verpflichtung zur Verschaffung einer Sicherheit meist zusammen. Eine Abgrenzung ist insoweit überflüssig, weil sich Störungen der gesicherten Forderung nur zwischen diesen beiden auswirken. Bei Dreipersonenverhältnissen muss dagegen zwischen den verschiedenen Abreden und ihren Wirkungen streng unterschieden werden, da es sonst zu einer Vermengung kommt, die nur noch schwer auflösbar ist.

Die Verbindung der Übereignung, der Abtretung und der Gewährung der Grundschuld beschränkt den Erwerb des Gläubigers in mehrerer Hinsicht. Zum einen muss er sich so behandeln lassen, als ob er nur ein Pfandrecht und damit ein dingliches Verwertungsrecht erworben hätte. Andererseits begrenzt die Sicherungszweckabrede die Berechtigung des Erwerbers an dem Sicherungsmittel in zeitlicher Hinsicht. Entfällt die Forderung oder entsteht sie erst gar nicht, so besteht auch keine Grundlage mehr, dem Gläubiger weiterhin das Sicherungsgut zu belassen[576].

Insoweit kollidiert die Vereinbarung eines Sicherungszwecks nicht mit dem Typenzwang oder dem numerus clausus der dinglichen Rechte oder Verfügungstatbestände, da die Sicherungszweckabrede auf die Rechtsfolgen der Verfügungstatbestände keinen Einfluss hat und auch keine Inhaltsänderung des betroffenen Rechts herbeiführt. Der Gläubiger erwirbt wie bei jeder Übereignung oder Abtretung das Vollrecht[577] an der Sache oder der Forderung. Auch das Verwertungsrecht aus der Grundschuld besteht beim Gläubiger nach außen uneingeschränkt mit absoluter Wirkung. Die Sicherungszweckabrede entfaltet nur zwischen den Beteiligten Wirkung, indem sie wie bei der Leistung zur Erfüllung einer Verpflichtung die Voraussetzungen bestimmt, nach denen der Empfänger zum Behaltendürfen berechtigt ist. Dingliche Wirkung kommt dem Sicherungszweck wie auch dem Erfüllungszweck nicht zu, da es sich andernfalls um eine rechtsgeschäftliche Verfügungsbeschränkung handeln würde, die im

---

[575] Missverständlich Bülow Recht der Kreditsicherheiten Rn. 50 a, der behauptet, dass Zweck des Sicherungsvertrags der Sicherungszweck sei. Aber nicht der Sicherungsvertrag dient der Sicherung der Forderung, sondern das Sicherungsmittel, das in Ausführung der Verpflichtung aus der Sicherungsverschaffungsabrede gewährt wird. Bei den nichtakzessorischen Sicherungsmitteln muss eben dieser Sicherungszweck, der den akzessorischen Sicherungsmitteln durch gesetzliche Anordnung bereits anhaftet, durch eine abstrakte Zweckvereinbarung erst begründet werden.

[576] Mühl FS Serick S. 285 (289); zur zeitlichen Begrenzung auch Baur/Stürner Sachenrecht § 57 A I 1 a Rn. 2.

[577] Westermann Sachenrecht § 44 I 1; gemeint ist, dass die Rechtsstellung des Erwerbers an dem übertragenen Gegenstand uneingeschränkt ist, MüKo-Quack Anh §§ 929 – 936 Rn. 5.

Widerspruch zum Verbot des § 137 BGB stünde. Die Zweckverfehlung hat nur relative Bedeutung, indem sie einen Rückforderungsanspruch auslöst.

(bb) Parteien

Löst die Verfehlung des Sicherungszwecks einen Rückforderungsanspruch aus, ist von großem Interesse, wer Partei der Sicherungszweckabrede ist, da nur derjenige Inhaber eines Rückforderungsanspruchs sein kann, dessen Güterverschiebung den von ihm verfolgten Zweck nicht erreicht oder nachträglich verfehlt.

Die Parteien der Sicherungszweckabrede werden als Sicherungsgeber und als Sicherungsnehmer bezeichnet[578], ohne dass sich bereits aus den Bezeichnungen die Identität der Beteiligten ergeben könnte. Sicherungsnehmer ist, wer das Sicherungsmittel erlangt, also der Gläubiger der Forderung, die gesichert werden soll[579].

Schwieriger ist die Frage nach dem Sicherungsgeber zu beantworten, da bei Dreipersonenverhältnissen mit dem Schuldner und dem Drittsicherer zwei mögliche Personen in Betracht kommen. Aus dem Begriff allein ergibt sich, dass als Sicherungsgeber derjenige an zu sehen ist, der dem Gläubiger die Sicherheit bestellt und ihm damit die Gläubigerstellung oder dingliche Berechtigung einräumt[580]. Die Bestellung des Sicherungsmittels ist dabei nichts anderes als eine Zuwendung, die durch die Vereinbarung des Sicherungszweck mit einem Zweck verbunden wird, so dass die Frage nach dem Sicherungsgeber die schon bekannte Frage nach dem Leistenden im rechtlichen Sinn ist. Entscheidend ist daher für die Identifizierung des Sicherungsgebers nicht, wer die Vermögensverschiebung in Person vornimmt, sondern wer über ihre Verwendung disponieren kann. Erfolgt die Bestellung einer Sicherheit durch die Einschaltung eines Dritten, dann ist derjenige Sicherungsgeber, dem hinsichtlich des Sicherungszwecks die Dispositionsbefugnis zusteht, da diese den Herrn des Geschehens ausweist.

Unproblematisch sind insoweit die Fälle, in denen der Schuldner dem Gläubiger zur Sicherung der Forderung ein Sicherungsmittel überträgt, das ihm selbst von einem Dritten eingeräumt wurde, etwa indem er eine ihm vom Dritten überlassene Sicherungsgrundschuld seinem Gläubiger zur Sicherung der eigenen Forderung überträgt[581]. Der Schuldner ist Sicherungsgeber, ohne dass es auf eine

---

[578] Palandt-Bassenge § 1191 Rn. 18;

[579] Palandt-Bassenge § 1191 Rn. 18; Reinicke/Tiedtke WM 91 Sonderbeilage 5 S. 2.

[580] Reinicke/Tiedtke WM 91 Sonderbeilage 5 S. 2.; Rehbein FS Heinsius S. 659 (678);

[581] Reinicke/Tiedtke WM 91 Sonderbeilage 5 S. 1; Wilhelm Sachenrecht Rn. 1640; BGHZ 80, 228 (230);

entsprechende Berechtigung durch den Dritten ankäme, da eine Beschränkung nur interne Wirkung hätte[582].

Schwierigkeiten entstehen dann, wenn der Schuldner nie Inhaber der Sicherheit wurde, sondern den Dritten veranlasste, die Sicherheit unmittelbar dem Gläubiger zu bestellen. Der BGH nimmt für die Sicherungsgrundschuld an, dass sowohl der Grundstückseigentümer als auch der nicht identische Schuldner Sicherungsgeber sein können[583]. Dies veranlasst *Clemente* zu der Folgerung, dass mangels ausdrücklicher Regelung die Person des Sicherungsgebers durch Auslegung zu ermitteln sei, nach der in der Regel der Schuldner Sicherungsgeber sei[584]. Er begründet dies damit, dass der Schuldner dem Gläubiger das Beleihungsobjekt als Sicherheit anbiete, dieser auch allein zur Sicherheitenbestellung verpflichtet sei und der Gläubiger keinen Einblick in das Innenverhältnis zwischen Schuldner und Drittsicherer habe, so dass der Schuldner durch die Gesamtumstände als Herr des Geschehens ausgewiesen werde. Andererseits spricht für den Drittsicherer als Sicherungsgeber, dass er mit der Sicherungsbestellung ein eigenes Vermögensopfer erbringt und deshalb daran interessiert ist, das übernommene Risiko selbst zu bestimmen[585].

Richtig ist, dass Herr des Geschehens über die Vornahme einer Güterverschiebung nicht notwendig derjenige ist, der sie tatsächlich vornimmt. Da Zuwendungen zweckgebunden sind, kommt es für ihren Bestand darauf an, dass der mit ihnen verfolgte Zweck erreicht wird. Herr einer Zuwendung ist daher derjenige, der bestimmen darf, zu welchem Zweck die Zuwendung vorgenommen wird[586]. Geschieht die Güterverschiebung wie bei der Sicherungsmittelbestellung mittels Einschaltung eines Dritten, wäre der Schuldner Herr des Geschehens, wenn er das Sicherungsmittel zu eigenen Finanzierungszwecken verwenden könnte. Da er nicht Inhaber des Sicherungsmittels ist, müsste ihm diese Befugnis vom Drittsicherer übertragen werden. Das ist ausgeschlossen, wenn der Drittsicherer selbst über den Sicherungszweck disponiert[587].

Eine Übertragung der Zwecksetzungsbefugnis hinsichtlich des Sicherungszwecks auf den Schuldner kann nicht bereits daraus gefolgert werden, dass der Bestellung der Sicherheit entsprechende Verpflichtungen in den Verhältnissen zwischen Gläubiger und Schuldner und zwischen Schuldner und Drittsicherer bestanden. Zunächst will der Drittsicherer mit der Bestellung der Sicherheit seine eigene Verpflichtung erfüllen und überlässt die Güterverschiebung zum gleichen Zweck dem Schuldner zur Erfüllung dessen Verpflichtung gegenüber

---

[582] Rehbein FS Heinsius S. 659 (678);
[583] BGH WM 89, 210 (211).
[584] Clemente ZIP 90, 969 (970).
[585] Reinicke/Tiedtke WM 91 Sonderbeilage 5, S. 1.
[586] Vgl. 1. Kapitel D. IV. 3. a) bb).
[587] Vgl. 1. Kapitel D. IV. 3. a) bb) (2).

dem Gläubiger. Die Verpflichtung des Drittsicherers reicht in den hier zugrunde gelegten Fällen aber nicht so weit, dass der Schuldner einen Anspruch darauf hätte, selbst Inhaber der Sicherheit zu werden, um diese dann zu eigenen Finanzierungszwecken als Fremdsicherheit auf den Gläubiger zu übertragen. In letzterem Fall dient die unmittelbare Bestellung der Sicherheit vom Drittsicherer auf den Gläubiger dazu, doppelte Übertragungsvorgänge zu vermeiden[588]. Bei den hier zugrunde gelegten Fällen stellt sich die Rechtslage anders dar. Der Schuldner verpflichtet sich gegenüber dem Gläubiger allein dazu, ihm die Stellung einer Sicherheit durch einen Dritten zu beschaffen[589]. Dazu schließt er mit dem Drittsicherer einen Geschäftsbesorgungsvertrag, der dem Schuldner nur einen Anspruch auf Bestellung der Sicherheit zugunsten des Gläubigers gewährt. Die Beschaffungsleistung ist erfüllt, wenn sich Drittsicherer und Gläubiger über die Bestellung der Sicherheit einigen. Wollte wie hier der Drittsicherer dem Schuldner die Sicherheit nicht zur Verwendung zu eigenen Zwecken übertragen, fehlt es für den mit der Bestellung der Sicherungsmittel verfolgten Sicherungszweck an der Übertragung der Dispositionsbefugnis auf den Schuldner. Sicherungsgeber ist der Drittsicherer, so dass dieser auch den Sicherungszweck vereinbart.

Dies entspricht auch der Rechtslage bei der Beauftragung eines Dritten, mit dem Gläubiger einen Bürgschaftsvertrag abzuschließen. Parteien des Bürgschaftsvertrags sind der Bürge und der Gläubiger, § 765 BGB. Der Sicherungszweckabrede bei den nichtakzessorischen Sicherungsmitteln entspricht die Aufnahme der zu sichernden Forderung in den Bürgschaftsvertrag, die nach § 765 BGB zwingend ist[590]. Sicherungsgeber ist der Bürge. Eine Abrede zwischen Schuldner und Gläubiger, welche Forderung mit der Bürgschaft gesichert werden soll, hätte keine Bedeutung. Ist bei den nichtakzessorischen Sicherungsmitteln der Drittsicherer Sicherungsgeber, stellt erst dessen Vereinbarung mit dem Gläubiger über den Sicherungszweck die Verbindung zwischen Sicherungsmittel und gesicherter Forderung her. Eine Abrede zwischen Schuldner und Gläubiger wäre zwar möglich, hätte aber keine Bindungswirkung für den Drittsicherer[591], erlangt aber mittelbar doch Bedeutung für den Drittsicherer, da der Schuldner darauf bestehen wird, dass sich der Drittsicherer ihm gegenüber verpflichtet, für eben diese Forderungen dem Gläubiger die Sicherheit zu bestellen.

---

[588] Rehbein FS Heinsius S. 659 (680). Die Rechtslage soll jedoch so angesehen werden, als ob der Schuldner zunächst Inhaber der Sicherheit geworden wäre, so dass er Sicherungsgeber gegenüber dem Gläubiger wäre, Reinicke/Tiedtke WM 91 Sonderbeilage 5, S. 3.

[589] Zu dieser Unterscheidung Wilhelm Sachenrecht Rn. 1642.

[590] Reinicke/Tiedtke WM 91 Sonderbeilage 5, S. 3.

[591] Reinicke/Tiedtke WM 91 Sonderbeilage 5, S. 4.

(d) Zwischenergebnis

Die Verbindung zwischen gesicherter Forderung und dem Sicherungsmittel wird bei den nichtakzessorischen Sicherungsmitteln durch eine abstrakte Zweckvereinbarung herbeigeführt. Parteien der Vereinbarung sind der Drittsicherer als Sicherungsgeber und der Gläubiger als Sicherungsnehmer.

(2) Rechtsfolgen der Zweckverfehlung

Erlangt der Sicherungszweck über eine abstrakte Zweckvereinbarung für das Rechtsgeschäft über die Gewährung des Sicherungsmittels Bedeutung, führt dessen Verfehlung dazu, dass der Drittsicherer als Sicherungsgeber die Sicherheit vom Gläubiger als Sicherungsnehmer zurück verlangen kann. Die endgültige Zweckverfehlung löst einen Rückforderungsanspruch aus.

(a) Anspruchsgrundlage

Das Gesetz selbst hält für die Verfehlung des Sicherungszwecks bei nichtakzessorischen Sicherungsmitteln keine spezielle Regelung bereit, so dass die Vorschriften über die ungerechtfertigte Bereicherung als subsidiäre Auffangregelung zur Geltung kommen[592], wenn die Parteien nicht eine vertragliche Regelung in der Sicherungszweckabrede getroffen haben.

(aa) Vertragliche Anspruchsgrundlage

Eine ausdrückliche Regelung des Rückgewähranspruchs für Störungen der gesicherten Forderung wird meist fehlen, da die Parteien von einem fehlerfreien Sicherungsgeschäft ausgehen. Einzig die Tilgung der gesicherten Forderung wird von den Parteien als vorhersehbare und deshalb planbare „Störung" des Sicherungszwecks Eingang in die Sicherungszweckabrede finden. Selbst wenn es für diesen Fall zu keiner ausdrücklichen Vereinbarung kommt, gehört ein entsprechender Rückgewähranspruch zum immanenten Inhalt der Abrede[593].

Andere Störungen, wie das Nichtentstehen der Forderung oder deren späterer Wegfall aus anderen Gründen, werden von den Parteien nur selten vorhergesehen und finden deshalb auch regelmäßig keinen Eingang in die Sicherungszweckabrede. Daher kommt ein vertraglicher Rückgewähranspruch nur in Betracht, wenn die Sicherungszweckabrede entsprechend ergänzend ausgelegt werden kann. Mit der ergänzenden Vertragsauslegung werden Vertragslücken

---

[592] v. Caemmerer FS Rabel I S. 333 (342).
[593] MüKo-Eickmann § 1191 Rn. 22; Palandt-Bassenge § 1191 Rn. 19; Baur/Stürner § 45 II 2 b) aa) Rn. 26.

geschlossen, indem unter Berücksichtigung von Treu und Glauben und der Verkehrssitte ein hypothetischer Parteiwille festgestellt wird[594].

Haben Gläubiger und Drittsicherer keine Regelung getroffen, welche Rechtsfolgen mögliche Störungen der gesicherten Forderung auf das nichtakzessorische Sicherungsmittel haben sollen, liegt eine Vertragslücke vor, da auch nach dem Sinngehalt[595] von nichtakzessorischen Sicherungsgeschäften der Gläubiger nur solange Inhaber der Sicherheit bleiben soll, wie für ihn ein Bedürfnis auf die Sicherheit besteht[596]. Insoweit könnte der Sicherungszweckabrede durch ergänzende Auslegung der Sicherungszweckabrede ein übereinstimmender Parteiwille entnommen werden, dem Sicherungsgeber bei jeder Störung der gesicherten Forderung, die zu einem endgültigen Wegfall des Sicherungsbedürfnisses führt, einen Rückforderungsanspruch zu geben[597], da der Sicherungsnehmer kein schutzwürdiges Interesse mehr hat, die Sicherheit länger zu behalten.

(bb) Bereicherungsrechtlicher Rückgewähranspruch

Eine ergänzende Vertragsauslegung ist ausgeschlossen, wenn das dispositive Recht eine entsprechende Regelung enthält[598].

Gegen diesen Vorrang des dispositiven Gesetzesrechts wird eingewandt, dass mit der ergänzenden Vertragsauslegung ein rechtsgeschäftlicher Wille zum Ausdruck kommt, der das dispositive Gesetzesrecht abbedingt und damit dessen Anwendung ausschließt[599]. Dabei wird die Bedeutung des dispositiven Gesetzesrechts missverstanden. Der Gesetzgeber trifft mit dem dispositiven Recht eine Regelung, die eine interessengerechte, am Vertragszweck orientierte Lösung anbietet[600]. Dabei orientiert sich der Vorrang des dispositiven Gesetzesrechts in der Regel an den speziellen Regelungen des Rechtsgeschäftstyps. Da das Gesetz weder eine spezielle Regelung über die Sicherungszweckabrede noch einen Rückgewähranspruch bei Zweckverfehlung enthält, scheint kein dispositives

---

[594] Palandt-Heinrichs § 157 Rn. 2; Larenz/Wolf AT § 33 Rn. 11 spricht von Weiterdenken der vertraglichen Regelung.
[595] Nur planwidrige Vertragslücken können mit der ergänzenden Vertragsauslegung geschlossen werden. Zum Sinngehalt des Vertrags als Kriterium für die Planwidrigkeit einer Vertragslücke Buchholz ZIP 87, 891 (898);
[596] Das ist Ausfluss der Sicherungszweckabrede. Für den Spezialfall der planmäßigen Forderungstilgung ist das auch Vertragsinhalt geworden.
[597] Buchholz ZIP 87, 891 (897 f).
[598] MüKo-Mayer-Maly/Busche § 157 Rn. 35; Palandt-Heinrichs § 157 Rn. 4; Staudinger-Roth § 157 Rn. 23; BGHZ 40, 91 (103); 77, 301 (304); Medicus AT Rn. 340 ff; Larenz/Wolf AT § 33 Rn. 19; Henckel AcP 159, 106 (122).
[599] Larenz NJW 63, 737 zur Darstellung der Kritik am Vorrang des dispositiven Rechts.
[600] Larenz NJW 63, 737 (740).

Recht vorhanden zu sein, das die ergänzende Vertragsauslegung ausschließen könnte.

Allerdings enthält das BGB mit den Vorschriften über die ungerechtfertigte Bereicherung eine Regelung für die Abwicklung rechtsgrundloser Leistungen, die immer dann zur Anwendung kommt, wenn für das Rechtsgeschäft keine speziellen Rückabwicklungsregelungen vorhanden sind[601]. Daher haben §§ 812 ff BGB Vorrang vor einer ergänzenden Vertragsauslegung, wenn mit ihnen die Störungen der gesicherten Forderung und die daraus resultierende Verfehlung des Sicherungszwecks erfasst werden.

Wird der vom Drittsicherer gegenüber dem Gläubiger mit der Hingabe der nichtakzessorischen Sicherungsmittel verfolgte Sicherungszweck von Anfang an verfehlt, weil die gesicherte Forderung nicht entsteht oder aber z. B. wegen Anfechtung ex tunc nichtig ist, § 142 I BGB, kann der Drittsicherer das Sicherungsmittel nach § 812 I 1 Fall 1 BGB zurückverlangen. Dieser Rückgewähranspruch besteht auch dann, wenn mit der Hingabe der Sicherheit gleichzeitig die der Hingabe zugrunde liegenden Verpflichtungen aus der Sicherungsverschaffungsabrede und dem Geschäftsbesorgungsvertrag erfüllt werden, da es sich nicht um eine der Rechtslage bei Leistung auf Anweisung vergleichbare Konstellation handelt[602]. Die Erreichung des Erfüllungszwecks rechtfertigt lediglich die Erlangung und den Verbleib des Sicherungsmittels beim Gläubiger. Der Sicherungszweck beschränkt den Verbleib des Sicherungsmittels auf die Zeit und den Umfang eines bestehenden Sicherungsbedürfnisses des Gläubigers. Da dieser zwischen Gläubiger und Drittsicherer vereinbart wird, muss die Rückabwicklung als actus contrarius zur Hingabe zwischen ihnen erfolgen.

Entfällt die gesicherte Forderung nachträglich, fällt auch der Sicherungszweck nachträglich weg. Auch wenn mit der Hingabe des Sicherungsmittels der Sicherungszweck zunächst erreicht wurde, fällt dieser Behaltensgrund weg, wenn aufgrund eines nachträglichen Umstandes der Sicherungszweck nicht mehr länger erreicht werden kann. Der Drittsicherer hat einen Rückgewähranspruch aus § 812 I 2 Fall 1 BGB.

Insoweit findet ein Gleichlauf der Rechtsfolgen bei akzessorischen und nichtakzessorischen Sicherungsmitteln statt, allerdings mit dem Unterschied, dass die akzessorischen Sicherungsmittel automatisch an den Drittsicherer zurückfallen. Bei den nichtakzessorischen Sicherungsmitteln bedarf es dazu eines Aktivwerdens durch den Drittsicherer. Die Nichtakzessorietät rechtfertigt nicht den Ausschluss eines Rückforderungsanspruchs des Drittsicherers. Mit ihr soll lediglich ein unmittelbarer Rückfall oder Entfall des Sicherungsmittels beim Gläubiger vermieden werden.

---

[601] v. Caemmerer FS Rabel I S. 333 (342).
[602] Vgl. 1. Kapitel D. IV. 3. a) bb).

(b)   Inhalt des Anspruchs

Ziel des Rückgewähranspruchs ist es, dass der Gläubiger die Rechtsstellung aus dem Sicherungsmittel verliert und der Drittsicherer nicht weiter belastet wird. Am deutlichsten wird dies bei der Sicherungsgrundschuld, bei der die Rückgewähr durch Verzicht, Aufhebung oder Rückübertragung erfolgen kann[603]. Bei Verzicht, §§ 1192 I, 1168 I, 1169 BGB und Rückübertragung erlangt der Eigentümer die Grundschuld. Mit der Aufhebung fällt die Belastung des Grundstücks weg. In allen Varianten steht dem Eigentümer die unbeschränkte Verfügungsbefugnis über das Grundstück und damit unbelastetes Eigentum zu[604]. Bei der Sicherungsübereignung besteht die Rückgewähr in der Rückübereignung der Sache[605]. Ebenso muss die zur Sicherung abgetretene Forderung auf den Drittsicherer rückabgetreten werden[606]. Für die Garantie besteht die Rückgewährverpflichtung des Gläubigers im Verzicht auf die Forderung oder in der Aufhebung des Vertrags. Eine Rückübertragung der Forderung auf den Garanten scheidet aus, da die Forderung erlischt, wenn sie sich mit der Schuld in einer Person vereinigt[607].

2.   Auswirkung der Sicherungszweckverfehlung bei erfolgter Inanspruchnahme der Sicherheit

Wurde die Sicherheit trotz Fehlens oder Wegfalls der gesicherten Forderung in Anspruch genommen, soll hinsichtlich der Rechtsfolgen erneut zwischen akzessorischen Sicherungsmitteln und nichtakzessorischen Sicherungsmitteln unterschieden werden.

a)   Akzessorische Sicherungsmittel

War die gesicherte Forderung nicht entstanden, oder fiel sie vor Inanspruchnahme der Sicherheit weg, erwarb der Gläubiger entweder nie ein Sicherungsmittel, oder es entfiel nachträglich automatisch, weil die Akzessorietät den Bestand und das Fortbestehen der akzessorischen Sicherungsmittel unmittelbar von der gesicherten Forderung abhängig macht, §§ 767, 1163 I, 1204, 1252 BGB. Fehlt es an einem wirksamen Sicherungsmittel, kann dieses auch nicht

---

[603] Westermann Sachenrecht § 117 II 2; Baur/Stürner Sachenrecht § 45 II 2 b) bb) Rn. 28; Palandt-Bassenge § 1191 Rn. 32; BGH NJW 85, 800 (801).

[604] Wilhelm Sachenrecht Rn. 1577 Fn. 1612.

[605] Diese kann stillschweigend oder ausdrücklich erfolgen, MüKo-Quack Anh §§ 929 – 936 Rn. 46. Der Drittsicherer erlangt sein ursprüngliches Eigentum nur durch eine Rückübereignung zurück. Verzicht und Aufhebung des Eigentums lassen die Sache bei gleichzeitiger Besitzaufgabe herrenlos werden, § 959 BGB. Eine dem § 1168 BGB entsprechende Regelung für den Verzicht fehlt für die Übereignung.

[606] Baur/Stürner Sachenrecht § 58 A I 2 d Rn. 5.

[607] sog. Konfusion Palandt-Heinrichs Überbl 4 v § 362; BGHZ 48, 219.

verwertet werden. Will der Gläubiger den Drittsicherer dennoch aus dem Sicherungsmittel in Anspruch nehmen, kann der Drittsicherer das Fehlen der gesicherten Forderung als rechtsvernichtende Einwendung gegen die Inhaberschaft geltend machen, §§ 767, 1163 I, 1204, 1252 BGB.

aa) Bürgschaft

Zahlt der Bürge trotz Nichtigkeit des Bürgschaftsvertrags die Bürgschaftssumme an den Gläubiger, um seine vermeintlich bestehende Verpflichtung zu erfüllen, erfolgt die Zahlung ohne Rechtsgrund. Der Bürge hat einen Rückforderungsanspruch aus § 812 I 1 Fall 1 BGB[608]. Eine Rückabwicklung der Zahlung entlang der Kausalverhältnisse, die der Bürgschaftsstellung zugrunde liegen[609], scheidet aus. Der Bürge will mit seiner Zahlung allein seine eigene Verpflichtung gegenüber dem Gläubiger erfüllen. Die Zahlung wird auch nicht wie bei der Leistung auf eine angenommene Anweisung über die Rechtsbeziehungen Bürge – Schuldner und Schuldner – Gläubiger gerechtfertigt, da diese bereits durch den Abschluss des Bürgschaftsvertrags abgewickelt wurden[610].

Entfällt die gesicherte Forderung erst nach Inanspruchnahme der Sicherheit, etwa indem der persönliche Schuldner sie nachträglich tilgt, wurde der Zweck, die Bürgschaftsforderung zu erfüllen, zunächst erreicht, so dass die Leistung des Bürgen mit Rechtsgrund erfolgte. Eine Kondiktion des Bürgen scheint ausgeschlossen. Andererseits bestand auch die gesicherte Forderung immer noch, da der Bürge mit seiner Leistung diese Forderung nicht erfüllen wollte und sie dem Schuldner nicht als eigene Leistung zurechenbar ist[611]. Scheinbar erlangt der Gläubiger eine doppelte Befriedigung.

Mit der Leistung des Bürgen auf seine Verpflichtung aus der Bürgschaft geht die gesicherte Forderung auf ihn über, § 774 I 1 BGB. Der Gläubiger ist nicht mehr länger Inhaber der Forderung. Hat der Schuldner davon keine Kenntnis und leistet an den Gläubiger zu Tilgung der gesicherten Schuld, muss der Bürge das gegen sich gelten lassen, § 409 I BGB. Zum Ausgleich kann der Bürge vom Gläubiger nach § 816 II BGB das vom Schuldner Erlangte herausverlangen.

Daneben hat der Bürge aber auch einen Anspruch gegen den Gläubiger auf Rückgabe seiner eigenen Zahlung auf die Bürgenverpflichtung. Das BGB ent-

---

[608] Koziol ZBB 89, 16 ff; Reuter/Martinek Ungerechtfertigte Bereicherung § 12 VII 1; Köndgen FS Esser S. 55 (67); Kupisch Gesetzespositivismus S. 89 f; a. M. noch Canaris FS Larenz S. 799 (837), der diese Meinung aber aufgegeben hat in Larenz/Canaris SchuldR II/2 § 70 V 4 b.

[609] So noch Canaris FS Larenz S. 799 (837), der diese Meinung aber aufgegeben hat in Larenz/Canaris SchuldR II/2 § 70 V 4 b.

[610] Vgl. 1. Kapitel D. V. 4.; Koziol ZBB 89, 16 (21).

[611] Vgl. 1. Kapitel D. V. 4. a) bb) und b).

hält mit § 812 I 2 Fall 1 BGB eine Vorschrift, nach der eine Leistung heraus zu geben ist, wenn ein für eine Leistung zunächst bestehender Behaltensgrund nachträglich einfällt. Diese condictio ob causam finitam kommt z. B. zur Anwendung beim Eintritt einer auflösenden Bedingung nach der Leistung. Der zunächst mit der Leistung auf die auflösend bedingte Verpflichtung verfolgte Erfüllungszweck wird erreicht. Der Bedingungseintritt lässt das Schuldverhältnis aber nachträglich entfallen, so dass auch der zunächst eingetretene Erfüllungszweck wegfällt. Der Empfänger muss sich aufgrund des nachträglichen Umstandes so behandeln lassen, als hätte bereits bei Leistungserbringung der Rechtsgrund gefehlt. Er muss die Leistung herausgeben, § 812 I 2 Fall 1 BGB.

Der Bürge verfolgte mit der Leistung an den Gläubiger die Erfüllung seiner Verpflichtung aus dem Bürgschaftsvertrag, so dass dieser solange zum Behaltendürfen der Leistung berechtigt ist, wie der Bürgschaftsvertrag, wenn auch in abgewickelter Form Rechtswirkungen entfaltet.

Das Erlöschen der gesicherten Forderung lässt das mit der Hingabe der Bürgenverpflichtung befriedigte Sicherungsbedürfnis nachträglich entfallen, das den Gläubiger zum Behaltendürfen der Forderung gegen den Bürgen berechtigt. Wie bei der Leistung zur Erfüllung einer Verpflichtung, rechtfertigt das Fortdauern der Zweckerreichung das Behaltendürfen der Leistung. Entfällt der Zweck einer Leistung nachträglich, muss der Empfänger sie herausgeben. Allerdings ist eine Herausgabe nur solange und soweit möglich, wie der Zweckfortfall die Vermögensmehrung beim Empfänger der Leistung unberührt lässt. Aufgrund der Akzessorietät ist der mit der Hingabe der Bürgenverpflichtung verfolgte Zweck kausaler Natur. Mit Zweckfortfall entfällt damit auch automatisch und kraft Gesetz die Zuwendung zugunsten des Gläubigers. Eine nachträgliche Herausgabe der Bürgschaftsverpflichtung ist nicht möglich.

Allerdings entfällt mit dem Wegfall der Bürgschaftsverpflichtung nachträglich auch der Grund, der den Gläubiger berechtigt, die Leistung des Bürgen behalten zu dürfen, die zur Tilgung der Bürgschaftsverpflichtung diente. Auch wenn der Bürge den zunächst mit seiner Leistung an den Gläubiger verfolgten Zweck – die Tilgung seiner Bürgenschuld – erreicht, ist der Gläubiger nicht berechtigt, die Leistung länger behalten zu dürfen. Nur das Fortdauern der Zweckerreichung rechtfertigt das Behaltendürfen einer Leistung.

Treten nachträglich Umstände auf, die den zunächst eingetretenen Zweck entfallen lassen, muss sich der Empfänger so behandeln lassen, als hätten die nachträglichen Umstände bereits bei der Leistungserbringung bestanden. Er muss das Erlangte nach § 812 I2 Fall 1 BGB herausgeben. Erlischt die gesicherte Forderung, entfällt wegen der Akzessorietät die Verpflichtung des Bürgen, § 767 I BGB. Der Erfüllungszweck kann nicht mehr erreicht werden.

bb) Pfandrechte

Im Fall der dinglichen Sicherungsmittel ist der Gläubiger nicht zur Verwertung berechtigt, wenn er nicht Inhaber der Hypothek oder des Pfandrechts an beweglichen Sachen oder an Rechten geworden ist.

(1) Pfandrecht an beweglichen Sachen

Verwertet der Gläubiger die bewegliche Sache, die ihm als Pfand überlassen wurde, §1204 BGB, ohne dass ihm wegen der fehlenden Forderung ein Pfandrecht zustand, gebührt ihm der erzielte Erlös nicht, § 1247 S. 1 BGB. Geht das Eigentum am Pfand auf den Erstehenden über, wird nicht der Gläubiger, sondern der Eigentümer der Pfandsache Eigentümer des Erlöses (Surrogation nach § 1247 S. 2 BGB) und kann diesen nach § 985 BGB vom Gläubiger herausverlangen. Erwirbt der Erstehende kein Eigentum, etwa weil er von dem fehlenden Pfandrecht wusste, kann der Eigentümer die Verwertung genehmigen, § 185 BGB und anschließend den Erlös vom Gläubiger nach § 816 I 1 BGB herausverlangen.

Befriedigt der Drittsicherer den Verpfänder auf andere Weise, so will er damit die Verwertung des Pfandes vermeiden. Besteht das Pfandrecht gar nicht, war der Gläubiger zur Verwertung nicht berechtigt. Die Leistung zur Befriedigung geht fehl, so dass der Drittsicherer einen Rückforderungsanspruch gegen den Gläubiger gemäß § 812 I 1 Fall 1 BGB hat.

(2) Pfandrecht an Rechten oder Forderungen

Die Verwertung des Pfandrechts an Rechten erfolgt im Weg der Zwangsvollstreckung, § 1277 BGB. Ist der Pfandgegenstand eine Forderung, § 1279 ff BGB, ist regelmäßige Verwertungsform die Einziehung der Forderung, § 1282 I BGB. Besteht die gesicherte Forderung nicht oder fällt sie nachträglich weg, war der Gläubiger nicht (mehr) Inhaber des Pfandrechts und damit auch nicht einziehungsberechtigt. Der Erlös, der bei der Verwertung des Pfandes erzielt wird, steht weder dem Gläubiger noch dem Drittsicherer als Inhaber des verpfändeten Rechts zu, da eine Surrogation iSd § 1247 S. 2 BGB für Pfandrechte an Rechten oder Forderungen nicht stattfindet[612].

Der Drittschuldner der verpfändeten Forderung wird durch die Zahlung nicht gegenüber seinem Gläubiger, dem Drittsicherer von der Schuld befreit[613], so dass zunächst der Drittschuldner selbst einen Rückforderungsanspruch aus § 812 I 1 Fall 1 BGB gegen den verwertenden Pfandgläubiger hat. Wurde dem Drittschuldner, wie regelmäßig, die Verpfändung angezeigt, hat die Zahlung

---

[612] § 1288 II BGB wiederholt nur den Inhalt des § 1247 S. 1 BGB. a. M. Palandt-Bassenge § 1288 Rn. 3f.

[613] Westermann Sachenrecht § 137 III 1 a; Soergel-Habersack § 1288 Rn. 5.

schuldbefreiende Wirkung nach §§ 1275, 409 BGB. Der Drittsicherer selbst hat einen Kondiktionsanspruch gegen den Gläubiger aus § 816 II BGB. Befriedigt der Drittsicherer den Verpfänder dagegen auf andere Weise, so will er damit die Verwertung des Pfandes vermeiden. Besteht das Pfandrecht gar nicht, war der Gläubiger zur Verwertung nicht berechtigt. Die Leistung zur Befriedigung geht fehl, so dass der Drittsicherer einen Rückforderungsanspruch gegen den Gläubiger gemäß § 812 I 1 Fall 1 BGB hat.

(3) Hypothek

Befriedigt der Drittsicherer den Gläubiger, um die Verwertung der Hypothek zu vermeiden, § 1142 BGB, obwohl die Hypothek wegen einer Störung der gesicherten Forderung nicht entstanden ist oder später wegfällt, kann er die Leistung vom Gläubiger nach § 812 I 1 Fall 1 BGB zurückverlangen.

Verwertet der Gläubiger die Hypothek im Weg der Zwangsvollstreckung trotz fehlender oder weggefallener gesicherter Forderung, ist der Zuschlagsbeschluss wirksam, so dass der Drittsicherer mit Auszahlung des Versteigerungserlöses an den Gläubiger sein Eigentum endgültig verliert. Ein Herausgabeanspruch des Drittsicherers gegen den Gläubiger aus § 816 I 1 BGB scheidet aus, da von dieser Vorschrift nur rechtsgeschäftliche Verfügungen erfasst werden[614]. Der Drittsicherer hat aber einen Herausgabeanspruch aus § 812 I 1 Fall 2 BGB, da sich sein Eigentum am Grundstück analog zu § 1247 S. 2 BGB in dinglicher Surrogation an dem Erlös fortsetzt[615]. Die Auszahlung des Erlöses an den Gläubiger erfolgt auf Kosten des Drittsicherers, der ihn vom Gläubiger herausverlangen kann.

cc) Beweislast

Soweit es sich um bereicherungsrechtliche Ansprüche handelt, muss der Drittsicherer im Grunde die anspruchsbegründenden Voraussetzungen darlegen und beweisen, also auch das Fehlen des Rechtsgrundes. Eine Beweiserleichterung existiert insoweit nicht, aber für die Leistungskondiktion genügt es meist, dass der Bereicherungsgläubiger beweist, dass die vom Bereicherungsschuldner vorzutragenden und substantiiert darzulegenden Rechtsgründe[616] nicht bestehen. Er muss nicht das Fehlen jeglichen Rechtsgrundes beweisen[617]. Bei der Nichtleistungskondiktion ergibt sich die Rechtsgrundlosigkeit bereits aus dem Eingriff in eine geschützte Rechtsposition des Bereicherungsgläubigers, so dass der Bereicherungsschuldner die Beweislast dafür trägt, dass ihm trotz Eingriffs das

---

[614] Palandt-Sprau § 816 Rn. 7; Larenz/Canaris SchuldR II/2 § 69 II 1 b).
[615] Larenz/Canaris SchuldR II/2 § 69 II 1 b).
[616] Musielak ZPO § 286 Rn. 41; BGH NJW-RR 91, 574 (575); 95, 130 (131);
[617] Palandt-Sprau § 812 Rn. 106; BGH NJW 90, 392; 99, 2887.

Erlangte zusteht[618]. Da das Fehlen oder der Wegfall der gesicherten Forderung das Sicherungsmittel unmittelbar entfallen lässt, genügt es aber, dass der Drittsicherer als Bereicherungsgläubiger beweist, dass die gesicherte Forderung nicht bestand. Das Sicherungsmittel ist Grund dafür, dass der Gläubiger das zu seiner Befriedigung oder durch Verwertung des Sicherungsmittels Erlangte behalten darf. Die Akzessorietät erleichtert die Beweislast, indem sie mit dem Fehlen der gesicherten Forderung den Rechtsgrund für das Behaltendürfen des Erlangten automatisch entfallen lässt.

dd) Zwischenergebnis

Nimmt der Gläubiger den Drittsicherer aus der Sicherheit in Anspruch, obwohl die gesicherte Forderung nicht entstanden oder weggefallen ist, erfolgt die Verwertung unberechtigt. Der Drittsicherer kann von ihm das Erlangte unmittelbar und ohne Umweg über den Schuldner herausverlangen.

b) Nichtakzessorische Sicherungsmittel

Die nichtakzessorischen Sicherungsmittel haben gemeinsam, dass sie trotz Fehlen oder Wegfall der gesicherten Forderung weiter bestehen. Der Gläubiger bleibt Berechtigter aus dem Garantievertrag, Inhaber der Grundschuld, Eigentümer der zur Sicherung übereigneten Sache oder Inhaber der zur Sicherung abgetretenen Forderung.

aa) Anspruch aus § 812 I 1 Fall 1 BGB (condictio indebiti)

Ein Anspruch aus § 812 I 1 Fall 1 BGB besteht nur, wenn der Drittsicherer bei Inanspruchnahme aus der Sicherheit trotz Störungen der gesicherten Forderung eine Leistung ohne Rechtsgrund an den Gläubiger erbracht hat. Anders als bei den akzessorischen Sicherungsmitteln entstehen diese unabhängig von der gesicherten Forderung. Nimmt der Gläubiger den Drittsicherer aus der nichtakzessorischen Sicherheit in Anspruch, gebührt dem Gläubiger das zu seiner Befriedigung Erlangte, weil Störungen der gesicherten Forderung sich nicht unmittelbar auf seine Rechtsposition auswirken. Der Garantievertrag wird erfüllt, die mit der Überlassung des Sicherungsmittels bezweckte Befriedigung des Gläubigers wird mit der Verwertung der Sicherheit erreicht.

Die Befriedigung des Gläubigers erfolgt in Hinblick auf das Sicherungsmittel, mit dessen Bestehen die angestrebte Befriedigung erreicht wird, die ihrerseits das Behaltendürfen des Gläubigers rechtfertigt. Ein Rückforderungsanspruch aus § 812 I 1 Fall 1 BGB scheidet daher aus.

---

[618] MüKo-Lieb § 812 Rn. 330.

bb) Anspruch aus § 813 BGB

Der Drittsicherer könnte das dem Gläubiger zur Befriedigung Zugewendete nach § 813 I BGB kondizieren, wenn ihm aufgrund der Störungen der gesicherten Forderung und der damit zusammenhängenden Verfehlung des Sicherungszwecks eine dauerhafte Einrede gegen die Inanspruchnahme aus der Sicherheit zustand[619].

(1) Einredesystem bei nichtakzessorischen Sicherungsmitteln

Eine Regelung über mögliche Einreden kann dem BGB mit dem Verweis auf das Hypothekenrecht, §§ 1192 I, 1137, 1157 BGB, nur für die Sicherungsgrundschuld entnommen werden. Dabei interessiert nur die Rechtslage hinsichtlich der Einreden des Eigentümers gegen den Erstgläubiger der nichtakzessorischen Sicherungsgrundschuld[620]. Dass die Rechtsformen der nichtakzessorischen Sicherungsmittel nach ihrer gesetzlichen Konzeption forderungslos bestehen, muss dann unbeachtlich bleiben, wenn mit ihnen die Sicherung einer Forderung verfolgt wird[621].

Dabei unterscheiden sie sich von den akzessorischen Sicherungsmitteln zunächst insoweit, als die gesicherte Forderung keine Wirksamkeitsvoraussetzung für sie ist, so dass sich Störungen der gesicherten Forderung, vor allem deren Nichtentstehung oder Erlöschen, nicht auf die Rechtsinhaberschaft des Gläubigers auswirken und daher auch nicht als rechtsvernichtende Einwendungen gegen das Sicherungsmittel geltend gemacht werden können[622]. Die Nichtakzessorietät verhindert auch, dass der Drittsicherer analog zu den §§ 770, 1137, 1211 BGB die Einreden des persönlichen Schuldners gegen die gesicherte Forderung als eigene Einreden gegen das Sicherungsmittel geltend machen könnte, da diese Befugnis der akzessorischen Verknüpfung von Forderung und Sicherungsmittel entspringt[623].

Will sich der Drittsicherer wegen Störungen der gesicherten Forderung gegen die Inanspruchnahme aus dem Sicherungsmittel verteidigen, kann er dies nur mit Einwendungen oder Einreden aus seinem Verhältnis zum Gläubiger

---

[619] § 813 I BGB erfasst sowohl schuldrechtliche als auch dingliche Ansprüche, Reuter/Martinek Ungerechtfertigte Bereicherung § 5 IV; Staudinger-Lorenz § 813 Rn. 3.

[620] Nicht von Interesse ist, welche Einreden der Eigentümer dem Zweiterwerber der Grundschuld im Rahmen des § 1157 BGB entgegen halten kann.

[621] MüKo-Eickmann § 1191 Rn. 42.

[622] §§ 767 I, 1163 I, 1252 BGB sind auf die nichtakzessorischen Sicherungsmittel gerade nicht anwendbar, da sie Ausdruck der Akzessorietät sind.

[623] MüKo-Eickmann § 1191 Rn. 44; Soergel-Konzen § 1191 Rn. 24; Wilhelm Sachenrecht Rn. 1603; Westermann Sachenrecht § 116 III; Baur/Stürner § 44 V 2 c Rn. 19.

selbst[624]. Da die gesicherte Forderung aus einem Kausalverhältnis zwischen dem Schuldner und dem Gläubiger stammt, müssen die Störungen der gesicherten Forderung auf anderem Weg in das Verhältnis zwischen Gläubiger und Drittsicherer Eingang finden.

Ausgangspunkt ist, dass die Überlassung der Grundschuld, des Eigentums oder der Forderung und die Eingehung der Garantieverpflichtung dazu dient, dem Gläubiger eine weite Möglichkeit zur Befriedigung seines Erfüllungsinteresses aus der gesicherten Forderung zu kommen zu lassen[625]. Der Gläubiger ist erst dann zur Verwertung des Sicherungsmittels berechtigt, wenn sich das abgedeckte Risiko verwirklicht hat, d. h. der Sicherungsfall eingetreten ist[626]. Die Sicherungszweckabrede zwischen Gläubiger und Drittsicherer begrenzt die Befugnis des Gläubigers im Innenverhältnis, den Drittsicherer in Anspruch zu nehmen, ebenso wie der Drittsicherer die Befriedigung des Gläubigers verweigern kann, wenn der Sicherungszweck nicht oder noch nicht erreicht wurde. Einredeberechtigt ist als Partei des Sicherungsvertrags der Drittsicherer.

Dabei gibt es keine generelle Einrede, die dem Sicherungscharakter selbst entspringt[627]. Der Sicherungsvertrag bestimmt vielmehr, wann der Sicherungsfall eintritt, der Voraussetzung für die Verwertung des Sicherungsmittels ist. Kann der Sicherungsfall nicht mehr eintreten oder ist er noch nicht eingetreten, kann der Drittsicherer die Befriedigung des Gläubigers aus dem Sicherungsmittel verweigern. Auch wenn die Verfehlung oder der Wegfall des Sicherungszwecks Grund dafür ist, dass der Gläubiger den Drittsicherer nicht in Anspruch nehmen kann, können die Gründe, die zur Verfehlung des Sicherungszwecks führen, vielfältig sein. Jeder einzelne begründet eine Einrede, deren Zusammenfassung[628] unter eine Einrede des mangelnden Sicherungsfalls dem Bedürfnis nach Rechtsklarheit[629] nicht gerecht wird.

---

[624] Insoweit drängt sich ein Vergleich zum Wertpapierrecht auf, bei dem zwischen Gültigkeitseinwendungen und persönlichen Einwendungen unterschieden wird. Die Unterscheidung dient in erster Linie dazu, die Präklusion von Einwendungen und Einreden gegenüber einem Zweiterwerber des Wertpapiers zu klären. Die persönlichen Einwendungen, die das Grundgeschäft, also z. B. den Kaufvertrag oder den Darlehensvertrag betreffen, oder auf besonderen Abreden beruhen, kann der Wertpapierschuldner nur dann gegen den Gläubiger geltend machen, wenn sie aus einer unmittelbaren Beziehung zu diesem stammen. Vgl. Canaris JuS 71, 441 ff; Schnauder JZ 90, 1046 ff.

[625] Lopau JuS 76, 553 (556).

[626] Vgl. 1. Kapitel D. V. 1.

[627] Ahrens AcP 200, 123 (124); Baden JuS 77, 75 (77); Wilhelm JZ 80, 625; a. M. Lopau NJW 72, 2253 (2256).

[628] Baden JuS 77, 75 (76) spricht von Verschmelzung zu einer einheitlichen Sicherungseinrede.

[629] Die Aufspaltung der Einreden in einzelne Tatbestände je nach Art der Störung des Sicherungszwecks wird vor allem für die Grundschuld dann von Bedeutung, wenn der Drittsicherer sie dem Zweiterwerber nach § 1157 BGB entgegen halten will. Wer eine Sicherungseinrede

Die Störungen der gesicherten Forderung erlangen über die Sicherungszweckabrede trotz Nichtakzessorietät doch Bedeutung für das Sicherungsmittel,
indem der Drittsicherer sie als Einreden gegen die Inanspruchnahme aus der
Sicherheit geltend machen kann[630]. Wird der Sicherungszweck dauerhaft verfehlt, oder fällt er auf Dauer weg, kann der Drittsicherer das Sicherungsmittel
zusätzlich vom Gläubiger herausverlangen[631].

(2) Rechtsfolgen

Stand dem Drittsicherer aus der Sicherungszweckvereinbarung mit dem
Gläubiger gegen die Inanspruchnahme aus der Sicherheit eine Einrede wegen
Störungen der gesicherten Forderung, etwa weil diese gar nicht entstanden ist
oder noch vor Inanspruchnahme der Sicherheit weggefallen ist, entgegen, hätte
er die Befriedigung des Gläubigers verweigern können. Da der Gläubiger weiterhin Inhaber des Sicherungsmittels war, erfolgte dessen Befriedigung durch
den Drittsicherer nicht ohne Rechtsgrund, aber der Anspruch auf Befriedigung
war dauerhaft einredegehemmt, so dass der Drittsicherer, der an den Gläubiger
geleistet hat, die Leistung nach § 813 I BGB herausverlangen kann.

Dieses Ergebnis deckt sich mit dem obigen Beispiel, in dem K und B
zunächst einen Vorvertrag und erst anschließend einen Mietvertrag schließen[632].
Ist der Vorvertrag nichtig, waren K und B nicht zum Abschluss des Mietvertrags
verpflichtet. Schließen sie ihn dennoch, können sie ihn im Hinblick auf den
nichtigen Vorvertrag wegen Verfehlung des Erfüllungszweck nach § 812 I 1
Fall 1 BGB kondizieren. Korrespondierend dazu können K und B dem Anspruch
aus dem Mietvertrag die Verfehlung des Erfüllungszwecks als Einrede entge-
genhalten. Die Verfehlung des Erfüllungszwecks im Hinblick auf den Vorvertrag bleibt für das Entstehen des Mietvertrags ohne Bedeutung, ist aber Ursache
für eine Einrede.

Wurde in Unkenntnis des unwirksamen Vorvertrags der Mietvertrag
erfüllt, d. h. die Miete entrichtet und der Gebrauch an der Sache überlassen,
erfolgen diese Leistungen allein zur Erfüllung des wirksamen Mietvertrags und
damit mit Rechtsgrund. Eine Kondiktion scheint ausgeschlossen. Aber die
Ansprüche aus dem Mietvertrag waren einredebehaftet. Dafür enthält § 813 I
BGB eine spezielle Regelung, nach der Leistungen auch dann kondiziert werden
könne, wenn sie zur Erfüllung eines dauerhaft einredebehafteten Anspruchs

---

zulässt, die allein auf den Sicherungszweck abstellt, muss es im Rahmen des § 1157 BGB
genügen lassen, wenn der Zweiterwerber beim Erwerb Kenntnis von dem Sicherungscharakter der Grundschuld hatte. Das wird aber überwiegend abgelehnt, vgl. nur MüKo-Eickmann
§ 1191 Rn. 49.

[630] MüKo-Eickmann § 1191 Rn. 44;

[631] Vgl. 2. Kapitel D. IV. 1. d) bb) (2).

[632] Vgl. 2. Kapitel D. III. 1. b).

erfolgt sind. K und B können daher ihre Leistungen zur Erfüllung des Mietvertrags nach § 813 I BGB heraus verlangen.

(3) Beweislast

Hinsichtlich der Beweislast gelten die allgemeinen Grundsätze. Der Drittsicherer als Bereicherungsgläubiger muss darlegen und beweisen, dass er mit Erfüllungsabsicht an den Gläubiger geleistet hat, und dass die Inanspruchnahme aus dem Sicherungsmittel dauerhaft einredegehemmt war[633]. Dazu gehören auch die Störung der gesicherten Forderung und der Abschluss des Sicherungsvertrags.

cc) Rückforderungsanspruch bei nachträglichem Wegfall der gesicherten Forderung?

Einen Sonderfall stellen die Fälle dar, in denen die gesicherte Forderung erst nach der Inanspruchnahme der Sicherheit wegfallen, etwa weil der Schuldner, der seiner Leistungspflicht nicht nachgekommen ist, verspätet leistet, oder die Forderung aus anderem Grund entfällt. In diesen Fällen erfolgte die Inanspruchnahme des Drittsicherer aus der Sicherheit berechtigt, da mit Ausbleiben der Leistung des Schuldners sich das abgedeckte Risiko verwirklicht hat. Ein Anspruch des Drittsicherers auf Herausgabe des vom Schuldner Erlangten gegen den Gläubiger aus § 816 II BGB scheitert daran, dass der Drittsicherer mit Befriedigung des Gläubigers nicht Inhaber der persönlichen Forderung wurde. Anders als bei den akzessorischen Sicherungsmitteln findet mit Befriedigung des Gläubigers kein Forderungsübergang auf den Drittsicherer statt[634].

Ein sonstiger Rückforderungsanspruch des Drittsicherers gegen den Gläubiger aus ungerechtfertigter Bereicherung scheint nicht zu bestehen. Da die gesicherte Forderung erst nach der Inanspruchnahme des Drittsicherers aus der Sicherheit wegfällt, erfolgte dessen Leistung mit Rechtsgrund, so dass ein Rückforderungsanspruch aus § 812 I 1 Fall 1 BGB ausscheidet. Das BGB kennt mit § 812 I 2 Fall 1 BGB eine Vorschrift, nach der eine Leistung zurückzugeben ist, wenn deren Rechtsgrund nachträglich weggefallen ist. Da Rechtsgrund für die Leistung des Drittsicherers die Befriedigung der durch die Überlassung des Sicherungsmittels erlangten Rechtsposition des Gläubigers ist, müsste diese nachträglich durch den Wegfall der gesicherten Forderung entfallen. Für das Behaltendürfen einer Leistung kommt es daher nicht nur darauf an, dass zum Zeitpunkt der Leistung der verfolgte Zweck erreicht wurde, sondern dass dieser darüber hinaus fortbesteht. Entfällt er nachträglich, endet die Berechtigung des

[633] Staudinger-Lorenz § 813 Rn. 19; Palandt-Sprau § 813 Rn. 6.
[634] MüKo-Habersack Rn. 16 vor § 765; Palandt-Sprau Einf 16 vor § 765; a. M. Pleyer WM 73 Sonderbeilage 2 S. 21; Canaris Bankvertragsrecht Rn. 1112; Castellvi WM 95, 868 ff; v. Caemmerer FS Riese S. 295 (306); Liesecke WM 68, 22 (28).

Gläubigers, die Leistung behalten zu dürfen[635]. Es macht daher keinen Unterschied, ob der Umstand, der den Rechtsgrund entfallen lässt, vor oder nach der Leistungsbewirkung eintritt, da in beiden Fällen die Berechtigung des Empfänger fehlt, die Leistung behalten zu dürfen. Entscheidend ist, dass die Leistung rechtsgrundlos gewesen wäre, wenn der Umstand, der nachträglich eintritt, schon vor der Leistung eingetreten wäre. Nur dann gewährt § 812 I 2 Fall 1 BGB einen Rückforderungsanspruch. Da die gesicherte Forderung nicht Wirksamkeitsvoraussetzung für das Sicherungsmittel ist, entfällt dieses auch dann nicht, wenn die Forderung bereits vor Inanspruchnahme aus dem Sicherungsmittel getilgt worden oder aus anderem Grund weggefallen wäre. Der Drittsicherer hätte die Befriedigung mit einer Einrede verweigern können. Dieser Fall wird aber von § 812 I 2 Fall 1 BGB nicht erfasst.

Da die gesicherte Forderung erst nach Inanspruchnahme der Sicherheit wegfällt, stand dem Drittsicherer zum Zeitpunkt der Befriedigung des Gläubigers keine Einrede zu, mit der er die Inanspruchnahme hätte verweigern können, so dass er die Leistung nicht nach § 813 I BGB zurückverlangen kann. Wäre die gesicherte Forderung bereits vor Inanspruchnahme der Sicherheit entfallen, hätte der Drittsicherer die Befriedigung verweigern können. Denkbar wäre, den Anwendungsbereich des § 813 I BGB auf Fälle zu erweitern, in denen sich Einredetatbestände erst nachträglich verwirklichen. Dagegen spricht aber der Wortlaut des § 813 I BGB, nach dem nur solche Einreden eine Kondiktion auslösen, die dem Anspruch entgegenstanden, d. h. mit denen der Leistende die tatsächlich erbrachte Leistung hätte verweigern können. Die Vorschrift des § 813 BGB erweitert die condictio indebiti[636], indem der Tilgungszweck einer Leistung nicht nur beim Fehlen der Verpflichtung, sondern auch bei wirtschaftlich wertlosen Ansprüchen verfehlt wird[637]. Wirtschaftlich wertlos ist ein Anspruch nur, wenn ihm zum Zeitpunkt der Leistung eine dauerhafte Einrede entgegenstand. Daher erfasst § 813 I BGB nicht die nachträgliche Verwirklichung von Einredetatbeständen[638].

Scheinbar bleibt es bei der Doppelbefriedigung des Gläubigers. Dabei muss aber das Wesen der Sicherungsmittel bedacht werden. Mit der Überlassung eines Sicherungsmittels soll der Gläubiger schadlos gehalten werden, wenn sich das mit ihm abgedeckte Risiko verwirklicht[639], d. h. der Gläubiger mit der Forderung gegen den Schuldner ausfällt, obwohl dieser einredefrei zur Leistung

---

[635] Etwa wenn nach Bewirken der versprochenen Leistungen der Eintritt einer auflösenden Bedingung das zugrunde liegende Schuldverhältnis unwirksam werden lässt. Der zunächst eingetretene Erfüllungszweck fällt weg.

[636] Palandt-Sprau §813 Rn. 1; MüKo-Lieb § 813 Rn. 1.

[637] Reuter/Martinek Ungerechtfertigte Bereicherung § 5 IV.

[638] Abgesehen davon, dass es kaum denkbar ist, dass bei einem erfüllten Anspruch nachträglich Einreden entstehen könnten, Erman-Westermann § 813 Rn. 1; MüKo-Lieb § 813 Rn. 1.

[639] BGH WM 61, 204 (206).

verpflichtet war. Die Inanspruchnahme des Drittsicherers nach Eintritt des materiellen Sicherungsfalls soll das Erfüllungsinteresse des Gläubigers befriedigen, so dass die Verwertung von Sicherungsmitteln eine gewisse Nähe zum Schadenersatz aufweist[640]. Auch dort soll nur der tatsächlich entstandene Schaden ersetzt werden[641]. Ist der Sicherungsfall eingetreten, haftet der Drittsicherer in voller Höhe. Erfüllt der Schuldner seine Forderung später doch noch, entfällt nachträglich das den Gläubiger schädigende Ereignis, das ihn berechtigt hat, den Drittsicherer aus der Sicherheit in Anspruch zu nehmen. Er hat kein schutzwürdiges Interesse, das vom Drittsicherer zur Befriedigung seines Erfüllungsinteresses Erlangte behalten zu dürfen. Der Drittsicherer hat einen Rückforderungsanspruch.

Da es an einer passenden Vorschrift im Bereicherungsrecht fehlt[642], kommt als Anspruchsgrundlage die Sicherungszweckabrede in Betracht, die bei Fehlen einer ausdrücklichen Regelung entsprechend ergänzend ausgelegt werden muss.

V. Ergebnis

Der Drittsicherer verfolgt mit der Überlassung des Sicherungsmittels neben der Erfüllung seiner Verpflichtung gegenüber dem Schuldner aus dem Geschäftsbesorgungsvertrag die Sicherung einer Forderung des Gläubigers gegen den Schuldner. Ist diese Kausalforderung gestört, weil sie nicht entstanden ist oder nachträglich wegfällt, wird der Sicherungszweck verfehlt.

Die Akzessorietät und die Nichtakzessorietät, die die Abhängigkeit des Sicherungsmittels von der gesicherten Forderung regeln, haben Einfluss darauf, wie sich die Zweckverfehlung auf das Rechtsgeschäft über die Überlassung des Sicherungsmittels auswirk. Das Erreichen des Sicherungszwecks ist für die akzessorischen Sicherungsmittel Wirksamkeitsvoraussetzung. Die nichtakzessorischen Sicherungsmittel sind von der Zweckerreichung dagegen abstrahiert, so dass die Zweckverfehlung lediglich einen Anspruch des Drittsicherers gegen den Gläubiger auf Rückforderung des Sicherungsmittels auslöst.

Wurde das Sicherungsmittel trotz bestehender Verfehlung des Sicherungszwecks in Anspruch genommen, erfolgte die Befriedigung des Gläubigers eines

---

[640] BGH WM 61, 204 (206); vgl. auch Esser/Weyers SchR II/1 § 40 II 2; für die Garantie Hadding/Häuser/Welter Bürgschaft und Garantie S. 683.

[641] Ausgleichsgedanke Palandt-Heinrichs Vorb 4 v § 249.

[642] Soweit der BGH den Rückforderungsanspruch auf den Wegfall des Rechtsgrundes, § 812 I 2 Fall 1 BGB stützt, muss nochmals festgehalten werden, dass die Störungen der gesicherten Forderung für die nichtakzessorischen Sicherungsmittel lediglich durchsetzungshemmende Einreden und nicht rechtsvernichtende Einwendungen zur Folge haben. Der Garantievertrag etwa, auf den der Garant geleistet hat, entfällt gerade nicht nachträglich, weil der Schuldner die gesicherte Forderung erfüllt. Für § 812 I 2 Fall 1 BGB auch BGH WM 84, 633, Horn FS Brandner S. 625 (632 f).

akzessorischen Sicherungsmittels ohne Rechtsgrund, da dieser nicht Inhaber eines Sicherungsmittels war. Der Drittsicherer kann seine Leistung von ihm nach § 812 I 1 Fall 1 BGB herausverlangen. Bei nichtakzessorischen Sicherungsmitteln bleibt der Gläubiger trotz Störung der gesicherten Forderung Inhaber des Sicherungsmittels, so dass die Leistung auf das Sicherungsmittel mit Rechtsgrund erfolgt. Der Drittsicherer hätte die Leistung verweigern können, da er einen Anspruch auf Rückforderung des Sicherungsmittels hatte. Diese dauerhafte Einrede löst einen Rückforderungsanspruch gemäß § 813 I BGB aus.

Wurde die Forderung trotz Inanspruchnahme des Drittsicherers nachträglich vom Schuldner doch noch getilgt, hat der akzessorische Sicherungsgeber einen Anspruch gegen den Gläubiger aus § 816 II BGB, da mit Befriedigung des Gläubigers die Forderung auf den Drittsicherer übergegangen ist, §§ 774 I, 1143 I, 1225 S. 1 BGB. Für nichtakzessorische Sicherungsmittel fehlt diese cessio legis. Da die Tilgung erst nach Inanspruchnahme der Sicherheit erfolgte, stand dem Drittsicherer zu diesem Zeitpunkt keine Einrede zu, mit der er die Befriedung des Gläubiger hätte verweigern können. Ein Anspruch aus § 813 I BGB besteht nicht. Daher kommt nur ein Anspruch auf Rückforderung aus der Sicherungszweckabrede selbst in Betracht, die die Inanspruchnahme des Drittsicherers auf die Realisierung des gesicherten Risikos beschränkt. Fällt dieses nachträglich weg, entfällt auch die Berechtigung des Drittsicherers, die Befriedigungsleistung zu behalten. Ein entsprechender Rückforderungsanspruch ergibt sich aus der Sicherungszweckabrede.

3. Kapitel: Sonderform – Sicherungsmittel auf erstes Anfordern

Neben der einfachen Bürgschaft und der einfachen Garantie kennt die Rechtspraxis eine Bürgschaft auf erstes Anfordern und eine Garantie auf erstes Anfordern. Diese Sonderformen der Personalsicherheiten sollen im Anschluss betrachtet werden. Dabei ist von besonderem Interesse, ob der Garant oder Bürge, der den Gläubiger nach Inanspruchnahme aus der Sicherheit befriedigt hat, von diesem die Leistung zurückverlangen kann, wenn Störungen vorlagen.

A. Leistungszweck der Zahlung auf die Sicherungsmittel auf erstes Anfordern

Die Bürgschaft auf erstes Anfordern und die Garantie auf erstes Anfordern sind wie die einfache Bürgschaft und die einfache Garantie einseitig verpflichtende Verträge, in denen sich der Bürge und der Garant verpflichten, für die Erfüllung einer Verbindlichkeit eines Schuldners einzustehen[643]. Wird der Bürge oder Garant später aus der eingegangen Sicherheit in Anspruch genommen, bezweckt er damit die Erfüllung seiner Verpflichtung gegenüber dem Gläubiger[644]. Er verfolgt mit der Zahlung weder gleichzeitig die Erfüllung der gesicherten Forderung des Schuldners, noch will er damit eine eigene Verpflichtung gegenüber dem Schuldner auf Zahlung erfüllen, da eine solche dem Geschäftsbesorgungsvertrag mit dem Schuldner nicht zu entnehmen ist[645]. Schließlich überlässt er dem Schuldner auch nicht die Dispositionsbefugnis über die Zuwendung, damit dieser sie zu eigenen Zwecken gegenüber dem Gläubiger verwenden kann[646].

Rechtfertigt das Erreichen des mit einer Leistung verfolgten Zwecks, dass der Empfänger die Leistung behalten darf[647], kommt es entscheidend darauf an, dass der vom Bürgen oder Garanten verfolgte Erfüllungszweck erreicht wurde. Andernfalls könnte der Bürge oder Garant die Leistung nach Bereicherungsrecht rückabwickeln. Die Besonderheit der hier zu besprechenden Sicherungsmittel besteht in der Vereinbarung der Klausel „auf erstes Anfordern", die die Geltendmachung des Zahlungsanspruchs betrifft. Möglicherweise hat sie aber auch Einfluss auf das Behaltendürfen der Leistung des Garanten oder des Bürgen.

---

[643] Wortlaut § 765 I BGB für die Bürgschaft; für die Garantie besteht keine gesetzliche Regelung, wird aber mit diesem Inhalt als eigenständiger Vertrag sui generis anerkannt, RGZ 137, 85; BGH WM 68, 680.

[644] Canaris ZIP 98, 493 ().

[645] Vgl. 1. Kapitel D. V. 4.

[646] Vgl. 1. Kapitel D. IV. 3. a).

[647] Vgl. 1. Kapitel D. II. 4. d).

B. Zahlungsverpflichtung des Bürgen oder Garanten

Wie gesehen kann der einfache Bürge oder der einfache Garant die Zahlung der geschuldeten Bürgschafts- oder Garantiesumme verweigern, wenn sich das abgedeckte Risiko nicht verwirklicht hat, weil die gesicherte Forderung entweder gar nicht entstanden war oder aber später weggefallen ist. Verweigert der Bürge oder der Garant die Befriedigung des Gläubigers, etwa weil Zweifel darüber bestehen, ob der sog. materielle Sicherungsfall[648] eingetreten ist, muss der Gläubiger seinen Zahlungsanspruch prozessual geltend machen, was mit einem nicht zu unterschätzenden zeitlichen Aufwand verbunden ist.

In den meisten Fällen will der Gläubiger eine schnelle und unkomplizierte Befriedigung erzielen[649], ohne dass er sich zunächst mit dem Garanten oder Bürgen darüber auseinandersetzen muss, ob der materielle Sicherungsfall eingetreten ist. Zu diesem Zweck vereinbaren die Parteien, dass der Garant oder Bürge auf erstes Anfordern zur Zahlung verpflichtet ist. Es genügt dann bereits die bloße Behauptung des Gläubigers, der materielle Sicherungsfall sei eingetreten (formeller Sicherungsfall[650]), um die Zahlungspflicht des Bürgen oder Garanten auszulösen. Ob die Zahlungsanforderung auch der materiellen Rechtslage entsprochen hat, bleibt vorerst unbeachtet[651]. Insbesondere ist kein Nachweis des Gläubigers erforderlich[652].

Die Sicherungsmittel auf erstes Anfordern folgen dem Motto „erst zahlen, dann prozessieren"[653].

C. Störfälle – Übersicht

Wie bei den einfachen Sicherungsmitteln können dabei verschiedene Störungen auftreten. Zum einen kann der Bürgschafts- oder Garantievertrag selbst mangelhaft sein, etwa weil sich die Parteien nicht wirksam geeinigt haben oder der Vertrag später wegen Irrtum angefochten wurde (Störfall 1).

---

[648] Canaris ZIP 98, 493; Horn FS Brandner S. 623 (625 f); Bülow ZIP 99, 985; Wilhelm NJW 99, 3519.

[649] Schnauder WM 00, 2073; Pleyer WM 73 Sonderbeilage 2 S. 9; Trost RIW/AWD 81, 659; Bülow Recht der Kreditsicherheiten Rn. 827, 1363; BGH NJW 96, 717 zur Ersetzungsfunktion hinsichtlich des früher üblichen Bardepots.

[650] Für die Garantie auf erstes Anfordern Canaris ZIP 98, 494; Rußmann/Britz WM 95, 1825; Zahn Zahlung und Zahlungssicherung im Außenhandel S. 249; Bülow Recht der Kreditsicherheiten Rn. 1363; möglicherweise ist auch die Vorlage weiterer Dokumente erforderlich, dazu Westphalen Die Bankgarantie S. 124.

[651] Dabei wird der Bürge oder der Garant die Zahlung schon deswegen unbeachtlich der materiellen Rechtslage vornehmen, weil es sich bei ihm in der Regel um Banken handelt, die sonst einen erheblichen Imageverlust erleiden; dazu v. Mettenheim RIW/AWD 81, 581 (582).

[652] Schütze RIW/AWD 81, 83, (84); Trost RIW/AWD 81, 659.

[653] V. Mettenheim RIW/AWD 81, 581; für den Dokumentenakkreditiv BGHZ 101, 84 (91).

Erbringt der Bürge oder der Garant die Zahlung auf erstes Anfordern unter formalisierten Voraussetzungen, ergibt sich eine Störung, wenn die Zahlungsaufforderung selbst fehlerhaft ist (Störfall 2). Andererseits kann die Inanspruchnahme trotz Einhaltung der formalen Voraussetzungen unzulässig sein, weil der Gläubiger dabei gegen das jeder Rechtsausübung zugrunde liegende Gebot von Treu und Glauben (Rechtsmissbrauch) verstößt[654] (Störfall 3).

Dabei handelt der Gläubiger nicht bereits rechtsmissbräuchlich, wenn er den Garanten oder den Bürgen aus der Sicherheit in Anspruch nimmt, obwohl sich das abgedeckte Risiko nicht verwirklicht hat. Da die Klausel „auf erstes Anfordern" die Zahlungspflicht formalisiert , bleibt es zunächst ohne Beachtung, ob die Behauptung des Gläubigers, das Risiko hätte sich verwirklicht, auch der Wahrheit entspricht. Wäre jede Inanspruchnahme der Sicherheit auf erstes Anfordern, die der materiellen Rechtslage nicht entspricht, rechtsmissbräuchlich, stünde das in Kontrast zum Inhalt des Rechtsgeschäfts, nach dem die Geltendmachung formalen Voraussetzungen folgen soll. Daher erbringt der Bürge oder Garant seine Leistung an den Gläubiger, ohne prüfen zu dürfen, ob dieser materiell berechtigt war, die Sicherheit in Anspruch zu nehmen. Zwar können beide, wie bei den einfachen Personalsicherheiten, gegenüber dem Schuldner aus § 670 BGB analog Regress für ihre Aufwendungen nehmen, wenn sie die Auszahlung für erforderlich halten durften, aber es besteht das Risiko, dass der Schuldner insolvent ist, und der Regressanspruch wirtschaftlich wertlos ist. Da sich das Ausfallrisiko des Bürgen und des Garanten erhöht, wenn sie erst nach Inanspruchnahme der Sicherheit Regress nehmen dürfen bei einem Vertragspartner, der wegen eines erhöhten Insolvenzrisikos auf die Stellung einer Sicherheit angewiesen ist, haben beide ein großes Interesse daran, beim Gläubiger die ausgezahlte Summe zurück zu fordern, wenn die Inanspruchnahme der Sicherheit erfolgt, ohne dass der Gläubiger materiell dazu berechtigt war, und sie ihrerseits mit dem Regressanspruch beim Schuldner wegen Insolvenz ausfallen[655] (Störfall 4).

D. Störfälle im Einzelnen

Im Folgenden sollen die einzelnen Störfälle näher betrachtet werden. Dabei ist von besonderem Interesse, ob der Garant auf erstes Anfordern oder der Bürge auf erstes Anfordern einen eigenen Rückforderungsanspruch hat, wenn er trotz Störung aus der Sicherheit in Anspruch genommen wurde.

---

[654] Bülow Recht der Kreditsicherheiten Rn. 1355; zum Rechtsmissbrauch allgemein Palandt-Heinrichs § 242 Rn. 38 ff m. w. N.

[655] Auch wenn diese Fälle nicht sehr häufig sind, lädt die formalisierte Zahlungspflicht des Bürgen oder Garanten auf erstes Anfordern dazu ein, die materielle Rechtslage bei der Inanspruchnahme unbeachtet zu lassen. Auf das seltene, aber doch mögliche Interesse des Garanten, beim Gläubiger Rückgriff zu nehmen, weist Pleyer WM 73 Sonderbeilage 2, S. 18 hin.

I. Störfall 1: unwirksamer Garantie- oder Bürgschaftsvertrag

Wie bei den einfachen Personalsicherheiten bedarf es für die Sicherungsmittel auf erstes Anfordern einer wirksamen Einigung zwischen Gläubiger und Bürgen oder Garanten, um eine Zahlungsverpflichtung entstehen zu lassen. Kommt ein wirksamer Garantie- oder Bürgschaftsvertrag nicht zustande, weil dieser etwa gegen ein gesetzliches Verbot verstößt, sittenwidrig ist oder durch Anfechtung ex tunc erlischt, handelt es sich dabei um Einwendungen aus dem persönlichen Verhältnis zwischen den Vertragsparteien[656]. Diese geben dem Bürgen oder Garanten grundsätzlich ein Leistungsverweigerungsrecht, wenn er aus der Sicherheit in Anspruch genommen wird.

Fraglich ist, ob die Vereinbarung der „Zahlung auf erstes Anfordern" die Geltendmachung dieser Einwendungen bei der Zahlungsaufforderung ausschließt. Dafür spricht, dass mit den Sicherungsmitteln auf erstes Anfordern dem gesteigerten Bedürfnis des Gläubigers nach schneller und unkomplizierter Liquidität entsprochen werden soll. Der Bürge oder Garant ist zur Auszahlung der Bürgschafts- oder Garantiesumme schon dann verpflichtet, wenn der Gläubiger den Eintritt des materiellen Sicherungsfalls behauptet. Im Gegensatz zur einfachen Bürgschaft und Garantie erleichtert die Klausel „auf erstes Anfordern" den Zugriff auf die Sicherheit, indem der Nachweis, der materielle Sicherungsfall sei eingetreten, nicht vom Gläubiger geführt werden muss[657]. Die Erleichterung betrifft aber nur die Realisierung und nicht auch die Entstehung des Anspruchs. Die Klausel „auf erstes Anfordern" vermutet lediglich die Richtigkeit der Behauptung, der Gläubiger sei mit der Forderung gegen den Schuldner ausgefallen und damit die Verwertungsbefugnis des Gläubigers. Nicht von der Klausel betroffen ist, ob der Anspruch aus den Sicherungsmitteln auf erstes Anfordern an sich wirksam zustande gekommen ist. Insoweit besteht keine Abweichung zur einfachen Garantie oder Bürgschaft, so dass der Garant oder Bürge, der sich zur Zahlung auf erstes Anfordern verpflichtet hat, die Leistung verweigern kann, wenn der Garantie- oder Bürgschaftsvertrag unwirksam ist[658]. Selbst bei einem abstrakten Schuldversprechen, das seinen rechtlichen Grund nicht erkennen lässt, kann der Versprechende Wirksamkeitsmängel, die das abstrakte Schuldversprechen selbst betreffen, gegen die Inanspruchnahme geltend machen[659]. Hinsichtlich der Bürgschaft auf erstes Anfordern sind allerdings rechtsvernichtende oder rechtshindernde Einwendungen, die sich aus der Akzessorietät zu

---

[656] MüKo-Habersack Rn. 17 vor § 765; Canaris Bankvertragsrecht Rn. 1135, 1145.

[657] Vgl. 1. Kapitel D. V. 2.

[658] Trost RIW/AWD 81, 659 (662); a. M. Bülow Recht der Kreditsicherheiten Rn. 1163 für die Garantie auf erstes Anfordern; MüKo-Habersack Rn. 17 vor § 765, der auf den Garanten auf die bereicherungsrechtliche Rückabwicklung verweist.

[659] MüKo-Hüffer § 780 Rn. 46; ausgeschlossen sind wegen der Abstraktheit Einwendungen aus dem Grundgeschäft Palandt-Sprau § 780 Rn. 9.

der gesicherten Forderung ergeben, ausgeschlossen, da diese den materiellen Sicherungsfall betreffen, dessen tatsächlicher Eintritt für die Geltendmachung des Anspruchs unbeachtlich bleiben soll.

Hat der Bürge oder der Garant dennoch auf die nicht bestehende Verpflichtung geleistet, wurde der damit verfolgte Erfüllungszweck nicht erreicht. Er kann seine Leistung unmittelbar vom Gläubiger nach § 812 I 1 Fall 1 BGB zurückverlangen, da es sich bei den Einwendungen auch nicht um Einwendungen ex iure tertii handelt, sondern um solche aus dem Rechtsverhältnis zwischen dem Gläubiger und dem Bürgen oder Garanten selbst[660]. Die Kondiktion ist nach § 814 BGB ausgeschlossen, wenn der Bürge oder Garant in Kenntnis der Einwendungen leistete.

II. Störfall 2: fehlerhafte Zahlungsaufforderung

Die Zahlungsverpflichtung des Garanten oder Bürgen wird bei den Sicherungsmitteln auf erstes Anfordern durch die Erklärung ausgelöst, der materielle Sicherungsfall sei eingetreten. Dabei muss die abgegebene Behauptung des Gläubigers der Form und Formulierung entsprechen, wie sie im Bürgschafts- oder Garantievertrag vorgeschrieben ist[661].

1. Grundsatz der formalen Garantiestrenge

Diese zwingende Konformität entspringt dem Grundsatz der formalen Garantiestrenge, der auf die Bürgschaft auf erstes Anfordern entsprechend anwendbar ist[662]. Das Bedürfnis nach der formalen Garantiestrenge resultiert aus einem Schutzbedürfnis des Schuldners, der den Garanten oder Bürgen zur Übernahme der Garantie oder Bürgschaft auf erstes Anfordern veranlasst. Da der Garant oder der Bürge auf erstes Anfordern nicht berechtigt ist zu überprüfen, ob der materielle Sicherungsfall eingetreten ist[663], muss er schon bei der bloßen Behauptung die geschuldete Leistung erbringen. Durfte er die Zahlung für erforderlich halten, kann er beim Schuldner Rückgriff nehmen, § 670 BGB, so dass sich das Risiko, zu Unrecht in Anspruch genommen zu werden, auf den Schuldner verlagert[664]. Für erforderlich durfte der Garant oder Bürge seine Aufwendungen in Form der Auszahlung der dem Gläubiger geschuldeten Leistung nur halten, wenn er sie zum Zeitpunkt der Erbringung aus Sicht eines nach verständigem Ermessen Handelnden tätigen durfte[665].

---

[660] Canaris Bankvertragsrecht Rn. 1145.

[661] MüKo-Habersack Rn. 26 vor § 765.

[662] Canaris Bankvertragsrecht Rn. 1133; MüKo-Habersack Rn. 26 vor § 765;

[663] Trost RIW/AWD 81, 659.

[664] Rüßmann/Britz WM 95, 1825; Trost RIW/AWD 81, 659 (662).

[665] MüKo-Seiler § 670 Rn. 9; Palandt-Sprau § 670 Rn. 4;

Um das Risiko für den Schuldner zu minimieren, wird dieser bereits im Geschäftsbesorgungsvertrag mit dem Garanten oder Bürgen diesen nur zum Abschluss einer ganz bestimmten Garantie auf erstes Anfordern oder Bürgschaft auf erstes Anfordern verpflichten, indem die abzuschließende Sicherheit in ihrem Umfang so weit wie möglich bereits konkretisiert und damit auch bereits hier die Anforderungen an den formellen Sicherungsfall festgelegt werden. Der Garant oder Bürge kommt seiner Verpflichtung nur nach, wenn er sich innerhalb dieser Grenzen bei der Ausführung der Beauftragung, d. h. dem Abschluss des Bürgschafts- oder Garantievertrags hält (Grundsatz der formalen Auftragsstrenge[666]). Insoweit findet der Grundsatz der formalen Garantiestrenge seinen Ausgangspunkt im Grundsatz der formalen Auftragsstrenge[667], der seinerseits den Beauftragten veranlasst, bei Auftragsausführung die Interessen des Auftraggebers zu wahren.

Die Aufwendungen in Form der Auszahlung der geschuldeten Bürgschafts- oder Garantiesumme durfte der Garant oder Bürge nur dann für erforderlich halten, wenn die Voraussetzungen für die Zahlungsverpflichtung bestanden. Dazu gehört wegen der Klausel „auf erstes Anfordern" nicht, ob der materielle Sicherungsfall eingetreten ist. Es kommt entscheidend darauf an, dass der formelle Sicherungsfall vorliegt, d. h. der Gläubiger die vorgeschriebenen Erklärungen abgibt und, soweit vereinbart, nötige weitere Dokumente vorlegt[668]. Die Richtigkeit und die Vollständigkeit hat der Bürge oder Garant zu überprüfen.

2. Rechtsfolgen bei Unvollständigkeit

Erfolgt die Erklärung des Gläubigers hinsichtlich Form, Umfang oder Formulierung nicht konform mit den Regelungen im Garantievertrag, ist die Inanspruchnahme des Garanten oder des Bürgen unwirksam, und dieser nicht zur Zahlung verpflichtet[669]. Dabei handelt es sich um eine inhaltliche Einwendung[670], die dem Garanten oder Bürgen ein Zurückbehaltungsrecht gewährt.

Zahlt der Garant oder Bürge dennoch die geschuldete Leistung an den Gläubiger aus, kann er sie nur dann über § 813 I BGB zurückverlangen, wenn es sich um eine dauerhafte Einrede handelt. Das ist nicht der Fall, wenn der Gläubiger die entsprechende Erklärung und die Vorlage nötiger Dokumente nachholen kann. Ein Rückforderungsanspruch ist daher in der Regel ausgeschlossen.

---

[666] Canaris Bankvertragsrecht Rn. 1107.

[667] Canaris Bankvertragsrecht Rn. 1133.

[668] V. Westphalen Die Bankgarantie S. 124; Schütze RIW/AWD 81, 83 (84).

[669] MüKo-Habersack Rn. 26 vor § 765.

[670] Canaris Bankvertragsrecht Rn. 1135; MüKo-Habersack Rn. 29 vor § 765.

III. Störfall 3: rechtsmissbräuchliche Inanspruchnahme

Die formalisierte Geltendmachung der Sicherungsmittel auf erstes Anfordern gewährt dem Gläubiger eine große Möglichkeit, seine Rechtsposition zu missbrauchen. Andererseits einigen sich die Parteien durch die Vereinbarung der Klausel „auf erstes Anfordern", dass der Bürge oder Garant schon bei Behauptung des materiellen Sicherungsfalls zur Zahlung verpflichtet sein soll. Ein Nachweis darüber, ob der behauptete materielle Sicherungsfall tatsächlich eingetreten ist, soll gerade nicht erforderlich sein und kann daher vom Garanten oder Bürgen nicht verlangt werden.

Ist die Inanspruchnahme der Sicherungsmittel auf erstes Anfordern in dieser Form unabhängig vom Eintritt des materiellen Sicherungsfalls möglich, könnte der Gläubiger seine Rechtsstellung unbegrenzt verwirklichen. Einzige Voraussetzung wäre die Behauptung, der materielle Sicherungsfall sei eingetreten. Dies geht jedoch zu weit, da die Geltendmachung des Anspruchs aus der Garantie oder Bürgschaft auf erstes Anfordern, wie jede andere Rechtsausübung auch, dem Gebot von Treu und Glauben unterliegt, § 242 BGB[671]. Verstößt der Gläubiger gegen dieses Gebot, handelt er rechtsmissbräuchlich.

Die Anwendbarkeit des Gebots von Treu und Glauben auf die Rechtsausübung bei den Sicherungsmitteln auf erstes Anfordern besagt noch nichts darüber, unter welchen Voraussetzungen der Gläubiger rechtsmissbräuchlich handelt, unter welchen Voraussetzungen der Bürge oder Garant den Einwand vorbringen darf und welche Rechtsfolgen sich daran anschließen.

1. Tatbestand des Rechtsmissbrauchs des Gläubigers

Anknüpfungspunkt für den Vorwurf des Rechtsmissbrauchs ist die Rechtsausübung selbst, die als solche zu missbilligen sein muss[672]. Die Missbilligung kann sich aus der Art oder den Begleitumständen der Rechtsausübung, der Verletzung anderweitiger Pflichten oder aus dem Fehlen jeden schutzwürdigen Interesses des Gläubigers ergeben[673].

Grundsätzlich ist der Gläubiger berechtigt, die Sicherung auf erstes Anfordern anzufordern, indem er behauptet, der materielle Sicherungsfall sei eingetreten. Auf mögliche Einwendungen, die gesicherte Forderung habe nicht oder nicht mehr bestanden, muss er sich hinsichtlich seines Zahlungsbegehrens nicht einlassen[674]. Der Erklärung des Gläubigers kommt hinsichtlich der Zahlungsverpflichtung des Garanten oder des Bürgen aber eine besondere Bedeutung zu.

---

[671] Palandt-Heinrichs § 242 Rn. 1; a.M. Weth AcP 189, 303 (335 ff), der einen Ausschluss des Rechtsmissbrauchs für möglich hält.
[672] MüKo-Roth § 242 Rn. 380.
[673] MüKo-Roth § 242 Rn. 380.
[674] V. Mettenheim RIW/AWD 81, 581.

Zwar entsteht die Zahlungsverpflichtung bereits mit Abschluss des Garantie-oder Bürgschaftsvertrags[675], aber der Gläubiger kann sie erst durchsetzen, wenn der formelle Sicherungsfall eingetreten ist. Ist die Verwertungsbefugnis von einem Ereignis abhängig, dessen Eintritt allein der Gläubiger beeinflussen kann, unterliegt er dabei dem Verbot, das Ereignis durch Manipulation herbeizuführen und sich auf diesem Weg einen Vorteil zu verschaffen[676].

Die Besonderheit besteht dabei darin, dass der Gläubiger das Ereignis selbst, den Eintritt des formellen Sicherungsfalls, ordnungsgemäß nach der Vereinbarung im Vertrag herbeiführt, wenn er behauptet, der materielle Sicherungsfall sei eingetreten. Besteht die gesicherte Forderung nicht oder ist sie später weggefallen, ist dem Gläubiger lediglich vorwerfbar, dass die Behauptung inhaltlich nicht richtig ist. Zwar verschafft sich der Gläubiger durch die unrichtige Behauptung einen Vorteil, aber ein rechtsmissbräuchliches Verhalten liegt darin nur, wenn er die Sicherungsmittel auf erstes Anfordern nur in Anspruch nehmen durfte, wenn auch der materielle Sicherungsfall eingetreten war, und er verpflichtet ist, seine Behauptung auf ihre Richtigkeit zu überprüfen.

a) Zweck der Überlassung der Sicherungsmittel auf erstes Anfordern

Das Verbot des Rechtsmissbrauchs begrenzt die Ausübung einer Befugnis, der erhebliche Interessen des Verpflichteten entgegenstehen, obwohl der Begünstigte zur Rechtsausübung formal berechtigt ist[677]. So ist der Gläubiger eines Sicherungsmittels auf erstes Anfordern formal zur Durchsetzung des Forderungsanspruchs berechtigt, wenn er die dafür im Bürgschafts- oder Garantievertrag vereinbarten Voraussetzungen erfüllt. Das Interesse des Bürgen oder Garanten, nur dann an den Gläubiger zahlen zu müssen, wenn die Behauptungen des Gläubigers der Wirklichkeit entsprechen, bleibt unberücksichtigt.

Die Befugnis des Gläubigers wird aber über das Verbot des Rechtsmissbrauchs begrenzt. Maßgeblich dafür, ob die Rechtsausübung rechtsmissbräuchlich erfolgt, ist der Zweck, der mit der Überlassung der Rechtsposition verfolgt wird[678]. Bei der einfachen Garantie und der einfachen Bürgschaft verfolgen Garant und Bürge mit der Eingehung der Verpflichtung zugunsten des Gläubigers die Sicherung einer Forderung des Gläubigers gegen den Schuldner. Garantievertrag und Bürgschaftsvertrag sind inhaltlich kausal hinsichtlich des Siche-

[675] Anders v. Mettenheim RIW/AWD 81, 581 (583), der die Zahlungsverpflichtung erst mit dem ersten Anfordern entstehen lässt.
[676] Rechtsgedanke des § 162 II BGB Palandt-Heinrichs § 162 Rn. 6. Der Vorteil besteht in der Auszahlung der Sicherheit. Für die Kausalität zwischen missbräuchlicher Inanspruchnahme und Auszahlung Zahn FS Pleyer S. 153 (158).
[677] Bydlinski AcP 190, 165 (177).
[678] v. Mettenheim RIW/AWD 81, 581 (583)

rungszwecks[679]. Dabei beschränkt der Sicherungszweck die Befugnis des Gläubigers bei den einfachen Personalsicherheiten, indem die Verwertung erst dann erfolgen darf, wenn der materielle Sicherungsfall eingetreten ist, d. h. der Gläubiger mit seiner Forderung gegen den Schuldner einredefrei ausgefallen ist.

Für die Frage, ob der Gläubiger bei der Inanspruchnahme des Garanten oder des Bürgen aus dem Sicherungsmittel auf erstes Anfordern rechtsmissbräuchlich gehandelt hat, kommt es darauf an, welchen Zweck die Beteiligten bei der Eingehung der Verpflichtung verfolgen, insbesondere ob, wie bei den einfachen Personalsicherheiten, die Zuwendung der Forderung zugunsten des Gläubigers dem Zweck der Sicherung diente.

aa) Kausale und abstrakte Zuwendungen

Grundsätzlich sind alle menschlichen Handlungen auf die Erreichung eines bestimmten Zwecks gerichtet. Handelt es sich dabei um Handlungen im rechtlichen Sinn, spricht man von dem typischen Leistungszweck einer Zuwendung. Wurde der Leistungszweck erreicht, erfolgt die Leistung mit Rechtsgrund.

Die Verfehlung des Leistungszwecks kann sich unterschiedlich auf die Zuwendung auswirken. Zum einen kann die Zweckerreichung Wirksamkeitsvoraussetzung der Zuwendung sein, so dass diese gar nicht zustande kommt, wenn der Zweck verfehlt wurde. Dann handelt es sich um kausale Zuwendungen. Andererseits kann das Eintreten der Vermögensmehrung beim Empfänger einer Zuwendung auch unabhängig von dem Erreichen des mit ihr verfolgten Zwecks gewollt sein. Dennoch ist die Zuwendung zweckgerichtet. Allerdings soll die Zweckerreichung erst für das Behaltendürfen einer eingetretenen Vermögensmehrung von Bedeutung sein. Die Zuwendung ist abstrakt. Die Abstraktion geht nicht soweit, die Zuwendung von jeder Zweckbestimmung zu lösen.

Handelt es sich bei dem Zuwendungsgegenstand um eine Forderung, werden die unterschiedlichen Aspekte besonders deutlich. Ist die Zuwendung kausal, erwirbt der Empfänger bei Zweckverfehlung erst gar keine Forderung, aus der er deshalb auch nichts fordern darf. Erfolgt der Forderungserwerb unabhängig von dem Erreichen des mit ihm verfolgten Zwecks (abstrakt), kann der Empfänger sie grundsätzlich auch geltend machen. Wird der verfolgte Zweck verfehlt, hat der Leistende einen Rückforderungsanspruch, da die Zuwendung ohne Rechtsgrund erfolgte. Bei abstrakten Forderungszuwendungen betrifft die Zweckverfehlung daher nicht die Befugnis, etwas fordern zu können, sondern die Befugnis, die Forderung behalten zu dürfen[680].

---

[679] Vgl. 2. Kapitel D. IV. 1. b) cc) (2) (a).
[680] zu diesem Unterschied auch Bydlinski AcP 190, 165 (171).

bb) Zweckneutrale Zuwendungen

Bedeutet Abstraktion grundsätzlich die Loslösung einer Zuwendung von der Zweckerreichung, ist fraglich, ob Zuwendungen ausnahmsweise auch ohne jede Zweckverfolgung denkbar sind. Da sie nicht zweckgerichtet wären, könnten sie auch nicht kondiziert werden. Die Vermögensmehrung beim Empfänger wäre endgültig. Um diese Zuwendungen von den gewöhnlichen abstrakten Zuwendungen abzugrenzen, werden sie als „in höherem Maße"[681], „hochgradig"[682] oder „endgültig"[683] abstrakt bezeichnet. Dabei steht die graduelle Unterscheidung der Abstraktheit von Zuwendungen im Widerspruch zu der Zweckgebundenheit jeder menschlichen Handlung. Zuwendungen ohne Zweckverfolgung existieren nicht.

Betrachtet man die Fallkonstellationen, die unter diese nicht kondizierbaren Zuwendungen fallen, löst sich der Widerspruch auf. Unter diese nicht kondizierbaren Zuwendungen fällt beispielsweise die Annahme der Anweisung, § 784 BGB, durch die der Anweisungsempfänger einen selbständigen Anspruch gegen den Angewiesenen erhält. Dabei ist der Angewiesene grundsätzlich weder aufgrund der Anweisung noch aus sonstigem Grund zur Annahme der Anweisung verpflichtet[684]. Er erhält keinen eigenen Vermögensvorteil vom Anweisungsempfänger, so dass die Annahme nicht zum Zweck des Austauschs erfolgt. Schließlich hat die Annahme keine Erfüllungswirkung hinsichtlich des Anspruchs aus dem Valutaverhältnis. Scheinbar erfolgt die Annahme der Anweisung ohne jede Zweckverfolgung[685]. Aber der Angewiesene will mit der Annahme den Empfänger besser stellen, indem er ihm einen selbständigen Anspruch zuwendet. Erfolgen Zuwendungen zu keinem anderen Zweck, als die Vermögensmehrung selbst herbeizuführen, erfolgen sie aus Freigebigkeit. Ist die Annahme wirksam, wird der mit ihr verfolgte Zweck erreicht. Eine Kondiktion scheidet aus.

Die Akkreditiveröffnung durch die Bank, die dem Begünstigten wie die Annahme der Anweisung einen eigenständigen Anspruch gegen die Bank gewährt[686], will die Bank die entsprechende Verpflichtung aus dem Geschäftsbesorgungsvertrag mit ihrem Kunden erfüllen[687]. Ist der Geschäftsbesorgungs-

---

[681] Palandt-Sprau § 784 Rn. 6; Hassold Zur Leistung im Dreipersonenverhältnis S. 220.

[682] Ulmer AcP 126, 129 (145); Lorenz JZ 71, 428.

[683] Lorenz JZ 68, 51 (53); Ulmer AcP 126, 129 (145, 160).

[684] Palandt-Sprau § 784 Rn. 2; eine Verpflichtung kann sich zwar aus dem Deckungsverhältnis mit dem Anweisenden ergeben, aber dann verfolgt der Angewiesene mit der Annahme jedenfalls keinen Leistungszweck gegenüber dem Empfänger.

[685] Schnauder nennt dies Zweckneutralität, WM 00, 2073 (2077).

[686] MüKo-Hüffer § 783 Rn. 90; der bloße Geschäftsbesorgungsvertrag zwischen Bank und Auftraggeber gewährt dem Begünstigten noch keinen eigenständigen Anspruch gegen die Bank, Canaris Bankvertragsrecht Rn. 939.

[687] MüKo-Hüffer § 783 Rn. 87; Palandt-Sprau § 783 Rn. 16.

vertrag unwirksam, kann zwar der Erfüllungszweck nicht erreicht werden, aber eine unmittelbare Kondiktion des Akkreditivs beim Begünstigten scheidet aus, weil der verfehlte Erfüllungszweck nur im Verhältnis der Bank zum Auftraggeber von Bedeutung ist. Im Verhältnis zum Begünstigten verfolgt der Auftraggeber mit der Zuwendung des selbständigen Zahlungsanspruchs wie bei der Annahme der Anweisung die bloße Vermögensmehrung. Er handelt freigebig.

Der Begriff der zweckneutralen Zuwendungen bedeutet daher nicht, dass die Zuwendung ohne jede Zweckverfolgung vorgenommen wird[688]. Vielmehr handelt es sich um freigebige Leistungen in einem Dreiecksverhältnis, durch die der Begünstigte gegenüber dem Angewiesenen besser gestellt werden soll.

cc) Übertragbarkeit auf die Sicherungsmittel auf erstes Anfordern

Dienen die einfachen Personalsicherheiten der Sicherung einer Forderung des Gläubigers gegen den Schuldner, könnte sich daran für die Sicherungsmittel auf erstes Anfordern nur dann etwas ändern, wenn die Vereinbarung der Klausel „auf erstes Anfordern" den Sicherungszweck aufhebt. Dann würde, wie beim Akkreditiv und der Annahme der Anweisung, die Zuwendung des Bürgen oder Garanten in Form der Forderung zugunsten des Gläubigers allein zu dem Zweck geschehen, dessen Vermögen zu mehren (freigebig).

Dabei weisen insbesondere das Dokumentenakkreditiv und die Sicherungsmittel auf erstes Anfordern Gemeinsamkeiten auf. In beiden Fällen ist die Zahlungsverpflichtung des Dritten formalisiert, indem der Verpflichtete nur dann zur Zahlung verpflichtet ist, wenn der Begünstigte die im Akkreditiv, der Bürgschaft auf erstes Anfordern oder der Garantie auf erstes Anfordern festgelegten Voraussetzungen erfüllt[689]. Schließlich werden sowohl der Akkreditiv als auch die Garantie auf erstes Anfordern als abstrakte Verpflichtungen angesehen[690].

Dennoch besteht ein wesentlicher Unterschied zwischen dem Akkreditiv und den Sicherungsmitteln auf erstes Anfordern. Der Akkreditiv wird zahlungshalber gestellt, wobei es sich bei ihm um ein abstraktes Schuldversprechen handelt[691]. Der Gläubiger soll sich aus dem Akkreditiv nicht nur schadlos halten,

---

[688] So Schnauder WM 00, 2073 (2077).

[689] Also entsprechende Dokumente vorlegt oder Erklärungen abgibt (Grundsatz der formalen Garantiestrenge, Grundsatz der Dokumentenstrenge), Canaris Bankvertragsrecht Rn. 993, 1130, 1133; zur Gleichbehandlung auch Zahn FS Pleyer S. 153 (154).

[690] Für den Akkreditiv Canaris Bankvertragsrecht Rn. 984; Ulmer AcP 126, 257 (286); Zahn Zahlung und Zahlungssicherung im Außenhandel S. 72; RGZ 106, 304 (307); BGHZ 60, 262 (264); für die Garantie auf erstes Anfordern Zahn FS Pleyer S. 153 (154); Eleftheriadis Die Bürgschaft auf erstes Anfordern S. 32.

[691] Canaris Bankvertragsrecht Rn. 1102; Palandt-Sprau § 783 Rn. 14; MüKo-Hüffer R 783 Rn. 81 und die in vorheriger Fn. Genannten.

falls er mit der Forderung gegen den Schuldner ausfällt, sondern vielmehr von der Bank vorrangig die Leistung selbst erlangen. Bei der Garantie und der Bürgschaft bestehen dazu abweichende Interessen der Beteiligten. Der Garant und der Bürge wollen den Gläubiger nur dann befriedigen, wenn der materielle Sicherungsfall eingetreten ist. Dies ergibt sich für die Bürgschaft bereits aus dem Wortlaut des § 765 I BGB, nach dem der Bürge „für die Erfüllung der Verbindlichkeit des Dritten einzustehen" hat[692].

Aber auch der Garantievertrag ist klar vom abstrakten Schuldversprechen, § 780 BGB, abgrenzbar[693]. Der Garantievertrag lehnt sich typischerweise an ein anderes Geschäft an, indem es sich bei ihm nicht um die primäre Anspruchsgrundlage handelt[694]. Der Garant will erst dann leisten, wenn sich das vereinbarte Risiko verwirklicht hat. Er garantiert eben nur die Erbringung der Leistung durch den Schuldner und verspricht für dessen Ausbleiben einzutreten[695]. Diese Sicherungsfunktion ist bei den Sicherungsmitteln auf erstes Anfordern zwar abgeschwächt, da die Zahlungsverpflichtung des Bürgen oder Garanten schon mit der Behauptung des eingetretenen materiellen Sicherungsfalls ausgelöst wird. Der Sicherungszweck kommt dennoch durch die Abhängigkeit der Zahlungsverpflichtung vom Eintritt des formellen Sicherungsfall zum Ausdruck, so dass sich auch bei den Sicherungsmitteln auf erstes Anfordern der Sicherungszweck stets identifizieren lässt[696].

Die Verpflichtung des Garanten oder des Bürgen wird daher auch bei der Vereinbarung der Klausel „auf erstes Anfordern" zur Sicherung einer anderen Forderung eingegangen. Insoweit unterscheidet sie sich von dem Akkreditiv oder der Annahme der Anweisung, die im Verhältnis zum Begünstigten aus reiner Freigebigkeit, d. h. zur bloßen Mehrung dessen Vermögen eingegangen werden. In welcher Form sich Verfehlungen des Sicherungszwecks wegen Störungen der gesicherten Forderung auswirken, muss hier noch nicht besprochen werden.

---

[692] Zum Sicherungszweck der Bürgschaft Scholz/Lwowski Das Recht der Kreditsicherung Rn. 4; Schnauder WM 00, 2073 (2077); Palandt-Sprau Einf 1 v § 765; Michalski ZBB 94, 289.

[693] anders Auhagen Die Garantie S. 45, der dies auch mit der Nichtakzessorietät begründet; Finger BB 69, 206 (208); Liesecke WM 68, 22 (24).

[694] Canaris Bankvertragsrecht Rn. 984.

[695] Canaris Bankvertragsrecht Rn. 1106; Larenz/Canaris SchuldR II/2 § 62 II;

[696] Horn IPrax 81, 149 (151); Canaris Bankvertragsrecht Rn. 1102; zur Sicherungsfunktion der Garantie auch Zahn FS Pleyer S. 153 (155), der darin auch den wesentlichen Unterschied zum zahlungshalber hingegebenen Akkreditiv sieht; Nielsen ZIP 82, 253 (257); v. Westphalen Exportfinanzierung 2. Auflage S. 171 Fn. 27.

b) Liquiditätsfunktion

Bezwecken beide Sicherungsmittel auf erstes Anfordern die Sicherung einer Forderung, so könnte der Gläubiger bereits dann rechtsmissbräuchlich handeln, wenn er die Sicherheit zu einem Zweck verwendet, zu dem sie nicht überlassen wurde[697]. Da der Garant oder Bürge den Gläubiger nur befriedigen will, wenn sich das abgedeckte Risiko verwirklicht, würde der Gläubiger bereits rechtsmissbräuchlich handeln, wenn die Behauptung, der materielle Sicherungsfalls sei eingetreten, inhaltlich falsch ist. Will er sich dem Einwand des Rechtsmissbrauchs nicht aussetzen, wäre der Gläubiger gezwungen, seine Behauptung jedes Mal auf ihre Richtigkeit zu überprüfen. Ein so weit gefasster Rechtsmissbrauchstatbestand käme zwar dem Interesse des Garanten oder Bürgen entgegen, entspricht aber nicht den Besonderheiten der Sicherungsmittel auf erstes Anfordern.

Vereinbaren die Parteien, dass der Gläubiger die Sicherheit auf erstes Anfordern in Anspruch nehmen darf, wollen sie damit eine schnelle und unkomplizierte Liquidität zugunsten des Gläubigers gewährleisten[698]. Mit diesen Sicherungsmitteln sollte das Bardepot abgelöst werden, bei dem der Sicherungsgeber einen bestimmten Betrag hinterlegte, auf den der Gläubiger unbeschränkt zugreifen konnte[699]. Diese Liquiditätsfunktion führt dazu, dass mögliche Streitigkeiten über die materielle Berechtigung des Gläubigers in einen Rückforderungsprozess verlagert werden, in dem zusätzlich die Prozessrollen vertauscht sind[700].

Der Gläubiger eines Sicherungsmittels auf erstes Anfordern soll den Zahlungsanspruch geltend machen können, ohne den materiellen Sicherungsfall nachweisen zu müssen. Würde der Gläubiger schon dann rechtsmissbräuchlich handeln, wenn die Behauptung inhaltlich falsch ist, wäre die Vereinbarung der Klausel „auf erstes Anfordern" ohne Bedeutung, da der Garant oder Bürge jeder Zahlungsaufforderung den Einwand des Rechtsmissbrauchs entgegen halten könnte, solange der Gläubiger die Richtigkeit seiner Behauptung nicht nachgewiesen hätte. Bereits die vertragskonforme Geltendmachung des Anspruchs wäre rechtsmissbräuchlich. Die Vorzugsstellung des Gläubigers aufgrund der Sicherungsmittel auf erstes Anfordern gegenüber den einfachen Personalsicherheiten würde ausgehöhlt werden. Eine solch weite Fassung des Rechtsmissbrauchs ist nicht interessengerecht.

---

[697] Mettenheim RIW/AWD 81, 581 (583).

[698] V. Mettenheim RIW/AWD 81, 581 (583); Schmidt WM 99, 308 (309); Schnauder WM 00, 2073; Pleyer WM 73 Sonderbeilage 2 S. 9; Bülow Recht der Kreditsicherheiten Rn. 827, 1363;

[699] Michalski ZBB 94, 289 (290); BGH NJW 96, 717; Nielsen ZIP 82, 253 (255).

[700] Canaris Bankvertragsrecht Rn. 1016. Zu dem Grundsatz „erst zahlen, dann prozessieren" auch Schmidt WM 99, 308 (309); Liesecke WM 68, 22.

c) Zwischenergebnis

Die bloße Unrichtigkeit der Behauptung, der materielle Sicherungsfall sei eingetreten, genügt nicht, um der Zahlungsaufforderung des Gläubigers den Einwand des Rechtsmissbrauchs entgegen halten zu können, da er sich insoweit vertragskonform verhält. Andererseits darf er seine Rechtsposition nicht zweckfremd missbrauchen. Das ist insbesondere der Fall, wenn er weiß oder aufgrund grober Fahrlässigkeit nicht wusste, dass der materielle Sicherungsfall nicht eingetreten war, weil etwa die gesicherte Forderung gar nicht bestand[701]. Dabei kann von ihm aber keine umfassende Prüfung hinsichtlich der Richtigkeit seiner Behauptung verlangt werden, da sonst die Liquiditätsfunktion der Sicherungsmittel auf erstes Anfordern leer liefe.

2. Anforderungen an den Einwand des Rechtsmissbrauchs

Um einerseits die Liquidationsfunktion und andererseits die Sicherungsfunktion der Sicherungsmittel auf erstes Anfordern in einen gerechten Ausgleich zu bringen, werden an den Einwand des Rechtsmissbrauchs besondere Voraussetzungen geknüpft. So kann der Garant oder Bürge auf erstes Anfordern den Einwand des Rechtsmissbrauchs nur dann erheben, wenn dieser offensichtlich oder liquide beweisbar ist[702].

Da Streitfragen über die materielle Berechtigung des Gläubigers auf erstes Anfordern grundsätzlich erst in einem Rückforderungsprozess geklärt werden sollen, müssen die Umstände, aus denen die mangelnde Berechtigung des Gläubigers folgt, von selbst ergeben[703].

Die Beweislast für den Einwand des Rechtsmissbrauchs trägt der Garant oder Bürge als derjenige, dem er zugute kommt. Dabei muss der Rechtsmissbrauch des Gläubigers liquide beweisbar sein[704]. Der Begriff der liquiden Beweisbarkeit ist in der Rechtsordnung, insbesondere in der ZPO, nicht geregelt, so dass eine einheitliche Bedeutung nicht besteht[705]. Schränkt der Einwand des Rechtsmissbrauchs die Liquiditätsfunktion der Sicherungsmittel auf erstes Anfordern ein, muss dieser aufgrund der Liquiditätsfunktion eine Ausnahme

---

[701] Canaris Bankvertragsrecht Rn. 1016; v. Mettenheim RIW/AWD 81, 581 (583); v. Westphalen Die Bankgarantie S. 281 verlangt dagegen stets Vorsatz.

[702] BGHZ 90, 287 (292); NJW 88, 2610; Palandt-Sprau Einf 14 b vor § 765; MüKo-Habersack Rn. 30 vor § 765;   Larenz/Canaris SchuldR II/2 § 64 III 5 a; Bydlinski AcP 190, 165 (179); Mülbert ZIP 85, 1101)1108 f); Canaris ZIP 98, 493 (495;

[703] BGHZ 90, 287 (294).

[704] Canaris Bankvertragsrecht Rn. 1017.

[705] Es besteht sowohl hinsichtlich der zulässigen Beweismittel (nur Urkunden, OLG Köln WM 88, 21 (22); v. a. Urkunden, Nielsen ZIP 82, 253 (260); auch unabhängige Sachverständige Liesecke WM 68, 22 (27)) als auch hinsichtlich der Beweisführung (nur ganz einfache Beweiswürdigung Canaris Bankvertragsrecht Rn. 1017; endgültige und zweifelsfreie Feststellung des Rechtsmissbrauchs Jedzig WM 88, 1469 (1473)).

bleiben. Könnte der Einwand des Rechtsmissbrauchs jederzeit und unter Heranziehung aller denkbaren Beweismittel erhoben werden, würde der schnelle und unkomplizierte Zugriff auf die Sicherheit auf erstes Anfordern hinausgezögert werden. Die mit der Klausel „auf erstes Anfordern" intendierte Verschiebefunktion von einem Zahlungs- zu einem Rückforderungsprozess wäre ausgehebelt. Um dies zu verhindern und den Ausnahmecharakter zu erhalten, werden an den Einwand des Rechtsmissbrauchs erhöhte Voraussetzungen geknüpft, die mit dem Begriff der liquiden Beweisbarkeit ausgedrückt werden[706]. Eine langwierige Beweisaufnahme und Beweiswürdigung soll verhindert werden. Daher kommen nur solche Beweismittel in Betracht, deren Aussagegehalt eindeutig und leicht zu erfassen sind. Um eine unnötige und ungewollte Verzögerungstaktik des Garanten oder Bürgen zu vermeiden, müssen die Beweismittel präsent sein.

3. Rechtsfolgen

Hinsichtlich der an den Rechtsmissbrauchseinwand geknüpften Rechtsfolgen kann zwischen der Inanspruchnahme aus dem Sicherungsmittel auf erstes Anfordern und der Rechtslage nach der Auszahlung unterschieden werden.

a) Bei Inanspruchnahme

Einigkeit besteht darüber, dass der Bürge oder Garant zur Verweigerung der Auszahlung berechtigt ist, wenn er vom Gläubiger aus dem Sicherungsmittel auf erstes Anfordern rechtsmissbräuchlich in Anspruch genommen wird[707]. Insoweit besteht kein Unterschied zu den einfachen Personalsicherheiten, da die Ausübung des Forderungsrechts dem Gebot von Treu und Glauben unterliegt. Ein Verstoß gegen dieses Gebot berechtigt den Schuldner zur Leistungsverweigerung.

Fraglich ist, ob er gegenüber dem Schuldner, seinem Auftraggeber, zur Leistungsverweigerung sogar verpflichtet ist. Eine solche Unterlassungspflicht wird aus einer Schutz- oder Treuepflicht des Garanten oder Bürgen gegenüber dem Schuldner aus dem Geschäftsbesorgungsvertrag mit diesem gefolgert[708]. Dafür spricht, dass der Geschäftsbesorgungsvertrag auf die Wahrung und Förderung fremder Interessen gerichtet ist[709].

---

[706] Vgl. Fn. 702.

[707] Nielsen ZIP 82, 253 (258); Pleyer WM 73 Sonderbeilage 2 S. 19 ; Canaris Bankvertragsrecht Rn. 1138 ff; Bülow Recht der Kreditsicherheiten Rn. 1355; Staudinger-Horn Vorbem 312 zu §§ 765 ff.

[708] so Nielsen ZIP 82, 253 (260); Pleyer WM 73 Sonderbeilage 2 S. 19; v. Mettenheim RIW/AWD 81, 581 (585 f); Horn IPrax 81, 149 (153); Horn NJW 80, 2153 (2157 f); LG Frankfurt/Main WM 81, 284 (286); a.M. Zahn FS Pleyer S. 153 (159); v. Caemmerer FS Riese S. 295 (303); Liesecke WM 68, 22 (27).

[709] Vgl. 1. Kapitel D. III. 1. a); Heinsius FS Werner S. 229 (243).

Da die Auszahlung der Bürgschafts- oder Garantiesumme gemäß § 670 BGB einen Aufwendungsersatzanspruch des Drittsicherers gegen den Schuldner auslöst, sind dadurch dessen Vermögensbelange betroffen, zu deren Schutz der Drittsicherer als Geschäftsbesorger verpflichtet ist[710].

Andererseits beauftragt der Schuldner den Dritten lediglich dazu, mit dem Gläubiger einen Bürgschafts- oder Garantievertrag auf erstes Anfordern abzuschließen. Die Erfüllung der aus diesem Vertrag stammenden Verpflichtung durch den Dritten erfolgt in eigener Verantwortung[711]. Will der Schuldner sein Regressrisiko minimieren, kann er dies, indem er objektive Kriterien vereinbart[712], unter denen die Sicherheit in Anspruch genommen wird. Der Dritte erfüllt seine Verpflichtung gegenüber dem Schuldner nur, wenn er sich bei der Vereinbarung mit dem Gläubiger an den Inhalt seiner Beauftragung hält. Die Pflicht des Geschäftsbesorgers, bei der Geschäftsbesorgung die Interessen des Geschäftsherrn mit der im Verkehr üblichen Sorgfalt wahrzunehmen, ist eine Nebenpflicht, die keinen Unterlassungsanspruch auslöst[713]. Der Schuldner als Geschäftsherr kann auf die Ausführung der Geschäftsbesorgung grundsätzlich nur noch über Weisungen eingreifen[714]. Haben der Gläubiger und der Dritte entsprechend dem Geschäftsbesorgungsvertrags zwischen Drittem und Schuldner ein Sicherungsmittel auf erstes Anfordern vereinbart, ist die Inanspruchnahme formalisiert. Eine spätere Einflussnahme des Schuldners auf das Auszahlungsverhalten des Dritten stünde dem entgegen, das der Schuldner sonst stets die Auszahlung verhindern könnte. Insoweit hat er kein Weisungsrecht gegenüber dem Dritten[715].

b) Nach Auszahlung

Zahlt der Bürge oder Garant die geschuldete Summe trotzdem aus, können sie keinen Regress ihrer Aufwendungen beim Schuldner nehmen, da sie diese nicht für erforderlich halten durften, § 670 BGB[716], wenn die Inanspruchnahme rechtsmissbräuchlich war.

Wie ausgeführt, besteht Einigkeit darüber, dass der Garant oder Bürge die Zahlung bei rechtsmissbräuchlicher Inanspruchnahme verweigern darf. Die Durchsetzbarkeit des Anspruchs des Gläubigers scheint einredebehaftet zu sein,

---

[710] Heinsius FS Werner S. 229 (243); Palandt-Sprau § 662 Rn. 9.

[711] Zahn FS Pleyer S. 153 (160).

[712] Zahn FS Pleyer S. 153 (160).

[713] MüKo-Kramer § 241 Rn. 17; Zahn FS Pleyer S. 153 (159 f).

[714] Palandt-Sprau § 662 Rn. 9.

[715] Heinsius FS Werner S. 229 (245).

[716] Auf die Verhinderung dieses Regressanspruchs ist auch der Streit über das Bestehen eines selbständig einklagbaren Unterlassungsanspruchs und die Möglichkeit einer einstweiligen Verfügung im Verhältnis zwischen Schuldner und Dritten gerichtet, Heinsius FS Werner S. 229 (246).

so dass der Anspruch weiter besteht. Aber der Einwand des Rechtsmissbrauchs begründet nicht nur eine rechtshemmende Einrede, sondern eine rechtsvernichtende oder rechtshindernde Einwendung, indem demjenigen, der eine Rechtsposition rechtsmissbräuchlich geltend macht, diese aufgrund des Rechtsmissbrauchs nicht zusteht[717]. Der Bürge oder Garant hat daher gegen den Gläubiger einen Rückforderungsanspruch aus § 812 I 1 Fall 1 BGB wegen Leistung auf eine Nichtschuld[718].

IV. Störfall 4: Nichtvorliegen des materiellen Sicherungsfalls

1. Problemstellung

Haben der Gläubiger und der Dritte ein Sicherungsmittel auf erstes Anfordern vereinbart, ist der Garant oder Bürge bereits dann zur Zahlung verpflichtet, wenn der Gläubiger entsprechend der Vereinbarung im Garantie- oder Bürgschaftsvertrag die formalisierten Voraussetzungen für die Inanspruchnahme der Sicherheit erfüllt[719]. Dazu gehört im Regelfall die Behauptung, der Schuldner sei seiner Verpflichtung nicht nachgekommen[720]. Ob der materielle Sicherungsfall tatsächlich eingetreten ist, bleibt für die Zahlungsverpflichtung unbeachtlich.

War der materielle Sicherungsfall bei der Inanspruchnahme der Sicherheit gar nicht eingetreten, stellt sich die Frage, ob der Bürge oder Garant wie bei den einfachen Personalsicherheiten die ausgezahlte Summe vom Gläubiger zurückverlangen kann, oder ob abweichend davon der Schuldner selbst einen Rückforderungsanspruch gegen den Gläubiger hat, und der Bürge oder Garant auf einen Regressanspruch aus § 670 BGB gegen den Schuldner beschränkt ist.

Dabei sollen die Bürgschaft auf erstes Anfordern und die Garantie auf erstes Anfordern getrennt voneinander behandelt werden, um mögliche Gemeinsamkeiten und Unterschiede zwischen ihnen und den jeweiligen einfachen Sicherungsmitteln besser darstellen zu können.

2. Bürgschaft auf erstes Anfordern

a) Ausgangslage: einfache Bürgschaft

Die einfache Bürgschaft ist akzessorisch, so dass das Entstehen und Bestehen der gesicherten Forderung kraft Gesetzes Wirksamkeitsvoraussetzung für das Entstehen und Fortbestehen der Bürgschafsverpflichtung ist. Störungen der

---

[717] Nielsen ZIP 82, 253 (258); Palandt-Heinrichs § 242 Rn. 41; MüKo-Roth § 242 Rn. 359.

[718] Canaris ZIP 98, 493 (496).

[719] Sog. formeller Sicherungsfall Hadding/Häuser/Welter Bürgschaft und Garantie S. 718 Fn. 806.

[720] Gröschler JZ 99, 822.

gesicherten Forderung schlagen unmittelbar auf den Bestand des Bürgschaftsvertrags durch. Der mit der Hingabe der Bürgenverpflichtung verfolgte Sicherungszweck ist äußerlich kausal.

Leistet der Bürge auf seine Bürgenverpflichtung, will er diese erfüllen.
Rechtsgrund der Leistung ist daher der Erfüllungszweck. Ist die gesicherte Forderung nicht entstanden oder entfällt sie nachträglich, fehlt es an einer wirksamen Bürgenverpflichtung, so dass der vom Bürgen mit seiner Leistung verfolgte
Erfüllungszweck nicht erreicht werden kann. Hatte er vom Fehlen der Bürgenverpflichtung keine Kenntnis, kann der Bürge seine Leistung vom Gläubiger mit
der condictio indebiti, § 812 I 1 Fall 1 BGB, oder mit der condictio ob causam
finitam, § 812 I 2 Fall 1 BGB, zurückverlangen.

Abweichend von der einfachen Bürgschaft vereinbaren die Parteien, dass
der Gläubiger die Bürgschaft auf erstes Anfordern in Anspruch nehmen darf. Ob
die behauptete Störung der gesicherten Forderung tatsächlich eingetreten ist,
spielt für die Zahlungsverpflichtung des Bürgen keine Rolle. Er könnte aber wie
der einfache Bürge die Leistung zurückverlangen, wenn die Störungen der gesicherten Forderung in diesem Stadium von Bedeutung sind.

b) Anspruchsgrundlage

Zunächst ist zu klären, auf welche Anspruchsgrundlage sich ein Rückforderungsanspruch stützen könnte. In Betracht kommt ein vertraglicher Anspruch
aus dem Bürgschaftsvertrag selbst oder aber eine Rückabwicklung nach Bereicherungsrecht, §§ 812 ff BGB.

aa) Vertraglicher Anspruch

Denkbar ist zunächst, dass dem Bürgschaftsvertrag selbst eine Regelung
über die Rückforderung der Bürgenzahlung bei Störungen der gesicherten Forderung entnommen werden kann. Wie bei den einfachen Sicherungsmitteln wird
es aber an einer ausdrücklichen Vereinbarung fehlen[721], so dass ein vertraglicher
Rückforderungsanspruch nur bei einer entsprechenden ergänzenden Vertragsauslegung in Betracht kommt[722]. Dazu müssten der Gläubiger und der Bürge auf erstes Anfordern einen vertraglichen Rückforderungsanspruch des Bürgen als gerechten Interessenausgleich gewollt haben[723]. Dafür spricht, dass der

---

[721] A. A. Bydlinski WM 90, 1401 (1402 f).

[722] Dafür Eleftheriadis Die Bürgschaft auf erstes Anfordern S. 152 ff, der einen solchen
vertraglichen Anspruch als notwendiges Korrelat der unbedingten Zahlungsverpflichtung
sieht (S. 154).

[723] Larenz AT I 7. Auflage S. 541; Canaris Bankvertragsrecht Rn. 1148 a stützt den vertraglichen Rückforderungsanspruch auf die Besonderheit der Interessenlage und einen mutmaßli-
chen Parteiwillen. Gleichzeitig hält er aber auch einen bereicherungsrechtlichen Rückforderungsanspruch des Bürgen gegen den Gläubiger für unbedenklich.

Bürge auf erstes Anfordern erst nach der Zahlung an den Gläubiger dazu berechtigt ist, dessen materielle Berechtigung zu überprüfen. Stellt er fest, dass diese nicht gegeben war, könnte ein Rückforderungsanspruch seine Benachteiligung bei der Zahlungsverpflichtung ausgleichen.

Gegen eine solche ergänzende Vertragsauslegung spricht jedoch, dass die Parteien regelmäßig von der ordnungsgemäßen Inanspruchnahme der Bürgschaft auf erstes Anfordern ausgehen. Auch wenn mit der Vereinbarung der Klausel „auf erstes Anfordern" das Zahlungsbegehren formalisiert und daher risikoanfälliger wird[724], betrifft die Klausel doch nur die Zahlungsverpflichtung. Für die Rückforderung bei unberechtigter Inanspruchnahme kann der Klausel nichts entnommen werden, insbesondere nicht ein entsprechender Wille, dem Bürgen einen vertraglichen Rückforderungsanspruch bei Störungen der gesicherten Forderung zu gewähren.

Ein entsprechender Wille der Parteien kann auch nicht einer möglichen Akzessorietät der Bürgschaft auf erstes Anfordern entnommen werden. Die Akzessorietät der einfachen Bürgenverpflichtung zu der gesicherten Forderung schützt den Bürgen vor einer unberechtigten Inanspruchnahme[725], indem sie ihm bei Störungen der gesicherten Forderung eine rechtsvernichtende oder rechtshindernde Einwendung gewährt. Ihre Bedeutung geht aber nicht soweit, dem einfachen Bürgen aufgrund ergänzender Vertragsauslegung einen Rückforderungsanspruch zu gewähren, falls er in Unkenntnis der Störung geleistet hat. Der Rückforderungsanspruch des einfachen Bürgen richtet sich nach Bereicherungsrecht. Kommt eine mögliche Akzessorietät der Bürgschaft auf erstes Anfordern bei der Durchsetzung der Zahlungsverpflichtung abweichend zur einfachen Bürgschaft nicht zur Geltung, könnte dies durch einen vertraglichen Rückforderungsanspruch ausgeglichen werden. Zwingend ist das aber nicht, insbesondere wenn wie bei der einfachen Bürgschaft ein bereicherungsrechtlicher Anspruch besteht, da es dann einer ergänzenden Vertragsauslegung nicht bedarf.

bb) Bereicherungsrechtlicher Anspruch

Als bereicherungsrechtliche Anspruchsgrundlage könnte wie schon bei der einfachen Bürgschaft die condictio indebiti, § 812 I 1 Fall 1 BGB, und die condictio ob causam finitam, § 812 I 2 Fall 1 BGB, in Betracht kommen. Dazu müssten die Störungen der gesicherten Forderung unmittelbar auf die Bürgenverpflichtung durchschlagen, da nur dann der Rechtsgrund der Leistung des Bürgen nicht gegeben oder später weggefallen war.

Störungen der gesicherten Forderung erlangen aber für die Bürgschaft auf erstes Anfordern nur dann die Bedeutung von Wirksamkeitshindernissen, wenn

---

[724] Hadding/Häuser/Welter Bürgschaft und Garantie S. 718.
[725] Weth AcP 189, 303 (325).

der Bürge, wie bei der einfachen Bürgschaft, mit der Eingehung der Bürgenverpflichtung einen Sicherungszweck verfolgt, und dieser kausaler Natur ist. Von dem gesetzlichen Vertragstyp des § 765 BGB weichen die Parteien insoweit ab, als sich der Bürge zur Zahlung auf erstes Anfordern verpflichtet. Für die Rückforderung der Zahlung des Bürgen nach Bereicherungsrecht kommt es daher wesentlich darauf an, welche Bedeutung die Klausel „auf erstes Anfordern" für die Bürgschaft hat.

(1) Klausel und Sicherungszweck

Wie bereits festgestellt, ändert die Vereinbarung der Klausel „auf erstes Anfordern" nichts daran, dass die Verpflichtung des Bürgen zur Sicherung einer anderen Forderung des Gläubigers eingegangen wird. Der Sicherungszweck ist daher nicht abbedungen. Die Verfolgung des Sicherungszwecks besagt aber noch nichts darüber, ob dessen Verfehlung sich auf den Bestand der Bürgschaftsschuld unmittelbar auswirkt. Dazu müsste die Bürgschaft auf erstes Anfordern kausaler Natur sein.

(2) Vereinbarkeit der Klausel „auf erstes Anfordern" mit dem Akzessorietätsprinzip

Soll die Bürgschaft auf erstes Anfordern kausaler Art[726] sein, müsste es sich bei der Verfehlung des Sicherungszwecks um ein Wirksamkeitshindernis handeln. Der Sicherungszweck wird verfehlt, wenn die gesicherte Forderung nicht besteht oder nachträglich wegfällt. Störungen der gesicherten Forderung müssten sich folglich auf die Bürgschaft auf erstes Anfordern hinsichtlich ihres Entstehens, Umfangs, Erlöschens und ihrer Durchsetzbarkeit und Zuordnung unmittelbar auswirken. Die unmittelbare Abhängigkeit eines Rechts von einem anderen Recht wird als Akzessorietät bezeichnet. Wäre die Bürgschaft auf erstes Anfordern akzessorischer Natur, hätte dies daher zur Folge, dass der Sicherungszweck kausal wäre. Dessen Verfehlung oder späterer Wegfall hätte zur Folge, dass der Gläubiger nie oder nicht mehr Inhaber einer Bürgschaftsforderung war, und damit die Zahlung des Bürgen ohne Rechtsgrund erfolgt oder der Rechtsgrund später weggefallen wäre. Der Bürge könnte seine Zahlung, mit der er die Erfüllung der Bürgenverpflichtung bezweckte, kondizieren.

Zunächst ist festzustellen, dass die Bürgschaft ihrem Wesen nach akzessorisch ist, d. h. die Verpflichtung des Bürgen von dem Bestand der gesicherten Hauptschuld abhängt[727]. Besteht die Hauptschuld nicht oder erlischt sie, kann

---

[726] Gemeint ist dabei die äußere Kausalheit. Zur Unterscheidung von äußerer und inhaltlicher Kausalheit vgl. 2. Kapitel D. IV. 1. b) cc) (2).

[727] RGZ 148, 65.

auch die Bürgenverpflichtung nicht entstehen oder fortbestehen. Andernfalls kann es sich lediglich um ein selbständiges Garantieversprechen handeln[728].

Vereinbaren die Parteien, dass der Bürge bereits auf erstes Anfordern an den Gläubiger zahlen muss, ohne, abweichend von §§ 767 I, 768 BGB, Störungen der gesicherten Forderung als Einreden oder Einwendungen vorbringen zu dürfen, ist dies nur dann zulässig, wenn entweder die Akzessorietät durch Parteivereinbarung teilweise aufgehoben werden kann, oder aber der Bürge auf die Geltendmachung der Einreden und Einwendungen verzichten kann.

(a)   Teilweise Abdingbarkeit der Akzessorietät

Fraglich ist, ob die Parteien durch Vereinbarung die Akzessorietät abbedingen können. Dazu müsste das Akzessorietätsprinzip zur Disposition der Parteien stehen.

Die Akzessorietät schützt den Bürgen vor der unberechtigten Inanspruchnahme aus der Bürgschaft[729], indem die Bürgenschuld hinsichtlich Entstehung, Umfang, Durchsetzbarkeit und Erlöschen in eine unmittelbare Abhängigkeit zur gesicherten Forderung gestellt wird[730]. Eine Grenze findet die Akzessorietät dort, wo ihre strenge Durchführbarkeit dem Sicherungszweck der Bürgschaft widerspricht[731]. Besteht die gesicherte Forderung nicht oder erlischt sie, ist eine Durchbrechung des Akzessorietätsgrundsatzes nur zulässig, wenn der Sicherungszweck trotzdem fortbesteht[732]. Ob die Durchbrechung des Akzessorietätsgrundsatzes zulässig ist, hängt davon ab, ob die strenge Akzessorietät der im Bürgschaftsvertrag getroffenen Risikoverteilung widerspricht. So kann sich etwa der Bürge trotz § 768 I BGB dem Zugriff des Gläubigers nicht mit der Einrede der verjährten Hauptschuld entziehen, § 216 I BGB, weil einerseits die Forderung durch die Verjährung nicht erlischt, und andererseits der Gläubiger trotz Verjährung behalten darf, was er erlangt hat, § 214 II BGB. Bleibt der Gläubiger also trotz Verjährung Inhaber eines Bürgschaftsanspruchs, muss er ihn auch durchsetzen können, da er andernfalls keinen Wert hätte.

Die Vereinbarung der Klausel „auf erstes Anfordern" ermöglicht die Inanspruchnahme des Bürgen durch den Gläubiger, ohne dass dieser seine materielle Berechtigung nachweisen muss. Mögliche Einwendungen des Bürgen wegen Störungen der gesicherten Forderung werden in einen Rückforderungsprozess verlagert. Diese Verlagerung der Einwendungen müsste der Risikoverteilung des Bürgschaftsvertrags entsprechen, oder anders ausgedrückt, der Sicherungs-

---

[728] RGZ 148, 65.

[729] Weth AcP 189, 303 (325).

[730] Medicus JuS 71, 497.

[731] Michalski ZBB 94, 289 (294); Habersack JZ 97, 857 (863); MüKo-Habersack § 767 Rn. 6, § 768 Rn. 7;BGH NJW 96, 1341, (1342 f).

[732] Becker-Eberhard Die Forderungsgebundenheit der Sicherungsrechte S. 461 f, 477 ff.

zweck, der mit der Hingabe der Bürgenschuld auf erstes Anfordern verfolgt wird, müsste unabhängig vom Vorliegen der materiellen Berechtigung des Gläubigers bestehen. Der Schutz der in den §§ 767, 768 BGB zum Ausdruck gebrachten Akzessorietät will einen Gleichlauf von führendem und geführtem Recht verwirklichen[733]. Wollen die Parteien dagegen eine Verpflichtung des Bürgen vereinbaren, die unabhängig von einer zu sichernden Forderung besteht, übersteigt die Haftung aus dieser Verpflichtung den Umfang, den die gesicherte Forderung begründet.

Das ist mit der Bürgschaft nach der gesetzlichen Konzeption der §§ 765 ff BGB nicht vereinbar. Das einzige inhaltliche Unterscheidungsmerkmal von Bürgschaft und Garantie ist die unterschiedlich ausgestaltete Abhängigkeit der Bürgen- und der Garantenverpflichtung zur Hauptschuld[734]. Wollen die Parteien eine Bürgschaft vereinbaren, vereinbaren sie eine akzessorische Sicherung. Eine nichtakzessorische Bürgschaft kennt das Gesetz nicht. Gleichzeitig stellt die Rechtsordnung als nichtakzessorische Personalsicherheit die Garantie zur Verfügung, so dass kein Bedürfnis besteht, neben der Garantie ein weiteres nichtakzessorisches Sicherungsmittel zu schaffen.

Eine nur hinsichtlich der Rückforderung akzessorische Bürgschaft stellt einen Widerspruch an sich dar. Die Akzessorietät betrifft die Abhängigkeit der Bürgschaft von der zu sichernden Forderung. Der bereicherungsrechtliche Rückforderungsanspruch wegen Zahlung der Bürgschaftssumme bei gestörter gesicherter Forderung entsteht nur[735], wenn die Bürgenverpflichtung nicht bestand oder später weggefallen ist. Dazu muss sie aber akzessorischer Natur sein, da andernfalls sich Störungen der gesicherten Forderung eben nicht auf den Bestand der Bürgschaft und die Berechtigung des Gläubigers auswirken.

Die Aufspaltung der Bürgschaft in einen unbedingten, abstrakten Zahlungsanspruch und einen akzessorischen Rückforderungsanspruch missachtet die mit den jeweiligen Zuwendungen verfolgten Zwecke. Die Eingehung der Bürgenverpflichtung erfolgt zur Sicherung einer Forderung. Mit der Zahlung auf die Bürgenschuld will der Bürge seine Verpflichtung erfüllen. Der Erfüllungszweck tritt dabei nur ein, wenn die Bürgschaft besteht. Wie sich Störungen der gesicherten Forderung auf die Bürgschaft auswirken, hängt davon ab, ob der Sicherungszweck äußerlich kausal oder abstrakt ist. Das Erreichen des mit der Zahlung auf die Bürgenschuld verfolgten Erfüllungszwecks ist davon nur mit-

---

[733] Grunewald Bürgerliches Recht 5. Auflage 2002 § 38 I 2; Habersack JZ 97, 857 (862); Medicus JuS 71, 497 (498).

[734] Marwede BB 75, 985 (986).

[735] Die Akzessorietät besteht auch nicht zwischen der Bürgschaft und dem Bereicherungsanspruch auf Rückzahlung der Bürgschaftssumme, da letzterer nur dann entsteht, wenn die Bürgschaft auf erstes Anfordern akzessorischer Art ist. Der Rückforderungsanspruch ist Folge der Akzessorietät und nicht Bezugspunkt des Sicherungszwecks. Dazu auch Weth AcP 189, 303 (326).

telbar betroffen. Würde die Bürgschaft auf erstes Anfordern einen unbedingten, abstrakten Zahlungsanspruch begründen, bliebe der Sicherungszweck dafür gänzlich ohne Bedeutung. Dagegen würde der Sicherungszweck auf die Rückforderungsebene transferiert werden[736], wenn die Akzessorietät der Bürgschaft erst dort zur Geltung käme. Die Akzessorietät hängt aber untrennbar mit der kausalen Verfolgung des Sicherungszwecks bei der Eingehung der Bürgschaft zusammen. Sie betrifft die Entstehung, den Umfang, die Durchsetzbarkeit, die Zuordnung und das Erlöschen der Forderung. Die Rückforderung der Bürgenzahlung beruht dagegen auf der Verfehlung des Erfüllungszwecks. Eine Berücksichtigung des Sicherungszwecks auf dieser Ebene missachtet den Leistungszweck der Zuwendung[737].

Die Bürgschaft auf erstes Anfordern ist daher in vollem Umfang, und nicht nur hinsichtlich der Rückforderung, akzessorisch. Eine teilweise Abdingbarkeit für die Inanspruchnahme der Bürgschaft scheidet aus.

(b) Verzicht auf die Einwendungen

Denkbar wäre, dass der Bürge durch die Vereinbarung der Klausel „auf erstes Anfordern" auf die Geltendmachung der Einwendungen wegen Störungen der gesicherten Forderung, die aus der akzessorischen Natur resultieren, verzichtet.

Der Bürge kann grundsätzlich auf einzelne Einwendungen oder Einreden aus dem Hauptschuldverhältnis von vornherein verzichten, ohne dass dadurch die das Rechtsgeschäft zwischen Bürge und Gläubiger seine Qualifizierung als Bürgschaft verlieren würde[738]. Richtig ist daher, dass die Abhängigkeit der Bürgschaft von der zu sichernden Forderung durch Parteivereinbarung unterschiedlich stark ausgestaltet werden kann[739]. Durch die Klausel „auf erstes Anfordern" sind aber alle Einwendungen und Einreden des Bürgen betroffen, somit auch die, die aus der akzessorischen Natur der Bürgschaft stammen.

Ein solcher allumfassender Verzicht erscheint deshalb problematisch, weil damit die unabdingbare Verbindung von Bürgen- und Hauptschuld für die Inanspruchnahme des Bürgen gänzlich aufgehoben wird. Mit einem solchen Verzicht würden die Wirkungen eines abstrakten Schuldversprechens herbeigeführt werden, das nicht nur in keiner unmittelbaren Abhängigkeit zur gesicherten Forde-

---

[736] Schnauder WM 00, 2073 (2078).
[737]

[738] Hadding/Häuser/Welter Bürgschaft und Garantie S. 705; RGZ 153, 348.
[739] Zu der vollen Breite der gesetzlichen und nicht gesetzlich geregelten Vertragstypen, die den Parteien zur Sicherung einer Schuld zur Verfügung stehen, Eleftheriadis Die Bürgschaft auf erstes Anfordern S. 34 f.

rung bestünde[740], sondern auch nicht auf die Verfolgung eines Sicherungszwecks gerichtet wäre. Ist ein Teilverzicht auf einzelne Einwendungen und Einreden nur soweit zulässig, wie die Akzessorietät der Bürgschaft nicht im wesentlichen Maße beseitigt wird[741], so scheidet ein voller Verzicht auf die Einwendungen und Einreden aus, da mit diesem die Akzessorietät der Bürgschaft aufgehoben wird.

Die Zulässigkeit des Verzichts muss sich daher nach den Maßstäben richten, nach denen die Akzessorietät der Bürgschaft trotz Störungen der gesicherten Forderung durchbrochen werden darf. Es kommt entscheidend darauf an, welche Risikoverteilung die Parteien getroffen haben. Mit der Klausel „auf erstes Anfordern" soll ein schneller und unproblematischer Zugriff auf den Bürgen erfolgen könne, ohne dass der Gläubiger, wie bei der einfachen Bürgschaft, seine materielle Berechtigung, möglicherweise sogar in einem Zahlungsprozess, darlegen oder sogar beweisen müsste. Neben der Liquidationsfunktion ist daher auch die Umkehr der Parteirollen von Bedeutung, indem der Bürge in einen Rückforderungsprozess gedrängt wird.

Die Risikoverteilung geht daher eindeutig zulasten des Bürgen. Dennoch darf nicht übersehen werden, dass die Bürgschaft auf erstes Anfordern zur Sicherung einer Forderung dient, so dass der Bürge grundsätzlich das Interesse hat, nur dann an den Gläubiger zu bezahlen, wenn der materielle Sicherungsfall eingetreten ist. Allerdings wurde der Sicherungszweck zugunsten des Gläubigers ausgeweitet, indem für die Inanspruchnahme bereits der formelle Sicherungsfall genügt. Insoweit verzichtet der Bürge auf die Schutzfunktion der Akzessorietät[742], die unberechtigte Inanspruchnahme aus der Bürgschaft abwehren zu können. Trotz des Verzichts leistet der Bürge auf eine Nichtschuld, wenn die gesicherte Forderung zum Zeitpunkt der Zahlung gar nicht bestand oder weggefallen war, da der Verzicht nicht die Akzessorietät, sondern nur die aus ihr resultierenden Einwendungen betrifft[743]. Da ein endgültiger Verzicht mit dem Akzessorietätsprinzip der Bürgschaft nicht vereinbar wäre, kann der Verzicht nur vorläufiger Natur sein.

Der Bürge kann die Einwendungen und Einreden wegen Störungen der gesicherten Forderung in einem Rückforderungsanspruch geltend machen[744].

---

[740] Nach v. Westphalen Exportfinanzierung 3. Auflage S. 321 beruht die Bürgschaft auf erstes Anfordern daher auch auf dem Grundsatz der fehlenden Akzessorietät.

[741] Kleiner Die Abgrenzung der Garantie von der Bürgschaft S. 77.

[742] Zur Schutzfunktion Weth AcP 189, 303 (325).

[743] Anders Weth AcP 189, 303 (326), der die Bürgenschuld erst mit Zahlung erlöschen lassen will.

[744] Eleftheriadis, Die Bürgschaft auf erstes Anfordern S. 34 bezeichnet dies als Restfunktion des Akzessorietätsprinzips; Larenz/Canaris SchuldR II/2 § 64 IV 2.

c) Rechtsfolgen

Der Rückforderungsanspruch richtet sich nach Bereicherungsrecht. Bestand die gesicherte Forderung zu keinem Zeitpunkt, war auch die Bürgschaft auf erstes Anfordern nicht entstanden. Der Bürge kann seine Zahlung auf die Bürgenverpflichtung wegen Leistung auf eine Nichtschuld mit der condictio indebiti, § 812 I 1 Fall 1 BGB zurückfordern.

War die gesicherte Forderung zunächst entstanden, und entfiel sie nachträglich, aber noch vor Inanspruchnahme der Bürgschaft auf erstes Anfordern, erfolgte auch dann die Zahlung des Bürgen ohne Rechtsgrund. Anspruchsgrundlage des Rückforderungsanspruchs ist die condictio indebiti, § 812 I 1 Fall 1 BGB.

Entfällt die gesicherte Forderung erst nach Inanspruchnahme aus der Sicherheit, etwa durch Eintritt einer Bedingung, fällt aufgrund der Akzessorietät auch die Bürgschaftsverpflichtung nachträglich weg. Der Gläubiger ist nicht mehr berechtigt, die Zahlung des Bürgen länger zu behalten, obwohl der Bürge zunächst mit Rechtsgrund geleistet hat. Der Bürge kann die Zahlung mit der condictio ob causam finitam, § 812 I 2 Fall 1 BGB, zurückverlangen[745].

d) Beweislast im Rückforderungsprozess

Abschließend stellt sich die Frage der Beweislast im Rückforderungsprozess. Grundsätzlich trägt der Bürge als derjenige, der den Rückforderungsanspruch geltend macht, die Darlegungs- und Beweislast für alle anspruchsbegründenden Tatsachen[746]. Er muss darlegen und beweisen, dass die Zahlung ohne Rechtsgrund erfolgt ist, d. h. die Bürgenverpflichtung wegen Störungen der gesicherten Forderung nicht bestand[747]. Die Umkehr der Prozessrollen resultiert bei der Rückforderung des Bürgen aus der Liquiditätsfunktion der Bürgschaft auf erstes Anfordern. Die Beweislast folgt den allgemeinen Regeln, soweit nicht Ausnahmen eingreifen. In Betracht kommt, dass die Parteien selbst aufgrund eines übereinstimmenden Parteiwillens eine abweichende Regelung getroffen haben.

Der BGH[748] lädt dem Gläubiger der Bürgschaft im Rückforderungsprozess die Beweislast für die materielle Berechtigung auf. Der Liquidationsfunktion der Bürgschaft auf erstes Anfordern sei genüge getan damit, dass der Gläubiger die

---

[745] Tilgt der Schuldner dagegen die Forderung beim Gläubiger nach Inanspruchnahme der Bürgschaft auf erstes Anfordern, kann der Bürge diese Leistung des Schuldners, die er gegen sich gelten lassen muss, vom Gläubiger nach §§ 816 II i.V.m. 407 BGB herausverlangen, da die gesicherte Forderung gem. § 774 I BGB auf ihn übergegangen ist.

[746] Baumbach/Lauterbach/Hartmann/Albers Anh. 10 zu § 286; MüKoZPO -Prütting § 286 Rn. 108 f.

[747] Baumgärtel Handbuch der Beweislast im Privatrecht Band 1 § 812 Rn. 7.

[748] BGH WM 89, 709 (710 f), NJW 97, 1435 (1437).

Bürgschaftssumme erhalten habe und die Prozessrollen umgekehrt worden seien. Die Funktion könne aber nicht soweit ausgedehnt werden, dass auch die Beweislastverteilung betroffen sei. Es bleibe bei der Beweislastverteilung in einem herkömmlichen Bürgschaftsprozess[749]. Der BGH begründet seine Auffassung damit, dass in der Zahlung des Bürgen niemals eine Anerkennung der Hauptverbindlichkeit liege. Er dürfe nicht schlechter stehen als ein einfacher Bürge[750].

Nach anderer Auffassung handelt es sich bei der Zahlung des Bürgen auf erstes Anfordern um eine Leistung unter Vorbehalt[751]. Eine Beweislastumkehr zulasten des Gläubigers tritt aber nur dann ein, wenn der Vorbehalt darin besteht, dass zwar Leistung erfolgen soll, aber der Leistende nicht vom Bestehen der Schuld überzeugt ist. Der Vorbehalt schließt dann die Wirkung des § 814 BGB aus. Der Einwand, die Zahlung des Bürgen auf erstes Anfordern könne mit der Leistung unter Vorbehalt nicht verglichen werden, weil der Leistende unter Vorbehalt nicht zur Zahlung verpflichtet war[752], greift nicht. Auch der Bürge auf erstes Anfordern zahlt auf eine Nichtschuld, wenn die gesicherte Forderung nicht bestand oder weggefallen ist. Allerdings ist der Bürge zur Nachprüfung der materiellen Berechtigung und dem Bestehen der Bürgenschuld nicht berechtigt, wenn er aus der Bürgschaft auf erstes Anfordern in Anspruch genommen wird. Ein Vorbehalt wegen § 814 BGB zur Erhaltung eines Rückforderungsanspruchs ist nicht nötig und auch gar nicht möglich, da der Bürge schon dann zur Zahlung verpflichtet ist, wenn der formelle Sicherungsfall eingetreten ist. Anders als bei der Zahlung des Bürgen auf erstes Anfordern hätte der Leistende unter Vorbehalt eine Klage des Gläubigers abwarten können, in der dann geklärt worden wäre, ob die Schuld tatsächlich bestand[753]. In einem Zahlungsprozess bei der Bürgschaft auf erstes Anfordern wäre die materielle Berechtigung und damit das Bestehen der Bürgenverpflichtung unbeachtet geblieben. Lediglich der Eintritt des formellen Sicherungsfalls wäre überprüft worden.

Die Rückforderbarkeit der Leistung resultiert aus dem Sicherungszweck, der mit der Hingabe der Bürgschaft auf erstes Anfordern verfolgt wird, so dass Zahlungen auf die Bürgschaft zu deren Erfüllung eben ohne Rechtsgrund erfolgen, wenn der Sicherungszweck verfehlt wurde. Ein Vorbehalt muss dazu nicht erklärt werden, so dass dieser nicht automatisch in die Vereinbarung der Klausel „auf erstes Anfordern" hinein interpretiert werden kann. Die Zahlung des Bürgen erfolgt nicht unter einem Vorbehalt, der die Beweislast umkehrt.

---

[749] Dafür auch in der Literatur Michalski ZBB 94, 289 (296); MüKo-Habersack § 765 Rn. 99; Bydlinski WM 90, 1401 (1402); Staudinger-Horn Vorbem 33 zu § 765.

[750] BGH WM 89, 709.

[751] Dazu Bydlinski WM 90, 1401 (1403)

[752] Bydlinski WM 90, 1401 (1403):

[753] Baumgärtel Handbuch der Beweislast im Privatrecht § 812 Rn. 26.

Schließlich könnten die Parteien einen Beweislastvertrag geschlossen haben mit dem Inhalt, dass der Bürge trotz Zahlung so gestellt wird, wie er stünde, wenn er keine Leistung an den Gläubiger erbracht hätte[754]. Ob ein Beweislastvertrag vereinbart wurde, kann generell nicht beantwortet werden. Jedenfalls ergibt sich dieser nicht schon aus der Klausel „auf erstes Anfordern", da diese für die Rückforderung außer Betracht bleibt. Auch einer ergänzenden Vertragsauslegung des Bürgschaftsvertrags gemäß § 157BGB kann keine generelle Bedeutung hinsichtlich der Beweislastverteilung zukommen, da diese sich auf den einzelnen Vertrag und nicht auf den Vertragstyp an sich bezieht.

3. Garantie auf erstes Anfordern

a) Ausgangslage einfache Garantie

Geht man wie bei der Bürgschaft von der einfachen Garantie aus, ist folgendes festzuhalten: Die Garantie ist eine nichtakzessorische Personalsicherheit. Der Garant bezweckt mit der Überlassung der Garantieforderung die Sicherung einer fremden Forderung, so dass der Sicherungszweck inhaltlich kausal ist. Darin besteht die Abgrenzung zum abstrakten Schuldversprechen. Der Garant verspricht nicht, die Leistung selbst zu erbringen, sondern garantiert sie nur[755].

Die Garantie grenzt sich von der Bürgschaft, die auf den gleichen wirtschaftlichen Zweck gerichtet ist, durch die Nichtakzessorietät ab[756]. Störungen der gesicherten Forderung haben auf die Garantieforderung weder hinsichtlich der Entstehung, des Umfangs, des Erlöschens, der Zuständigkeit noch der Durchsetzbarkeit unmittelbaren Einfluss. Der Sicherungszweck ist daher äußerlich abstrakt, d. h. die Verfehlung des Sicherungszwecks ist kein Wirksamkeitshindernis für die Zuwendung der Garantieforderung. Der Gläubiger erwirbt und behält die Forderung unabhängig davon, ob die gesicherte Forderung entsteht oder fortbesteht. Einwendungen aus dem Verhältnis zwischen Schuldner und Gläubiger (ex iure tertii) kann der Garant nicht gegenüber dem Gläubiger erheben. Störungen der gesicherten Forderung scheinen daher keine Bedeutung für den Garantievertrag zu haben.

Allerdings führen Störungen der gesicherten Forderung dazu, dass der Sicherungszweck nicht mehr erreicht werden kann. Bei der Zweckverfehlung handelt es sich um eine Einwendung aus eigenem Recht. Die Abstraktion des Sicherungszwecks bei nichtakzessorischen Sicherungsmitteln geht nicht soweit,

---

[754] Bydlinski WM 90, 1401 (1403); zur Anerkennung der Beweislastverträge Baumbach / Lauterbach / Albers / Hartmann ZPO Anh 7§ 286; MüKo-Prütting ZPO § 286 Rn. 161; Stein/Jonas/Leipold § 286 Rn. 133; Zöller/Greger ZPO Rn. 23 vor § 284.

[755] Canaris Bankvertragsrecht Rn. 1106, 1125.

[756] Hadding/Häuser/Welter Bürgschaft und Garantie S. 702; Auhagen Die Garantie S. 23; Canaris Bankvertragsrecht Rn. 1124; MüKo-Habersack Rn. 16 vor § 765;

dass eine Zweckverfehlung völlig ohne Bedeutung bliebe. Die Verfehlung eines abstrahierten Zwecks wirkt sich erst in einem späteren Stadium des Behaltendürfens einer wirksamen Zuwendung aus.

Daher kann der Garant dem Gläubiger die Störungen der gesicherten Forderung mittelbar als Zweckverfehlungen entgegen halten und die gewährte Forderung nach § 812 I 1 Fall 1 BGB zurückverlangen. Wurde er doch in Anspruch genommen, kann er das auf die Forderung mit Erfüllungszweck geleistete nach § 813 I BGB herausverlangen, da dem Garantieanspruch die dauerhaft Einrede aus ungerechtfertigter Bereicherung entgegen stand.

b)   Rückforderungsanspruch bei Störungen der gesicherten Forderung

aa)   Rechtsprechung

Vereinbaren die Parteien, dass der Gläubiger den Garant auf erstes Anfordern in Anspruch nehmen kann, genügt es für die Auslösung der Leistungspflicht des Garanten, dass der Gläubiger behauptet, der materielle Sicherungsfall sei eingetreten. Störungen der gesicherten Forderung haben auf die Inanspruchnahme keinen Einfluss.

Der BGH hat mit Urteil vom 10. 11. 1998[757] entschieden, dass, entgegen der Bürgschaft auf erstes Anfordern, der Garant Störungen der gesicherten Forderung nicht in einem Rückforderungsanspruch gegen den Gläubiger geltend machen kann. Der Garant sei zur Zahlung verpflichtet gewesen und daher sei ein Rückforderungsanspruch ausgeschlossen. Auf Einwendungen, die dem Zahlungsanspruch nicht entgegen gehalten werden durften, könne auch kein Herausgabeverlangen nach Bereicherungsrecht gestützt werden. Streitigkeiten aus dem Verhältnis zwischen Schuldner und Gläubiger seien aus dem Verhältnis zwischen Garant und Gläubiger herauszuhalten. Der Rückforderungsanspruch verlagere sich in das Valutaverhältnis.

Das Berufungsgericht[758] hatte noch anders entschieden, indem es eine Beschränkung von Einwendungen im Rückforderungsprozess ablehnte. Der Verbleib der Garantiesumme beim Gläubiger hänge davon ab, dass der materielle Sicherungsfall tatsächlich eingetreten sei. Die Liquiditätsfunktion stünde dem nicht entgegen, da sie die Frage nach der endgültigen Vermögenszuweisung unberührt ließe.

---

[757] BGH JZ 99, 464.
[758] OLG Frankfurt Urteil vom 24. 11. 1997 ZIP 98, 148 (149).

bb) Literatur

Die Literatur[759] steht überwiegend auf der Seite des BGH, der einen Rückforderungsanspruch des Garanten ablehnt. Dabei wird geltend gemacht, dass die Zahlung des Garanten auf eine bestehende Schuld und daher mit Rechtsgrund (causa solvendi) erfolge[760]. Außerdem stünde die Liquiditätsfunktion der Garantie auf erstes Anfordern dem Rückforderungsanspruch des Garanten entgegen. Der Gläubiger solle schnell an Bargeld kommen[761], was zur Umkehrung der Parteirollen führe, indem dem Gläubiger die Notwendigkeit eines Zahlungsprozesses erspart bleiben solle. An dessen Stelle trete ein Rückforderungsprozess, in dem der Gläubiger die Rolle des Beklagten einnehme. Zusätzlich soll aber die Klausel „auf erstes Anfordern" auch zu einer Verlagerung des Rückforderungsprozesses in ein anderes Rechtsverhältnis führen[762], so dass die Prozessrollen nicht nur umgekehrt, sondern auch ausgetauscht werden. Schließlich habe der Garant das Insolvenzrisiko des Schuldners hinsichtlich eines Aufwendungsersatzanspruchs aus § 670 BGB zu tragen, den er sich als Vertragspartei ausgesucht habe und könne dieses nicht durch Rückgriff auf den Gläubiger auf diesen abladen[763]. Zuletzt sei die unterschiedliche Rechtslage bei der Bürgschaft auf erstes Anfordern und der Garantie auf erstes Anfordern durch die Nichtakzessorietät der Garantie gerechtfertigt, die eine unterschiedliche Behandlung auch notwendig mache, da sonst kein erkennbarer Unterschied mehr zwischen den Sicherungsmitteln auf erstes Anfordern gegeben sei[764].

Nach anderer Meinung folgt die Rechtslage bei der Bankgarantie den Anweisungsfällen und nicht der Bürgschaft, wobei die Garantie dann nichts anderes sei als eine modifizierte angenommene Anweisung[765].

Für einen Rückforderungsanspruch des Garanten gegen den Gläubiger wird vorgebracht, dass die Zahlung bei einer Zahlungsverpflichtung „auf erstes Anfordern" nur vorläufig erfolge. Der Garant bezwecke nicht die endgültige Er-

---

[759] Mülbert Missbrauch von Bankgarantien und einstweiliger Rechtsschutz S. 38; Graf von Westphalen Die Bankgarantie im internationalen Handelsverkehr S. 219; Staudinger-Horn Vorbem 356 zu §§ 765 ff; Canaris Bankvertragsrecht Rn. 1141 ff; Larenz/Canaris SchuldR II/2 § 64 III 4 b; Wilhelm NJW 99, 3519 ff; Einsele JZ 99, 464; Canaris ZIP 98, 493; Elefhteriadis Die Bürgschaft auf erstes Anfordern S. 148 ff; a A Horn FS Brandner S. 623 (630 ff).

[760] Canaris ZIP 98, 493 (496).

[761] Bülow Recht der Kreditsicherheiten Rn. 827; Staudinger-Horn Vorbem 24 zu §§ 765 ff.

[762] Canaris ZIP 98, 493 (497), der zusätzlich auf die missliche Lage des Gläubigers hinweist, da der Schuldner als Zeuge vernommen werden könnte, wenn der Rückforderungsprozess zwischen den Parteien des Garantievertrags geführt würde.

[763] Canaris ZIP 98, 493 (497); dagegen Horn FS Brandner S. 623 (632); Zahn FS Pleyer S. 153 (170).

[764] Canaris ZIP 98, 493 (498 f), der auch auf die Abstraktheit der Garantie abstellt; ebenso Heermann ZBB 98, 239 (240 f).

[765] Koziol WM 99, 2381 (2389).

füllung der übernommenen Garantie, so dass ein Rechtsgrund für das Behaltendürfen fehle[766]. Die Akzessorietät eigne sich nicht, um eine unterschiedliche Vorgehensweise bei der Rückforderung von unberechtigt in Anspruch genommenen Sicherungsmitteln auf erstes Anfordern zu rechtfertigen[767].

cc) Stellungnahme

Richtig ist, dass Störungen der gesicherten Forderung keinen Einfluss auf den Erwerb und Bestand der Garantie auf erstes Anfordern haben, so dass der Garant, der aus der Garantie in Anspruch genommen wird, auf eine eigene Schuld leistet. Er bezweckt mit seiner Leistung allein die Erfüllung seiner eigenen Verpflichtung gegenüber dem Gläubiger. Der Zweck wird auch erreicht, da die Garantieforderung unabhängig davon besteht, ob die gesicherte Forderung entstanden ist oder noch fortbesteht. Da die Leistung daher mit Rechtsgrund erfolgte, scheint ein bereicherungsrechtlicher Rückforderungsanspruch von vornherein ausgeschlossen zu sein[768].

(1) Kondiktion bei einredebehafteter Erfüllungsleistung

Dabei wird aber übersehen, dass eine Leistung nach § 813 I BGB auch dann kondizierbar ist, wenn sie zum Zweck der Erfüllung vorgenommen wird, ihr aber eine dauerhafte Einrede entgegen stand. Bei der einfachen Garantie kann der Garant wie bei jeder anderen nichtakzessorischen Sicherung auch, die Sicherheit vom Gläubiger bei Störungen der gesicherten Forderung zurückverlangen, weil der mit der Überlassung verfolgte Sicherungszweck nicht mehr erreicht werden kann. Die Zweckverfehlung macht die Garantieforderung kondizierbar[769]. Wurde der Garant dennoch in Anspruch genommen, kann er die Leistung nach § 813 I BGB zurückverlangen, da Leistungen auf eine Nichtschuld und Leistungen auf eine dauerhaft einredebehaftete Schuld vom Gesetzgeber gleichgestellt wurden. Dabei werden nicht verschiedene Zweckebenen miteinander vermengt. Der Garant wollte mit der Zahlung allein seine Verpflichtung erfüllen. Die Verfehlung des mit der Hingabe der Verpflichtung verfolgten Sicherungszwecks gibt ihm eine Einrede gegen die Inanspruchnahme. Der Erfüllungszweck bleibt davon unberührt.

---

[766] Hahn NJW 99, 2793 (2794).

[767] Gröschler JZ 99, 822 (823 ff).

[768] so auch Canaris ZIP 98, 493 (496), der den Rückforderungsanspruch aus Bereicherungsrecht daher schon dogmatisch für ausgeschlossen hält.

[769] Vgl. 2. Kapitel D. IV. 2. b).

(2) Leistung unter Vorbehalt

Ein Kondiktionsanspruch könnte unabhängig davon bestehen, wenn sich der Garant die Rückforderung bei der Zahlung vorbehalten hat.

Jeder Schuldner kann seine Leistung unter einem Vorbehalt erbringen. Dabei bieten sich drei Möglichkeiten für einen Vorbehalt an[770]. Der Vorbehalt kann sich auf einen schuldfremden Umstand oder auf das Bestehen der Schuld selbst beziehen. Im letzteren Fall etwa, weil der Bestand der Schuld selbst zweifelhaft ist oder bei Leistungsverweigerung auf eine nichtbestehende Schuld mit Nachteilen gerechnet wird. Dann schützt der Vorbehalt vor dem Verlust eines Kondiktionsanspruchs, der bei Kenntnis vom Fehlen der Schuld nach § 814 BGB ausgeschlossen wäre.

Die Bank, die aus der Garantie auf erstes Anfordern in Anspruch genommen wird, wird auch bei Zweifeln über die Richtigkeit der Behauptung, der materielle Sicherungsfall sei eingetreten, an den Gläubiger leisten, um mögliche Imageverluste in der Wirtschaftswelt zu vermeiden. Daher besteht für die Bank ein potentielles Interesse, die Zahlung unter einen Vorbehalt zu stellen.

Kein Anlass für einen Vorbehalt besteht unter dem Gesichtspunkt des § 814 BGB, der die Kondiktion einer Leistung ausschließt, wenn der Leistende wusste, dass er zur Leistung nicht verpflichtet war, § 812 I 1 Fall 1 BGB oder ihm eine dauerhafte Einrede zustand, § 813 I BGB. Der Garant auf erstes Anfordern ist schon dann zur Zahlung verpflichtet, wenn der formelle Sicherungsfall eingetreten ist. Auf seine materielle Richtigkeit darf er den formellen Sicherungsfall nicht überprüfen. Aufgrund der mangelnden materiellen Prüfbefugnis konnte der Garant bei Zahlung nicht wissen, ob ihm Einwendungen oder Einreden wegen Störungen der gesicherten Forderung zustanden.

Ein möglicher Kondiktionsanspruch wäre nicht wegen § 814 BGB ausgeschlossen. Daher bedurfte es keinen Vorbehalts in dieser Richtung.

(3) Einredebehaftete Garantieforderung auf erstes Anfordern

Es kommt daher darauf an, ob die Garantieforderung auf erstes Anfordern wegen Störungen der gesicherten Forderung dauerhaft einredebehaftet war. Grundsätzlich können Einreden und Einwendungen nur den Parteien des jeweiligen Schuldverhältnisses entgegen gehalten werden. Einreden oder Einwendungen aus einem fremden Schuldverhältnis sind ausgeschlossen. Davon besteht eine Ausnahme für akzessorische Sicherungsmittel, bei denen der Drittsicherer Einwendungen und Einreden aus dem gesicherten Kausalverhältnis als eigene Einwendungen und Einreden geltend machen kann. Dieser Durchgriff ist Ausfluss des Akzessorietätsprinzips.

---

[770] Gernhuber Die Erfüllung § 5 V 1; Larenz SchuldR I § 18 I.

Da die Garantie ein nichtakzessorisches Sicherungsmittel ist, findet kein Durchgriff der Einreden oder Einwendungen statt. Der Einwendungsausschluss auf der Ebene der Inanspruchnahme darf auch nicht über den Umweg eines Kondiktionsanspruchs umgangen werden[771]. Nicht ausgeschlossen sind aber Einreden, die sich aus Mängeln aus dem Garantieverhältnis selbst ergeben[772]. Die Störungen der gesicherten Forderung müssten eine eigene Einrede des Garanten begründen. Bei der einfachen Garantie ergibt sich die Einrede aus dem Sicherungszweck, der mit der Eingehung der Garantie gegenüber dem Gläubiger verfolgt wird[773].

Der Sicherungszweck wird durch die Vereinbarung der Klausel „auf erstes Anfordern" nicht abbedungen[774]. Darin besteht der wesentliche Unterschied der Sicherungsmittel auf erstes Anfordern zu einem abstrakten Schuldversprechen. Der Sicherungszweck ist bei den Sicherungsmitteln auf erstes Anfordern wie bei den einfachen Personalsicherheiten inhaltlich kausal. Diese Zweckverfolgung kann nicht für die Bürgschaft auf erstes Anfordern und für die Garantie auf erstes Anfordern unterschiedlich interpretiert werden[775]. Die Akzessorietät und die Nichtakzessorietät beschreiben lediglich Verknüpfungstechniken zwischen zwei Rechten[776]. Sie besagen unmittelbar nichts über die Zweckverfolgung einer Zuwendung, haben aber auf die Ausgestaltung der Zweckabhängigkeit unmittelbare Auswirkung. Aufgrund der Nichtakzessorietät, die nicht durch Parteivereinbarung abgedungen werden kann, ist der Sicherungszweck bei der Garantie auf erstes Anfordern äußerlich abstrakt[777].

Dabei kann die Nichtakzessorietät bei der einfachen Garantie und der Garantie auf erstes Anfordern nicht unterschiedliche Bedeutung haben. Eine solche würde man aber annehmen, wenn man lediglich dem Garanten auf erstes Anfordern eine Einrede wegen Störungen des Sicherungszweck mit Blick auf die Nichtakzessorietät nehmen würde. Müsste die Nichtakzessorietät in dieser Weise verstanden werden, müsste auch bei der einfachen Garantie eine Einrede ausgeschlossen sein[778].

---

[771] Canaris Bankvertragsrecht Rn. 1141.

[772] Canaris Bankvertragsrecht Rn. 1145.

[773] Vgl. 2. Kapitel D. IV. b) bb) (1).

[774] Vgl. 3. Kapitel D. III. 1. a).

[775] Das passiert aber, wenn mit der Nichtakzessorietät begründet wird, dass dem Garant kein Rückforderungsanspruch zusteht.

[776] Habersack Sachenrecht Rn. 62; Wilhelm Sachenrecht Rn. 1350; Gernhuber Bürgerliches Recht § 26 I 1; Reischel JuS 98, 125 (127)

[777] Vgl. 2. Kapitel D. IV. 1. b) cc) (2) (b).

[778] Gröschler JZ 99, 822 (823), der auch darauf aufmerksam macht, dass bei diesem Verständnis von Nichtakzessorietät kein Unterschied mehr bestünde zwischen einfacher Garantie und Garantie auf erstes Anfordern.

Das ist aber gerade nicht der Fall, so dass sich daran schon zeigt, dass die Nichtakzessorietät zwar als Abgrenzungsmerkmal gegenüber der Bürgschaft taugt, aber nicht dazu führt, dass der Sicherungszweck und damit verbundene Einreden des Garanten für die Garantie auf erstes Anfordern unbeachtlich bleibt.

Der Garant auf erstes Anfordern hat grundsätzlich, wie der einfache Garant bei Störungen der gesicherten Forderung, einen Rückforderungsanspruch gegen den Gläubiger auf Rückgabe der Garantie. Wird er in Anspruch genommen aus der Sicherheit, war die Forderung dauerhaft einredebehaftet.

(a) Abbedingung der Einrede durch die Klausel „auf erstes Anfordern"

Denkbar ist, dass die Parteien die Einrede durch die Vereinbarung der Klausel „auf erstes Anfordern" einvernehmlich abbedungen haben.

Die Klausel „auf erstes Anfordern", wie schon ausgeführt, begünstigt den Gläubiger in zweifacher Hinsicht. Zum einen soll er schnell und unproblematisch Zugriff auf die Garantie nehmen können (Liquidationsfunktion). Damit verbunden ist zum anderen, dass mögliche Streitigkeiten in einen Rückforderungsprozess verlagert werden sollen, bei dem der Gläubiger als Anspruchsinhaber aus der Garantie in die für ihn günstigere Situation des Beklagten versetzt wird (Umkehr der Prozessrollen).

Diese beiden Funktionen bleiben durch eine spätere Rückforderung des Garanten unberührt. Die Liquidationsfunktion betrifft die Durchsetzbarkeit der Forderung[779], nicht aber das Behaltendürfen der Leistung, das sich nach dem Zwecksystem danach richtet, ob der mit einer Zuwendung verfolgte Zweck auch erreicht wurde. Die schnelle Durchsetzbarkeit eines Anspruchs begünstigt den Gläubiger, indem die Anforderungen an die Beweisbarkeit erleichtert werden. Beweiserleichterungen haben aber keinen Einfluss auf die materielle Rechtslage, die spätestens in einem Rückforderungsprozess genau überprüft wird. Nimmt der Gläubiger die Beweiserleichterung wahr, kann er dem Anspruchsgegner nicht das Risiko aufladen, dass sich die Tatsachen später abweichend darstellen.

Die Liquidationsfunktion hat daher eine Umkehr der Prozessrollen zur Folge, indem der Schuldner in die Rolle des Klägers gedrängt wird. Für die Garantie auf erstes Anfordern soll zusätzlich ein Austausch der Prozessparteien stattfinden. Dabei wird aber übersehen, dass die Vermögensmehrung beim Gläubiger allein aus einer Leistung des Garanten resultiert. Der Garant will mit seiner Zuwendung an den Gläubiger allein seine Verpflichtung aus dem Garantieverhältnis tilgen[780]. Er will weder eine Verpflichtung gegenüber dem Schuld-

---

[779] Horn FS Brandner S. 625 (628).

[780] So auch Canaris ZIP 98, 493; a. M. Koziol WM 99, 2381, der in der Leistung des Garanten eine Leistung auf eine angenommene Anweisung sieht; zur Begründung einer Leistung des Schuldners Einsele JZ 99, 466 ff.

ner, noch die gesicherte Forderung selbst tilgen oder sogar seine Zuwendung dem Schuldner zu eigenen Zwecken überlassen, so dass es sich um eine Leistung des Schuldners an den Gläubiger handeln würde[781].

Ein Anspruch des Schuldners gegen den Gläubiger aus Bereicherungsrecht scheidet daher aus. In Betracht kommt für ihn lediglich ein Schadenersatzanspruch gegen den Gläubiger, wenn er von dem Garanten in Regress genommen wurde[782].

Die Klausel „auf erstes Anfordern" steht nicht im Widerspruch zu einem möglichen Rückforderungsanspruch des Garanten.

(b) Verzicht auf Einreden

Denkbar ist, dass der Garant auf erstes Anfordern auf die Einrede aus dem Sicherungszweck verzichtet hat.

Ein Verzicht scheitert nicht wie bei der Bürgschaft auf erstes Anfordern an der Akzessorietät, da die Garantie auf erstes Anfordern nichtakzessorischer Art ist. Es steht den Parteien frei, Einreden aus dem Schuldverhältnis wahrzunehmen oder auf diese zu verzichten. Allerdings enthält die Klausel „auf erstes Anfordern" nicht einen automatischen, konkludenten Einredeverzicht des Garanten. Die Klausel betrifft lediglich die Durchsetzung des Anspruchs und damit die Inanspruchnahme. Die Rückforderung bleibt von ihr unberührt. Es kann ihr auch kein entsprechender Wille entnommen werden, dass der Garant endgültig auf die Einreden aus dem Sicherungszweck der Garantie verzichtet[783]. Ist in dem Garantievertrag auf erstes Anfordern kein ausdrücklicher Verzicht auf die Einreden hinsichtlich der Rückforderbarkeit vereinbart, darf dieser nicht durch entsprechende Auslegung der Klausel „auf erstes Anfordern" hineinvermutet werden.

(4) Rechtsfolge

Es bleibt bei der einredebehafteten Forderung des Gläubigers gegen den Garanten auf erstes Anfordern, der allerdings hinsichtlich der Inanspruchnahme aus der Garantie auf die Geltendmachung der Einrede verzichtet hat.

Der Garant kann die Garantiesumme nach § 813 I BGB unmittelbar vom Gläubiger zurückverlangen.

---

[781] Vgl. dazu 1. Kapitel D. IV und V.
[782] dazu Einsele JZ 99, 466 ff.
[783] Gröscher JZ 99, 822 (826).

c) Beweislast im Rückforderungsprozess

Wie schon bei der Bürgschaft auf erstes Anfordern stellt sich auch für den Rückforderungsprozess des Garanten auf erstes Anfordern die Frage nach der Beweislastverteilung.

Auch hier wird vertreten, dass es sich bei der Zahlung des Garanten um eine Zahlung unter Vorbehalt handelt[784]. Der Klausel „auf erstes Anfordern" käme allein eine zeitliche Funktion zu, indem der Garant auf die Reihenfolge „erst zahlen, dann prozessieren" festgelegt werde. Wie schon bei der Bürgschaft auf erstes Anfordern spricht gegen eine generelle Zahlung unter Vorbehalt, dass es für die Rückforderbarkeit der Garantiezahlung nicht auf die Erklärung eines Vorbehalts ankommt. Da der Garant wie der Bürge bei der Inanspruchnahme auf erstes Anfordern die materielle Berechtigung des Gläubigers nicht überprüfen darf, hat es für ihn keine Bedeutung, ob der die Garantiesumme gleich auszahlt oder er eine Klage auf Zahlung abwartet. Die Rückforderbarkeit beruht auf der erst nach Zahlung geltend machbaren Einrede, die Garantie hätte zurückgegeben werden müssen. Anders als bei den echten Leistungen unter Vorbehalt droht dem Garant nicht durch Zahlung an den Gläubiger der Verlust dieser Einrede wegen § 814 BGB. Daher kann der Klausel „auf erstes Anfordern" kein Vorbehalt entnommen werden, der im Rückforderungsprozess zu einer Beweislastumkehr führen würde.

Hinsichtlich eines möglichen Beweislastvertrags oder einer Vereinbarung aus ergänzender Vertragsauslegung besteht kein Unterschied zur Bürgschaft auf erstes Anfordern.

---

[784] Gröschler JZ 99, 822 (826); auch Staudinger-Horn sind der Auffassung, dass sich die Beweislast durch die Zahlung der Garantiesumme nicht verändert, Vorbem 360 zu § 765.

4.Kapitel: Zusammenfassung

Gegenstand der Arbeit war die Untersuchung des Rückforderungsanspruchs des Drittsicherers bei ungerechtfertigter Inanspruchnahme der Sicherheit. Die Problematik der Rückforderung resultiert aus der Zweckgebundenheit von Zuwendungen, die dadurch zur Leistung im rechtlichen Sinn werden. Die Finalität jeden menschlichen Handelns führt dazu, dass Zuwendungen getätigt werden, um einen bestimmten Zweck zu erreichen. Wird der Zweck nicht erreicht, wird der Zuwendende die Vermögensmehrung beim Empfänger nicht aufrechterhalten wollen. Allerdings können nicht alle mit einer Zuwendung verfolgten Zwecke und Absichten berücksichtigt werden, sondern nur die sogenannten Leistungszwecke. Darunter fällt die beschränkte Anzahl von Zwecken, die allen Zuwendungen gemeinsam ist.

Zur Rückforderung von Zuwendungen kommt es aber nur dann, wenn die Zuwendung trotz Zweckverfehlung weiterhin Bestand hat. Ist die Zweckerreichung dagegen Wirksamkeitsvoraussetzung für den Eintritt der Vermögensmehrung, tritt eine Vermögensmehrung nicht ein, wenn der verfolgte Zweck nicht erreicht wird. Gegenstand von Rückforderungsansprüchen können daher nur abstrakte Zuwendungen sein. Die Rückforderung stellt sich daher als actus contrarius zur Leistung im rechtlichen Sinn dar. Für die Bestimmung des Inhabers eines Rückforderungsanspruchs genügt es daher nicht, lediglich die äußerlich wahrnehmbaren Vermögensverschiebungen zu betrachten. Es kommt wesentlich auf die verfolgten Zwecke an.

Während bei Zweipersonenverhältnissen derjenigen, der die tatsächliche Vermögensverschiebung vornimmt und den Leistungszweck bestimmt, und derjenige, dessen Vermögen vermehrt wird und Adressat der Zweckbestimmung ist, identisch sind, kompliziert sich die Bestimmung bei Mehrpersonenverhältnissen, bei denen eine wahrnehmbare Vermögensverschiebung mehreren Schuldverhältnissen zugerechnet wird. Die Beteiligten der äußerlich wahrnehmbaren Vermögensverschiebung und der Zweckbestimmungen fallen auseinander, da der Schuldner des einen Schuldverhältnisses einen Dritten einschaltet, um seine Verpflichtung abzuwickeln, und der Schuldner des anderen Schuldverhältnisses mit der wahrnehmbaren Zuwendung an einen Dritten das Schuldverhältnis mit seinem Gläubiger abwickelt. Für die Rückforderung kommt es nicht auf das wahrnehmbare Zuwendungsverhältnis an, sondern wegen der Zweckgebundenheit auf die Verfehlung der jeweilig verfolgten Zwecke. Da zwischen den Beteiligten der Vermögensverschiebung kein Zweck verfolgt wurde, findet zwischen ihnen auch keine unmittelbare Rückabwicklung statt. Inhaber des Rückforderungsanspruchs ist, wer mit der wahrnehmbaren Vermögensmehrung einen Zweck verfolgt hat, der nicht erreicht wurde.

Diese Grundkonstellation findet auch für die dreipersonalen Sicherungsgeschäfte Anwendung. Wie bei den Anweisungsfällen als den typischen Dreipersonenverhältnissen werden mit der wahrnehmbaren Zuwendung die zugrundeliegenden Schuldverhältnisse der Sicherungsverschaffungsabrede zwischen Gläubiger und Schuldner und der Beauftragung zur Bestellung einer Sicherheit zwischen Schuldner und Drittsicherer mit der Sicherungsbestellung abgewickelt. Allerdings besteht zwischen ihnen und den sonst typischen Dreipersonenverhältnissen ein wesentlicher Unterschied. Im Gegensatz zu den typischen Anweisungsfällen besteht der zugewendete Gegenstand in einem neu einzugehenden Rechtsgeschäft zwischen dem Drittsicherer und dem Gläubiger, das zur Sicherung einer Forderung zwischen Schuldner und Gläubiger dient. Die Zuwendung des Sicherungsmittels ist daher beschränkt auf die Erreichbarkeit des Sicherungszwecks, die sich wiederum aus dem Bestehen der gesicherten Forderung ergibt. Besteht die Forderung nicht oder fällt sie später weg, kann der Sicherungszweck nicht oder nicht mehr erreicht werden. Der mit der Zuwendung verfolgte Zweck entfällt. Handelt es sich bei dem Sicherungszweck um eine abstrakte Zuwendung, d. h. ist die Erreichbarkeit des Sicherungszwecks nicht Wirksamkeitsvoraussetzung des Sicherungsmittels kann der Drittsicherer es vom Gläubiger zurück verlangen. Dabei hat der Gesetzgeber mit der Anordnung der Akzessorietät mittelbar die Entscheidung getroffen, nur eine begrenzte Anzahl von Sicherungsmitteln als kausal auszugestalten. Die Schaffung weiterer kausaler Sicherungsmittel durch Parteivereinbarung ist durch den numerus clausus der dinglichen Rechte und die Abgrenzung zur Bürgschaft nicht möglich. Eine Rückforderung des Sicherungsmittels selbst stellt sich bei der Verfehlung des Sicherungszwecks nur für die nichtakzessorischen Sicherungsmittel. Die Abstraktion des Sicherungszwecks aufgrund der Nichtakzessorietät führt nicht dazu, dass eine Rückforderung ausgeschlossen wäre.

Wird der Drittsicherer aus der Sicherheit in Anspruch genommen, bezweckt er damit die Abwicklung des Sicherungsmittels selbst. Dieser Zweck kann aber nur erreicht werden, wenn der Gläubiger Inhaber des Sicherungsmittels und damit des Verwertungsrechts ist. Akzessorische Sicherungsmittel sind kausal ausgestaltet. Wird der Sicherungszweck nicht erreicht, entfallen sie automatisch oder entstehen erst gar nicht. Leistungen des Drittsicherers auf die akzessorischen Sicherungsmittel erfolgen ohne Rechtsgrund und können vom Drittsicherer zurückgefordert werden. Bei nichtakzessorischen Sicherungsmitteln ist der Sicherungszweck dagegen abstrakt ausgestaltet, so dass der Gläubiger bis zur Rückforderung des Sicherungsmittels Inhaber des Verwertungsrechts ist. Die Zuwendung auf die Inanspruchnahme hin erfolgt mit Rechtsgrund. Allerdings war die Inanspruchnahme dauerhaft einredebehaftet und wird daher der Inanspruchnahme ohne Rechtsgrund gleichgestellt.

Für die Sonderformen der Sicherungsmittel auf erstes Anfordern ergibt sich keine wesentliche Abweichung. Auch diese Rechtsformen dienen zur Sicherung einer Forderung. Die Gebundenheit an den Sicherungszweck stellt das entscheidende Abgrenzungskriterium zum selbständigen Schuldversprechen dar. Die Rückforderbarkeit der Leistung des Drittsicherers hängt wie bei jeder

Leistung von der Verfehlung des mit ihr verfolgten Zwecks ab. Die Klausel „auf erstes Anfordern" erleichtert lediglich die Inanspruchnahme, hat aber auf die Zweckgebundenheit dieser Sicherungsmittel keinen Einfluss. Mit ihr verzichtet der Drittsicherer darauf, die Verfehlung des Sicherungszwecks bei der Inanspruchnahme aus der Sicherheit geltend zu machen. Ein Verzicht auf die Rückforderung ist mit ihr nicht automatisch verbunden. Die akzessorische oder nichtakzessorische Natur der Sicherungsmittel auf erstes Anfordern bleibt von der Klausel unberührt. Insoweit steht dem endgültigen Verzicht auf die Rückforderung die Akzessorietät zwingend entgegen. Bei der nichtakzessorischen Garantie auf erstes Anfordern wäre ein solcher Verzicht zwar möglich, aber kann der Klausel nicht automatisch entnommen werden. Der Drittsicherer auf erstes Anfordern kann wie jeder andere Drittsicherer seine Leistung auf die Sicherheit zurück fordern, wenn der Sicherungszweck verfehlt wird.

Literaturverzeichnis

AHRENS CLAUS, Von der Position als Sicherungsvertragspartei unabhängige Einreden gegen die Sicherungsgrundschuld auf Grund des Kausalgeschäfts, AcP 200, 123

AUHAGEN, Die Garantie einer Bank „auf erstes Anfordern" zu zahlen, 1966 Freiburg

BADEN EBERHARD, Noch einmal: § 1157 BGB und das Einredesystem der Sicherungsgrundschuld, JuS 1977, 75

BÄHR GERHARD, Akzessorietätsersatz bei der Sicherungszession, NJW 1983, 1473

BATSCH KARLLUDWIG, Zum Bereicherungsanspruch bei Zweckverfehlung, NJW 1973, 1639

BATTES ROBERT, Der erbrechtliche Verpflichtungsvertrag, AcP 178, 337

BAUMBACH ADOLF/LAUTERBACH WOLFGANG/ALBERS JAN/HARTMANN PETER, Kommentar zur ZPO, 61. Auflage 2003 München

BAUR JÜRGEN/ROLF STÜRNER, Lehrbuch des Sachenrechts, 17. Auflage 1999, München

BAYER WALTER, Der Vertrag zugunsten Dritter, Tübingen 1995

BECKER-EBERHARD, Die Forderungsgebundenheit der Sicherungsrechte, 1993 Bielefeld

BERG HANS, Bereicherung durch Leistung und in sonstiger Weise in den Fällen des § 951 Abs. 1 BGB, AcP 160, 505

BETTERMANN AUGUST, Akzessorietät und Sicherungszweck der Bürgschaft, NJW 1953, 1817

BEUTHIEN VOLKER, Zuwendender und Leistender, JZ 1968, 323

BEUTHIEN VOLKER, Zweckerreichung und Zweckstörung im Schuldverhältnis, Tübingen 1969

BROX HANS, Allgemeiner Teil des BGB, 26. Auflage 2002 Köln Berlin Bonn München

BRÜGGEMANN DIETER, Causa und Synallagma im Recht des Vorvertrags, JR 1968, 201

BUCHHOLZ STEPHAN, Abtretung der Grundschuld und Wirkungen der Sicherungsvereinbarung – Zur Anwendbarkeit des § 1157 BGB auf die Sicherungsgrundschuld, AcP 187, 107

BUCHHOLZ STEPHAN, Können Sicherungszession und Sicherungsübereignung akzessorisch gestaltet werden?, Jura 1990, 300

BUCHHOLZ STEPHAN, Sicherungsvertraglicher Rückgewähranspruch bei Grundschulden, ZIP 1987, 891

BÜLOW PETER, Der Grundsatz der Subsidiarität im Kreditsicherungsverhältnis, ZIP 1999, 985

BÜLOW PETER, Recht der Kreditsicherheiten, 5. Auflage 1999 Heidelberg

BYDLINSKI PETER, Die Bürgschaft auf erstes Anfordern: Darlegungs- und Beweislast bei Rückforderung durch den Bürgen, WM 1990, 1401

BYDLINSKI PETER, Moderne Kreditsicherheiten und zwingendes Recht, AcP 190, 165

V. CAEMMERER ERNST, Bankgarantie im Außenhandel in: FS für Otto Riese 1964 Karlsruhe, S. 295

V. CAEMMERER ERNST, Bereicherung und unerlaubte Handlung in: FS für Ernst Rabel Band I 1954 Tübingen, S. 333

V. CAEMMERER ERNST, Bereicherungsansprüche und Drittbeziehungen, JZ 1962, 385

V. CAEMMERER ERNST, Irrtümliche Zahlung fremder Schulden, in: FS Hans Dölle Band I 1963 Tübingen S. 135

V. CAEMMERER ERNST, Übereignung durch Anweisung zur Übergabe, JZ 1963, 586

CANARIS CLAUS-WILHELM, Bankvertragsrecht Erster Teil, 3. Auflage 1988 Berlin New York

CANARIS CLAUS-WILHELM, Der Bereicherungsanspruch im Dreipersonenverhältnis, in: FS für Karl Larenz 1973 München, S. 799

CANARIS CLAUS-WILHELM, Der Einwendungsausschluss im Wertpapierrecht, JuS 1971, 441

CANARIS CLAUS-WILHELM, Die Bedeutung des „materiellen" Garantiefalles für den Rückforderungsanspruch bei der Garantie auf erstes Anfordern, ZIP 1998, 493

CANARIS CLAUS-WILHELM, Die Verdinglichung obligatorischer Rechte in: FS für Werner Flume 1978 Band 1 Köln, S. 371

CASTELLVI MANUEL, Zum Übergang der gesicherten Forderung auf den zahlenden Garanten, WM 1995, 868

CLEMENTE CLEMENS, Die Sicherungsabrede der Sicherungsgrundschuld – eine Bestandsaufnahme, ZIP 1990, 969

COHN ERNST, Zur Lehre vom Wesen der abstrakten Geschäfte, AcP 135, 67

DÄUBLER WOLFGANG, Rechtsgeschäftlicher Ausschluss der Veräußerlichkeit von Rechten?, NJW 1968, 1117

DILCHER HERMANN, Typenfreiheit und inhaltliche Gestaltungsfreiheit bei Verträgen, NJW 1960, 1040

EHMANN HORST, Anmerkung zu BGH Urteil v. 19. 1. 1973, NJW 1973, 1035

EHMANN HORST, Die Funktion der Zweckvereinbarung bei der Erfüllung, JZ 1968, 549

EHMANN HORST, Die Gesamtschuld 1972

EHMANN HORST, Über den Begriff des rechtlichen Grundes im Sinne des § 812 BGB, NJW 1969, 398

EINSELE DOROTHEE, Anmerkung zu BGH JZ 1999, 464, JZ 1999, 466

EINSELE DOROTHEE, Der bargeldlose Zahlungsverkehr – Anwendungsfall des Garantievertrags oder abstrakten Schuldversprechens?, WM 1999, 1801

EISENHARDT ULRICH, Die Einheitlichkeit des Rechtsgeschäfts und die Überwindung des Abstraktionsprinzips, JZ 1991, 271

ELEFTHERIADIS NIKOLAS, Die Bürgschaft auf erstes Anfordern, Berlin 2001

ENNECCERUS LUDWIG/LEHMANN HEINRICH, Recht der Schuldverhältnisse, 15. Bearbeitung 1958 Tübingen

ENNECCERUS LUDWIG/NIPPERDEY HANS-CARL, Allgemeiner Teil des Bürgerlichen Rechts, 15. Auflage 1959 Tübingen

ERMAN, Bürgerliches Gesetzbuch Band I 10. Auflage 2000 Köln

ESSER JOSEF/ WEYERS HANS-LEO, Schuldrecht II Besonderer Teil, Teilband 1: Verträge, 8. Auflage 1998 Heidelberg

ESSER JOSEF/ WEYERS HANS-LEO, Schuldrecht II Besonderer Teil, Teilband 2: Gesetzliche Schuldverhältnisse, 8. Auflage 2000 Heidelberg

ESSER JOSEF/SCHMIDT EIKE, Schuldrecht I Allgemeiner Teil, Teilband 2: Durchführungshindernisse und Vertragshaftung, Schadensausgleich und Mehrseitigkeit beim Schuldverhältnis, 8. Auflage 2000 Heidelberg

FIKENTSCHER WOLFGANG, Schuldrecht, 9. Auflage 1997 Berlin New York

FINGER, Formen und Rechtsnatur der Bankgarantie, BB 1969, 206

FLUME WERNER, Allgemeiner Teil des Bürgerlichen Rechts Band 2 „Das Rechtsgeschäft", 4. Auflage 1992 Berlin Heidelberg New York

FLUME WERNER, Der Eigentumserwerb bei Leistungen im Dreiecksverhältnis in: FS für Ernst Wolf 1985 Köln Berlin Bonn München, S. 61

GAUL HANS FRIEDHELM, Lex commissoria und Sicherungsübereignung, AcP 168, 351

GERNHUBER JOACHIM, Bürgerliches Recht, 3. Auflage 1991 München

GERNHUBER JOACHIM, Das Schuldverhältnis, 1989 Tübingen

GERNHUBER JOACHIM, Die Erfüllung und ihre Surrogate, 2. Auflage 1994 Tübingen

GRÖSCHER PETER, Einwendungsausschluss bei der Garantie auf erstes Anfordern und der einfachen Garantie, JZ 1999, 822

GRUNEWALD BARBARA, Bürgerliches Recht 5. Auflage 2002 München

HABERSACK MATHIAS, Der Regress bei akzessorischer Haftung, AcP 198, 152

HABERSACK MATHIAS, Die Akzessorietät – Strukturprinzip der europäischen Zivilrechte und eines künftigen europäischen Grundpfandrechts, JZ 1997, 857

HABERSACK MATHIAS, Sachenrecht, 2. Auflage 2001 Heidelberg

HADDING WALTHER, Der Bereicherungsausgleich beim Vertrag zu Rechten Dritter, Tübingen 1970

HADDING WALTHER/HÄUSER FRANZ/WELTER REINHARD, Bürgschaft und Garantie, in: Gutachten und Vorschläge zur Überarbeitung des Schuldrechts Band III herausgegeben vom Bundesminister der Justiz, 1983 Köln

HAHN VOLKER, Der Rückforderungsanspruch bei der Garantie auf erstes Anfordern, NJW 1999, 2793

HASSOLD GERHARD, Zur Leistung im Dreipersonenverhältnis, 1981 München

HECK PHILIPP, Grundriss des Sachenrechts, 1930 Tübingen

HEERMANN PETER, Rückabwicklung nach materiell ungerechtfertigter Inanspruchnahme von Bürgen und Garanten „auf erstes Anfordern", ZBB 1998, 239

HEIN, Der Zahlungsanspruch eines Begünstigten einer Bankgarantie „auf erstes Anfordern", 1982 Gießen

HEINSIUS THEODOR, Rechtsmissbräuchliche Inanspruchnahme einer Bankgarantie, in: FS Winfried Werner 1984 Berlin New York, S. 229

HENCKEL WOLFRAM, Die ergänzende Vertragsauslegung, AcP 159, 106

HENRICH DIETER, Vorvertrag Optionsvertrag Vorrechtsvertrag 1965 Tübingen, Berlin

HORN NORBERT, Bürgschaften und Garantien zur Zahlung auf erstes Anfordern NJW 1980, 2153

HORN NORBERT, Der Rückforderungsanspruch des Garanten nach ungerechtfertigter Inanspruchnahme, in: FS für Hans Erich Brandner 1996 Köln, S. 623

HORN NORBERT, Die neuere Rechtsprechung zum Missbrauch von Bankgarantien im Außenhandel, IPrax 1981, 149

HUBER ULRICH, Die Sicherungsgrundschuld 1965

HUBER ULRICH, Verpflichtungszweck, Vertragsinhalt und Geschäftsgrundlage, JuS 1972, 57

JÄCKLE WOLFGANG, Die Sicherungsgrundschuld bei Störungen des Kreditverhältnisses, JZ 1982, 50

JAHR GÜNTHER, Romanistische Beiträge zur modernen Zivilrechtswissenschaft, AcP 168, 9

JAUERNIG OTHMAR, Zur Akzessorietät bei der Sicherungsübertragung, NJW 1982, 268

JEDZIG JOACHIM, Aktuelle Rechtsfragen der Bankgarantie auf erstes Anfordern, WM 1988, 1469

JUNG ERICH, Das Wesen des schuldrechtlichen Grundes und dessen Bedeutung für die Systematik des Privatrechts, in: Festgabe der juristischen Fakultät zum 50jährigen Bestehen des Reichsgerichts Dritter Band 1929 Berlin Leipzig, S. 143

KEGEL GERHARD, Verpflichtung und Verfügung, in: FS für Frederik Alexander Mann S. 57

KLEINER BEAT, Die Abgrenzung der Garantie von der Bürgschaft und anderen Vertragstypen mit besonderer Berücksichtigung des Bankgeschäfts, Zürich 1972

KLINKE ULRICH, Causa und genetisches Synallagma 1983 Berlin

KÖHLER HELMUT, Prüfe dein Wissen BGB Allgemeiner Teil, 22. Auflage 2002 München

KÖHLER HELMUT, Vorvertrag, Optionsvertrag und Festofferte, Jura 1979, 465

KOHLHOSSER HELMUT, Aktuelle Fragen der vorweggenommenen Erbfolge, AcP 194, 231

193

KÖNDGEN JOHANNES, Wandlungen im Bereicherungsrecht in: FS für Josef Esser 1975 Kronberg S. 55

KOPPENSTEINER HANS-GEORG / KRAMER ERNST, Ungerechtfertigte Bereicherung, 2. Auflage 1988 Berlin New York

KÖTTER HANN-WILHELM, Zur Rechtsnatur der Leistungskondiktion AcP 153, 193

KOZIOL HELMUT, Die Rückabwicklung rechtsgrundloser Zahlungen eines Bürgen, ZBB 1989, 16

KRASSER RUDOLF, Der Schutz vertraglicher Rechte gegen Eingriffe Dritter, Köln München 1971

KRESS HUGO, Lehrbuch des Allgemeines Schuldrecht, 1929 München

KÜBLER FRIEDRICH, Feststellung und Garantie, 1967 Tübingen

KÜHNE GUNTHER, Die Rückforderung von Vermögenszuwendungen zwischen Ehegatten bei Scheidung der Ehe unter Berücksichtigung des Bereicherungsrechts, FamRZ 1968, 356

KUPISCH BERTHOLD Gesetzespositivismus im Bereicherungsrecht, 1978 Berlin

KUPISCH BERTHOLD, Bankanweisung und Bereicherungsrecht, WM 1979 Sonderbeilage 3

KUPISCH BERTHOLD, Die Bankgarantie auf erstes Anfordern im Dickicht des modernen Bereicherungsrechts – zum ungerechtfertigten Vorteil des Garantienehmers? WM 1999, 2381

KUPISCH BERTHOLD, Leistungskondiktion bei Zweckverfehlung – Teil 1, JZ 1985, 101

LARENZ KARL, Allgemeiner Teil des deutschen bürgerlichen Rechts, 7. Auflage 1989 München

LARENZ KARL, Ergänzende Vertragsauslegung und dispositives Recht, NJW 1963, 737

LARENZ KARL, Lehrbuch des Schuldrecht I: Allgemeiner Teil 14. Auflage 1987;

LARENZ KARL, Lehrbuch des Schuldrechts II 1: Besonderer Teil, Halbband 1, 13. Auflage 1986 München

LARENZ KARL/CANARIS CLAUS-WILLHELM, Lehrbuch des Schuldrechts II 2: Besonderer Teil, Halbband 2, 13. Auflage 1994 München

LARENZ KARL/WOLF MANFRED, Allgemeiner Teil des deutschen bürgerlichen Rechts, 8. Auflage 1997 München

LEONHARD FRANZ, Allgemeines Schuldrecht des BGB, 1929 München Leipzig

LEONHARD RUDOLF, Allgemeiner Teil des Bürgerlichen Gesetzbuchs, 1900 Berlin

LETTL WOLFGANG, Akzessorietät contra Sicherungszweck – Rechtsfragen bei der Gestaltung von Bürgschaftserklärungen - WM 2000, 1316

LEVINSOHN JULIUS, Der Vorvertrag 1931 Halle Leipzig Berlin

LIEBS DETLEF, Bereicherungsanspruch wegen Misserfolgs und Wegfall der Geschäftsgrundlage, JZ 1978, 697

LIEBS RÜDIGER, Die unbeschränkbare Verfügungsbefugnis, AcP 175, 1

LIESECKE RUDOLF, Rechtsfragen der Bankgarantie, WM 1968, 22

LOPAU EBERHARD, Die Rechtsstellung des Schuldners bei der Kreditsicherung durch Grundschulden, NJW 72, 2253

LOPAU EBERHARD, Die Sicherungsgrundschuld im Spannungsfeld von Eigentümer- und Verkehrsinteressen, JuS 1976, 553

LORENZ STEPHAN/RIEHM THOMAS, Lehrbuch zum neuen Schuldrecht, München 2002

LORENZ WERNER, Anmerkung zu BGH JZ 1971, 425, JZ 1971, 428

LORENZ WERNER, Bereicherungsausgleich in Drittbeziehungen, AcP 168, 286

LORENZ WERNER, Bereicherungsrechtliche Drittbeziehungen, JuS 1968, 441

LORENZ WERNER, Zur Frage des bereicherungsrechtlichen „Durchgriffs" in Fällen des Doppelmangels, JZ 1968, 51

V. LÜBTOW ULRICH, Die Struktur der Pfandrechte und Reallasten in: FS für Heinrich Lehmann Band I 1956 Berlin S. 328

MARTINEK MICHAEL, Traditionsprinzip und Geheißerwerb, AcP 188, 573

MARWEDE JAN, Anmerkung zu Urteil OLG Frankfurt a. M. vom 22. 10. 74, BB 75, 985

MEDICUS DIETER, Allgemeiner Teil des BGB, 8. Auflage 2002 Heidelberg

MEDICUS DIETER, Bürgerliches Recht, 19. Auflage Köln Berlin Bonn München 2002

MEDICUS DIETER, Die Akzessorietät im Zivilrecht, JuS 1971, 497

MEDICUS Dieter, Schuldrecht II: Besonderer Teil, 11. Auflage 2003 München

V. METTENHEIM HEINRICH, Die missbräuchliche Inanspruchnahme bedingungsloser Bankgarantien, RIW/AWD 1981, 581

MICHALSKI Lutz, Bürgschaft auf erstes Anfordern, ZBB 1994, 289

MÜHL OTTO, Sicherungsübereignung, Sicherungsabrede und Sicherungszweck in: FS für Rolf Serick 1992 Heidelberg, S. 285

MÜLBERT PETER, Das verzinsliche Darlehen, AcP 192, 447

MÜLBERT PETER, Missbrauch von Bankgarantien und einstweiliger Rechtsschutz, 1985 Tübingen

MÜLLER-FREIENFELS WOLFRAM, Die Vertretung beim Rechtsgeschäft, 1955 Tübingen

MÜNCHENER KOMMENTAR zum BGB
- Band 1 §§ 1 – 240 Allgemeiner Teil, Redakteur: Jürgen Säcker, 4. Auflage 2001 München
- Band 2 §§ 241 – 432 Schuldrecht Allgemeiner Teil, Redakteur: Wolfgang Krüger, 4. Auflage 2001 München
- Band 5 §§ 705 – 853 Schuldrecht Besonderer Teil III, Redakteur: Peter Ulmer, 3. Auflage 1997 München
- Band 6 §§ 854 – 1296 Sachenrecht, Redakteur: Friedrich Quack, 3. Auflage 1997 München

MÜNCHENER KOMMENTAR zur ZPO Band 1 §§ 1 – 354, 2. Auflage 2000 München

MUSIELAK HANS-JOACHIM, Grundkurs ZPO, 5. Auflage 2000 München

NEUHOF RUDOLF/RICHRATH JOCHEN, Rückabwicklung nichtiger Kreditsicherungsverträge nach der Lehre von der Doppelcausa, NJW 1996, 2894

NEUNER JÖRG, Der Schutz und die Haftung Dritter nach vertraglichen Grundsätzen, JZ 1999, 126

NIELSEN JENS, Rechtsmissbrauch bei der Inanspruchnahme von Bankgarantien als typisches Problem der Liquiditätsfunktion abstrakter Zahlungsversprechen, ZIP 1982, 253

PALANDT OTTO, Bürgerliches Gesetzbuch Kurzkommentar, 61. Auflage 2002 München

PETRI GUSTAV ADOLF, Akzessorietät bei der Sicherungsübereignung 1993 Gießen

PINGER WINFRIED, Was leistet der Leistungsbegriff im Bereicherungsrecht?, AcP 179, 301

PLEYER KLEMENS, Die Bankgarantie im zwischenstaatlichen Handel, WM 1973 Sonderbeilage 2

PULINA CLAUDIA, Gleichberechtigung von Sicherungseigentum und akzessorischen Sicherheiten im Sicherungsfall?, NJW 1984, 2872

RAIBLE ADALBERT, Vertragliche Beschränkung der Übertragbarkeit von Rechten, 1969 Tübingen

REEB HARTMUT, Recht der Kreditfinanzierung, 1994 München

REHBEIN DIETER, Sicherung und Sicherungszweck in: FS für Theodor Heinsius 1991 Berlin, S. 658

REICH NORBERT, Funktionsanalyse und Dogmatik bei der Sicherungsübereignung, AcP 169, 247

REINEKCKE GERHARD, Die gerichtliche Feststellung des Inhalts mündlich geschlossener Verträge, JZ 1977, 159

REINICKE DIETRICH/TIEDTKE KLAUS, Begründung des Sicherungseigentums, DB 1994, 2173

REINICKE DIETRICH/TIEDTKE KLAUS, Die Rechtstellung des Kreditnehmers und des Grundstückeigentümers als Sicherungsgeber einer Grundschuld, WM 1991, Sonderbeilage 5

REISCHL KLAUS, Grundfälle zu den Grundpfandrechten, JuS 1998, 125, 614

REUTER DIETER/MARTINEK MICHAEL, Ungerechtfertigte Bereicherung, 1983 München

ROTHOEFT DIETRICH, Vermögensverlust und Bereicherungsausgleich, AcP 194, 215

RÜLL VOLKER, Das Pfandrecht an Fahrnis für künftige oder bedingte Forderungen gemäß § 1204 II BGB, 1986 München

RÜBMANN HELMUT/BRITZ JÖRG, Die Auswirkungen des Grundsatzes der formellen Garantiestrenge auf die Geltendmachung einer befristeten Garantie auf erstes Anfordern, WM 1995, 1825

V. SAVIGNY FRIEDRICH CARL, Das Recht des Besitzes, 7. Auflage 1865 Wien

SCHAPP JAN, Zum Wesen des Grundpfandrechts in: FS für Alfred Söllner 1990 Gießen, S. 477

SCHELLEWALD STEFAN, Die Sicherung künftiger Ansprüche im Vermögen des Schuldners, 1986 Bonn

SCHEYING ROBERT, Leistungskondiktion und Bereicherung „in sonstiger Weise", AcP 157, 371

SCHLOSSER HANS, Außenwirkung verfügungshindernder Abreden bei der rechtsgeschäftlichen Treuhand, NJW 1970, 681

SCHMALZEL ZELIMIR, Vorverträge zugunsten Dritter, AcP 164, 446

SCHMIDT EIKE, Der Bereicherungsausgleich beim Vertrag zugunsten Dritter, JZ 1971, 601

SCHMIDT JÖRG, Die Effektivklausel in der Bürgschaft auf erstes Anfordern, WM 1999, 308

SCHMIDT KARSTEN, Anmerkung zu BGH-Urteil vom 22. 3. 82, JuS 1982, 858

SCHMIDT KARSTEN, Zur Akzessorietät bei Sicherungsübereignung und Sicherungsabtretung in: FS für Rolf Serick 1992 Heidelberg, S. 329

SCHNAUDER FRANZ, Einreden aus dem Grundverhältnis gegen den ersten Wechsel- und Scheckgläubiger, JZ 1990, 1046

SCHNAUDER FRANZ, Grundfragen zur Leistungskondiktion bei Drittbeziehungen, 1981 Berlin

SCHNAUDER FRANZ, Leistung ohne Bereicherung? – Zu Grundlagen und Grenzen des finalen Leistungsbegriffs, AcP 187, 142

SCHNAUDER FRANZ, Zahlungsversprechen auf erstes Anfordern im System des Schuldrechts, WM 2000, 2073

SCHOLZ HELMUT/LWOWSKI HANS-JÜRGEN, Das Recht der Kreditsicherung, 7. Auflage 1994 Berlin

SCHÖN WOLFGANG, Der Nießbrauch an Sachen, 1992 Köln

SCHÜTZE ROLF, Zur Geltendmachung einer Bankgarantie „auf erstes Anfordern", RIW/AWD 1981, 83

SELB, Verwertung sicherungsübereigneter Sachen im Konkurs des Sicherungsgebers, NJW 1962, 1952

SERICK ROLF, Eigentumsvorbehalt und Sicherungsübertragung Band I Der einfache Eigentumsvorbehalt, 1963 Heidelberg

SERICK ROLF, Eigentumsvorbehalt und Sicherungsübertragung Band II Die einfache Sicherungsübertragung – Erster Teil, 1965 Heidelberg

SERICK ROLF, Eigentumsvorbehalt und Sicherungsübertragung Band III Die einfache Sicherungsübertragung – Zweiter Teil, 1970 Heidelberg

SIBER HEINRICH, Schuldrecht, 1931 Leipzig

SIMSHÄUSER WILHELM, Windscheids Voraussetzungslehre rediviva, AcP 172, 19

SOERGEL Kommentar zum Bürgerlichen Gesetzbuch 12. Auflage
   - Band 4/1 Schuldrecht III/1 §§ 516 – 651 Redakteur: Otto Mühl, Arndt Teichmann, 12. Auflage 1998 Stuttgart Berlin Köln

SOERGEL Kommentar zum Bürgerlichen Gesetzbuch 13. Auflage
- Band 2 Allgemeiner Teil 2 §§ 104 – 240 Redakteur: Manfred Wolf, 13. Auflage 1999 Stuttgart Berlin Köln Mainz
- Band 14 Sachenrecht 1 §§ 854 - 984 Redakteur: Horst Konzen, 13. Auflage 2002 Stuttgart Berlin Köln Mainz
- Band 16 Sachenrecht §§ 1018 – 1296 Redakteur: Horst Konzen, 13. Auflage 2001 Stuttgart Berlin Köln Mainz

SÖLLNER ALFRED, Der Bereicherungsanspruch wegen Nichteintritt des mit einer Leistung bezwecken Erfolges, AcP 163, 20

STADLER ASTRID, Gestaltungsfreiheit und Verkehrsschutz durch Abstraktion, 1996 Freiburg

STAMPE ERNST, Aus einem Freirechtslehrbuch, AcP 107, 274

STAMPE ERNST, Das Causa-Problem, 1904 Greifswald

STAUDINGER Kommentar zum BGB

13. Auflage
- Erstes Buch Allgemeiner Teil §§ 134 – 163, 13. Bearbeitung 1996 von Reinhard Bork, Jürgen Kohler Herbert Roth Rolf Sack, Berlin
- Zweites Buch Recht der Schuldverhältnisse §§ 293 – 327, 13. Bearbeitung 1995 von Manfred Löwisch Peter Mader Hansjörg Otto Eduard Wufka, Berlin
- Zweites Buch Recht der Schuldverhältnisse §§ 652 – 704, 13. Bearbeitung 1995 von Michael Martinek, Dieter Reuter, Olaf Werner, Roland Wittmann, Berlin
- Zweites Buch Recht der Schuldverhältnisse §§ 765 – 778, 13. Bearbeitung 1997 von Norbert Horn, Berlin
- Drittes Buch Sachenrecht §§ 925 – 984, 13. Bearbeitung 1995 von Karl-Heinz Gursky, Axel Pfeiffer, Wolfgang Wiegand, Berlin

Neubearbeitung
- Zweites Buch Recht der Schuldverhältnisse §§ 255 – 314, Neubearbeitung 2001 von Claudia Bittner Manfred Löwisch Eduard Wufka, Berlin
- Zweites Buch Recht der Schuldverhältnisse §§ 328 – 361 b, Neubearbeitung 2001 von Rainer Jagmann, Dagmar Kaiser, Volker Rieble, Berlin
- Zweites Buch Recht der Schuldverhältnisse §§ 362 – 396, Neubearbeitung 2000 von Karl-Heinz Gursky, Dirk Olzen, Berlin
- Zweites Buch Recht der Schuldverhältnisse §§ 779 – 811, Neubearbeitung 2002 von Peter Marburger, Berlin
- Zweites Buch Recht der Schuldverhältnisse §§ 812 – 822, Neubearbeitung 1999 von Werner Lorenz, Berlin
- Drittes Buch Sachenrecht Einleitung zum Sachenrecht; §§ 854 – 882, Neubearbeitung 2000 von Elmar Bund, Karl-Heinz Gursky, Hans-Dieter Kutter, Hans Hermann Seiler, Berlin
- Drittes Buch Sachenrecht §§ 1113 – 1203, Neubearbeitung 2002 von Hans Wolfsteiner, Berlin

STEIN FRIEDRICH / JONAS MARTIN, Kommentar zur Zivilprozessordnung Band 3 §§253 – 299 a, 21. Auflage 1997 Tübingen

STÖTTER VICTOR, Das Vertragsverhältnis zwischen dem Hauptschuldner und dem Auftragsbürgen, insbesondere seine Beendigung durch Kündigung aus wichtigem Grund (Verhältnis von § 671 und § 775 BGB), MDR 1970, 545

THIELE WOLFGANG, Die Zustimmung in der Lehre zum Rechtsgeschäft, 1966 Köln, Berlin, Bonn, München

THOMA ACHIM, Die Akzessorietät bei der Sicherungsübereignung, NJW 1984, 1162

THOMÄ VOLKER, Tilgung fremder Schuld durch irrtümliche Eigenleistung, JZ 1962, 623

TIMM WOLFRAM, Außenwirkungen vertraglicher Verfügungsverbote?, JZ 1989, 13

TRINKNER REINHOLD, Verwertung sicherungsübereigneter Gegenstände , BB 1962, 80

TROST ULRICH, Problemlösung beim Bankgarantiegeschäft durch Umstrukturierung des Geschäftstypus?, RIW/AWD 81, 659

V. TUHR ANDREAS, Allgemeiner Teil des Deutschen Bürgerlichen Rechts Band 2 Hälfte 1, 1914 Berlin

V. TUHR ANDREAS, Allgemeiner Teil des Deutschen Bürgerlichen Rechts Band 2 Hälfte 2, 1918 Berlin

ULMER EUGEN, Akkreditiv und Anweisung, AcP 126, 129, 257

ULMER PETER, Wirtschaftslenkung und Vertragserfüllung, AcP 174, 167

WADLE ELMAR, Die Übergabe auf Geheiß und der rechtsgeschäftliche Erwerb des Mobiliareigentums, JZ 1974, 689

WAGNER EBERHARD, Rechtsgeschäftliche Unübertragbarkeit und § 137 S. 1 BGB, AcP 194, 451

WANK ROLF, Missbrauch der Treuhandstellung und der Vertretungsmacht – BGH WM 1977, 525, JuS 1979, 402

WEBER HANSJÖRG, Der Rückübertragungsanspruch bei der nichtvalutierten Sicherungsgrundschuld, AcP 169, 237

WEBER MARTIN, Bereicherungsansprüche wegen enttäuschter Erwartung?, JZ 1989, 25

WEITNAUER HERMANN, Betrachtung zur causa der Sicherungsübertragung in: FS für Rolf Serick 1992 Heidelberg, S. 389

WEITNAUER HERMANN, Die bewusste und zweckgerichtete Vermehrung fremden Vermögens, NJW 1974, 1729;

WEITNAUER HERMANN, Die Leistung in: FS für Ernst v. Caemmerer 1978 Tübingen, S. 255

WEITNAUER HERMANN, Nochmals: Zum causa-Problem im Zivilrecht, JZ 1985, 555

WEITNAUER HERMANN, Zum Stand von Rechtsprechung und Lehre zur Leistungskondiktion, NJW 1979, 2008

WESTERMANN HARM PETER, Die causa im französischen und deutschen Zivilrecht, Berlin 1967

WESTERMANN HARM PETER, Störungen bei vorweggenommener Erbfolge in: FS für Alfred Kellermann 1991 Berlin New York, S. 505

WESTERMANN HARM PETER, Vertragsfreiheit und Typengesetzlichkeit im Recht der Personengesellschaften, 1970 Berlin, Heidelberg New York

WESTERMANN HARRY, Sachenrecht, 5. Auflage 1966 Karlsruhe

WESTERMANN HARRY, Sachenrecht, 7. Auflage 1998 Heidelberg

V. WESTPHALEN FRIEDRICH, Die Bankgarantie im internationalen Handelsverkehr, 1982 Heidelberg

V. WESTPHALEN FRIEDRICH, Rechtsprobleme der Exportfinanzierung 3. Auflage 1987 Heidelberg

V. WESTPHALEN FRIEDRICH, Rechtsprobleme der Exportfinanzierung, 2. Auflage 1978 Heidelberg

WETH STEPHAN, Bürgschaft und Garantie auf erstes Anfordern, AcP 189, 303

WIEGAND WOLFGANG, Die Entwicklung des Sachenrechts im Verhältnis zum Schuldrecht, AcP 190, 112

WIELING HANS JOSEF, Empfängerhorizont: Auslegung der Zweckbestimmung und Eigentumserwerb, JZ 1977, 291

WIELING HANS JOSEF, Sachenrecht Band I, 1990 Berlin Heidelberg New York

WIELING HEINRICH, Drittzahlung, Leistungsbegriff und fehlende Anweisung, JuS 1978, 801

WILHELM JAN, Das Merkmal „auf Kosten" als notwendiges Kriterium der Leistungskondiktion, JuS 1973, 1

WILHELM JAN, Die Kondiktion der Zahlung des Bürgen oder Garanten „auf erstes Anfordern" im Vergleich zur Zession, NJW 1999, 3519

WILHELM JAN, Rechtsverletzung und Vermögensverschiebung als Grundlage und Grenzen des Anspruchs aus ungerechtfertigter Bereicherung, 1973 Bonn

WILHELM JAN, Sachenrecht, 2. Auflage 2002 Berlin New York

WILHELM JAN, Sicherungsgrundschuld und Einreden gegen den Dritterwerber, JZ 1980, 625

WOLF ERNST, Lehrbuch des Sachenrechts, 2. Auflage 1979 Köln Bonn Berlin München

ZAHN JOHANNES, Anmerkungen zu einigen Kontroversen im Bereich der Akkreditive und Bankgarantien, in: FS für Klemens Pleyer 1989 Köln, S. 153

ZAHN JOHANNES, Zahlung und Zahlungssicherung im Außenhandel, 5. Auflage 1976 Berlin New York

ZEISS WALTER, Der rechtliche Grund (§ 812 BGB) für Schuldanerkenntnisse und Sicherheitsleistungen AcP 164, 50

ZEISS WALTER, Leistung, Zuwendungszweck und Erfüllung, JZ 1963, 7

ZÖLLER RICHARD, Zivilprozessordnung 2002 23. Auflage Köln

Peter Lang · Europäischer Verlag der Wissenschaften

Boris Trautmann

Die Konkurrenz von Haftpflicht- und Versicherungsanspruch

Ein Beitrag zur ökonomischen Analyse des Rechts unter Berücksichtigung von Unsicherheit und Verhaltensanomalien

Frankfurt am Main, Berlin, Bern, Bruxelles, New York, Oxford, Wien, 2002. 189 S.
Frankfurter wirtschaftsrechtliche Studien.
Verantwortlicher Herausgeber: Eckard Rehbinder. Bd. 48
ISBN 3-631-39056-4 · br. € 39.00*

Die ökonomische Analyse des Rechts liefert nach großen Erfolgen in der Vergangenheit bei zunehmendem mathematischem Aufwand immer geringere Erträge; sie bedarf neuer Impulse, wenn sie weiter interessante Beiträge zur Lösung praktischer Rechtsfragen leisten soll. Diese Impulse, so die hier vertretene Auffassung, können von seiten der kognitiven Psychologie kommen. Es wird untersucht, ob und wie sogenannte Verhaltensanomalien, also experimentell oder in Feldstudien nachgewiesene systematische Abweichungen vom Rationalverhalten, in das Konzept der ökonomischen Analyse des Rechts integriert werden können. Angewendet wird der dabei entwickelte „pragmatische Ansatz" auf Fälle, in denen einem Geschädigten sowohl ein deliktischer Schadensersatzanspruch als auch ein Versicherungsanspruch zusteht.

Aus dem Inhalt: Das Dreiecksverhältnis aus Schädiger, Geschädigtem und dessen Versicherer · Kumulation von Ersatzleistungen · Vorteilsausgleichung · (Versicherungs-) Regreß · Abgrenzung von Schadens- und Summenversicherung · Bereicherungsverbot · Gewinnabwehrprinzip · Grenzen rationaler Nutzenmaximierung · Rationalverhalten unter Unsicherheit · Erwartungsnutzentheorie · Bounded rationality · Verhaltenswissenschaftliche Erweiterung der ökonomischen Analyse des Rechts · Verhaltensanomalien · Besitzeffekt · Ankereffekt · Neue Institutionenökonomik · Deliktsrecht und Ökonomik · Verhaltenssteuerung durch Deliktsrecht

Frankfurt am Main · Berlin · Bern · Bruxelles · New York · Oxford · Wien
Auslieferung: Verlag Peter Lang AG
Moosstr. 1, CH-2542 Pieterlen
Telefax 00 41 (0) 32 / 376 17 27

*inklusive der in Deutschland gültigen Mehrwertsteuer
Preisänderungen vorbehalten
Homepage http://www.peterlang.de